# 新媒体发展与数字传播

王艳雪　秦雅琪　鲁　楠　著

吉林科学技术出版社

图书在版编目（CIP）数据

新媒体发展与数字传播 / 王艳雪，秦雅琪，鲁楠著. -- 长春：吉林科学技术出版社，2023.7
ISBN 978-7-5744-0772-5

Ⅰ. ①新… Ⅱ. ①王… ②秦… ③鲁… Ⅲ. ①媒体—研究②数字技术—应用—传播学—研究 Ⅳ. ① G206-39

中国国家版本馆 CIP 数据核字 (2023) 第 157215 号

# 新媒体发展与数字传播

著　　　王艳雪　秦雅琪　鲁　楠
出 版 人　宛　霞
责任编辑　李玉铃
封面设计　乐　乐
制　　版　乐　乐
幅面尺寸　185mm×260mm
开　　本　16
字　　数　280 千字
印　　张　18
印　　数　1-1500 册
版　　次　2023年7月第1版
印　　次　2024年2月第1次印刷

出　　版　吉林科学技术出版社
发　　行　吉林科学技术出版社
地　　址　长春市福祉大路5788号
邮　　编　130118
发行部电话/传真　0431-81629529　81629530　81629531
　　　　　　　　　81629532　81629533　81629534
储运部电话　0431-86059116
编辑部电话　0431-81629518
印　　刷　三河市嵩川印刷有限公司

书　　号　ISBN 978-7-5744-0772-5
定　　价　108.00元

版权所有　翻印必究　举报电话：0431-81629508

# 前 言

新媒体是时代演变的重要产物，它是相对于传统媒体而言的，是继报纸、电视、广播等传统媒体后衍生出的新兴媒体形态，并逐渐成为社会主导的新兴媒介传播形式。从新媒体的呈现方式与传播形式上来看，将新媒体视之为数字化媒体更为恰当。新媒体是信息传播与数字化技术发展的融合产物，只有紧跟技术发展步伐，才能有效实现媒体行业的可持续发展。

从20世纪90年代到现在，数字媒体得到了非常迅速的发展。尤其是近年来，大众传播领域的数字化进展得极为迅速。在此背景下，各种各样的数字媒介也深入人们的生活与工作中。数字媒体技术融合了数字信息处理技术、计算机技术、数字通信和网络技术等交叉学科和技术领域，是通过现代计算和通信手段综合处理数字化的文字、声音、图形、图像、视频影像和动画等感觉媒体，使抽象的信息变成可感知、可管理和可交互的技术。数字媒体技术作为新兴综合技术，涉及和综合了许多学科和研究领域，广泛应用于信息通信、影视创作与制作、计算机动画、游戏娱乐、教育、医疗、建筑等各个方面，有着巨大的经济增值潜力。数字媒体在很大程度上转变了对媒体分工与流程的传统认知。尤其是在新时代背景下，数字媒体也对社会的发展提出了更高的要求。

本书是一本关于新媒体发展与数字传播方面的著作。全书以新媒体的时代发展特点为基础，论述了新媒体时代融媒体的相关应用和传播理论。首先，本书论述了新媒体和融媒体的相关理论，介绍了融媒体背景下的新闻传播和播音主持艺术发展脉络。其次，分析了新媒体背景下的影视和传媒艺术发展脉络，探讨了数字媒体交互艺术设计和发展应用。本书论述严谨，结构合理，条理清晰，内容丰富新颖，具有前瞻性，不仅能够提供翔实的理论知识，同时能为当前的新媒体艺术发展和数字媒体技术的传播等相关理论的深入研究提供借鉴。

本书由王艳雪、秦雅琪、鲁楠所著，具体分工如下：王艳雪（白城师范学院）负责第五章、第六章、第七章内容撰写，计10万字；秦雅琪（河北传媒学院）负责第一章、第二章、第三章、第四章内容撰写，计10万字；鲁楠（郑州商学院）负责第八章、第九章、第十章内容撰写，计8万字。

本书在写作过程中，参阅了部分专家、学者的研究成果，在此向这些专家、学者表示由衷的敬意！由于作者水平有限，加之写作时间仓促，疏漏之处在所难免，敬请批评指正。

# 目录

## 第一章 新媒体的基本认知 … 1
- 第一节 新媒体的界定 … 1
- 第二节 新媒体的构成要素及类型 … 7
- 第三节 新媒体的发展现状与未来趋势 … 9
- 第四节 新媒体与社会的发展 … 16

## 第二章 新媒体时代的媒介融合 … 21
- 第一节 媒介融合的基础 … 21
- 第二节 媒体融合与传媒产业发展 … 44

## 第三章 媒介融合背景下新闻信息的生产与传播 … 57
- 第一节 媒介融合的新闻生产流程再造 … 57
- 第二节 媒介整合层面下的新闻资源开发与利用 … 63
- 第三节 媒介融合背景下新闻价值的挖掘 … 68
- 第四节 媒介融合背景下新闻生产模式的创新 … 73

## 第四章 融媒体时代下的播音与主持艺术发展 … 78
- 第一节 融媒体时代的新闻播音与主持艺术 … 78
- 第二节 融媒体时代的网络播音与主持艺术 … 92
- 第三节 融媒体时代播音与主持艺术的发展与创新 … 99

## 第五章 数字媒体艺术的审美 … 108
- 第一节 数字媒体艺术审美主体 … 108
- 第二节 数字媒体艺术审美客体 … 115
- 第三节 数字媒体艺术审美原理 … 120
- 第四节 数字媒体艺术与影视动画 … 141

## 第六章　新媒体环境下的影视艺术 …… 147
### 第一节　影视艺术的传播 …… 147
### 第二节　新媒体背景下影视艺术现象 …… 158
### 第三节　中国影视新媒体的发展 …… 166

## 第七章　融合时代传媒规制的创新 …… 176
### 第一节　传媒规制及其特征 …… 176
### 第二节　融合时代传媒规制创新的必要性 …… 181
### 第三节　新时代传媒规制创新的路径选择 …… 186
### 第四节　数字影视的传播策略 …… 195

## 第八章　数字媒体的交互设计 …… 206
### 第一节　交互设计的基础 …… 206
### 第二节　数字媒体交互设计的内涵与特征 …… 212
### 第三节　数字媒体交互设计的应用领域 …… 216
### 第四节　数字媒体交互设计的方法和流程 …… 221

## 第九章　数字交互媒介设计语言 …… 231
### 第一节　数字交互媒介的视觉表征 …… 231
### 第二节　基于屏幕空间的传统平面视觉要素 …… 239
### 第三节　动态影像与虚拟影像 …… 246
### 第四节　基于算法生成的图像 …… 249
### 第五节　环境与空间 …… 250

## 第十章　数字媒体的交互媒体艺术应用 …… 254
### 第一节　数字动画的交互艺术 …… 254
### 第二节　虚拟现实的交互艺术 …… 265
### 第三节　网络游戏的交互艺术 …… 270

## 参考文献 …… 281

# 第一章　新媒体的基本认知

## 第一节　新媒体的界定

新媒体的出现使现代信息传播技术发生了巨大的变革，并广泛地改变了人类的社会生活方式。无论从自然科学的层面来看，还是从社会科学的层面来看，新媒体的诞生都具有极其重要的历史意义。

### 一、新媒体的概念

新媒体是一个相对的概念，是在报刊、广播、电视等传统媒体的基础上发展起来的新的媒体形态。也可以认为，新媒体这个一直处于变动中的概念，宽泛地包括所有数字化的传统媒体、网络媒体、移动端媒体、数字电视等。目前，新媒体主要是指以互联网技术、数字技术、移动通信技术为基础，向用户提供内容资讯、音频视频、连线游戏、数据服务及在线教育等集成信息和娱乐服务的新兴媒体。它与传统媒体相比有两个最核心的改变，一是传播媒介由传统媒介变成了基于互联网的新媒介，二是传播者由权威媒介组织和媒介机构变成了所有人。

### 二、新媒体技术

(一) 计算机与因特网

新媒体之所以能够蓬勃发展，与计算机及网络技术的进步密不可分。在通常情况下，人们认为世界上第一台电子数字计算机是20世纪40年代面世的、主要用于计算导弹弹道的"ENIAC"。它由美国宾夕法尼亚大学莫尔电工学院制造，它体积庞大，占地面积170多平方米，重量约30吨，耗电功率约150千瓦。

20世纪60年代末，Internet(因特网)诞生，美国国防部高级研究计划署（Defense Advanced Research Projects Agency，DARPA）开始建立一个命名为ARPAnet的网络，后来斯坦福大学的一台电脑和洛杉矶加州大学的一台电脑连接起来，这标志着互联网的正式诞生。

20世纪70年代，ARPAnet进入发展的关键时期，由两点链接拓展到200多个连接。全世界计算机和通信业的专家在美国华盛顿举行了第一届国际计算机通信会议，就不同计算机网络之间进行通信达成了协议。会议决定成立Internet工作组，负责建立一种保证计算机之间进行通信的标准规范（即"通信协议"）。随后，IP（Internet Protocol，Internet协议）和TP（Transport Control Protocol，传输控制协议）问世，合称TCP/IP协议。该协议为后来信息全球化时代的到来提供了初步的平台，并成为互联网上的标准通信协议。因特网从战争机器转变为人类信息服务的平台始于"冷战"结束。

（二）Web技术的演进与飞跃

万维网（World Wide Web）即Web，是一种以Internet为基础的计算机网络连接技术，它允许用户在一台计算机通过Internet存取另一台计算机上的信息，这是网络世界得以建立的基础。从技术角度讲，网络是Internet上那些支持WWW协议和超文本传输协议HTP（Hypertext Transfer Protocol）的客户机与服务器的集合，通过它可以存取世界各地的超媒体文件，内容包括文字、图形、声音、动画、资料库以及各式各样的软件。这也使得任何新的计算机都可以将散落在网络空间的各种信息进行无缝对接与组合，形成新的站点和内容。也可以表达为，超文本、超链接、超媒体是Web技术的重要表现形态。Web技术的发展经历了以下三个阶段：

1. 第一个阶段：Web 1.0——信息的聚合与搜索

Web 1.0指Web的第一代实用技术形态，始于20世纪90年代，主要使用静态的HTML网页来发布信息。从传播学的角度看，Web 1.0形态仍属于传统的媒介信息传播阶段，即信息发布者扮演着精英的角色，其传播信息是"推送式""灌输式"，用户浏览获取信息实际上仍然是单向度的传播模式。但相比传统媒体，Web 1.0也有特殊功能，它善于集纳、整合各类破碎、零散、微小的信息，并直观地展示出来，而且用户能在各类网站上通过鼠标点击完成"超链接"。

简单而言，Web 1.0技术在很大程度上依靠其"超链接"来实现聚众功能。它能够把各类不同的、分散的、碎片的信息进行重新整合，并重组资源形式与资源内容，让小内容释放出大能量。分散在社会各个角落的庞杂信息，因Web 1.0而可以聚合连接在一起，在人类信息传播史上，这是一个了不起的创举。人类从此真正进入了信息时代，各类信息样式层出不穷，让人目不暇接。Netscape、Yahoo、Google等公司的技术创新成为Web 1.0时代的最好诠释。

Web 1.0重新组合信息资源的功能，为用户提供了信息无限获取的可能性以及信息迅速搜索的便捷性。可以说，在Web 1.0时代，人们获取信息的时间和方式都发生了空前的变革。但 Web 1.0 带来的信息传播仍以单向度为主；用户的主体性地位尚未完全体现；人与人之间的直接沟通以及用户参与信息选择与共建信息的能力并未体现。

2. 第二个阶段：Web 2.0——用户的互动与共建

21 世纪初，欧雷利媒体公司（O'Reilly Media）副总裁戴尔·多尔蒂（Dale Dougherty）在一次会议上将互联网的新动向用"Web 2.0"一词进行阐述。随后，该公司首席执行官蒂姆·欧雷利（Tim CXReilly）组织了一场头脑风暴，描述了 Web 2.0 的框架。由此，Web 2.0 这一词汇成为新媒体受众探讨的关键词并逐步走向主流。此后，一系列关于 Web 2.0 的相关研究与应用迅速发展，Web 2.0 的理念与相关技术日益成熟，这使得 Internet 的应用在变革与应用的基础上得到进一步的创新发展。BBS、博客、威客、维基百科等新兴网络传播形态应运而生。

Web 2.0 是在 Web 1.0 的基础上发展而来的，是对 Web 1.0 技术的升级与产品优化，它在 Web 1.0 的基础上着重发展了互联网用户之间强有力的互动。在 Web 2.0 时代，用户不仅可以获取信息，还可以交换信息、反馈信息。这样，普通用户不仅仅是信息的接收者，也是信息的制作者。在网络信息的传播使用过程中，信息的接收者成为信息的参与者、互动者、分享者，传播主体由原来的单一性变为多元化；草根阶层与精英阶层实现了真正意义上的对话与交流。信息及文件的共享成为 Web 2.0 发展的主要支撑和表现。Web 2.0 模式大大激发了用户创造和创新的积极性，使 Internet 变得更加生机勃勃。

从传播学角度上来讲，在 Web 1.0 时代，用户通过浏览器获得信息，用户仅仅是信息的使用者，而不是信息实现互动的参与者与建构者。Web 2.0 提升了用户的自觉性，注重用户的交互性。用户不再是被动的信息接收者，同时也是信息的参与者、推动者与生产者。Web 2.0 时代的用户已拥有了信息传播主人公的身份，他们拥有传播权、知晓权、接近权等众多主体性权利。同时，Web 2.0 使人与人在新媒体平台上能够有效沟通，让沟通、交往、参与、互动富有人性化色彩。Web 2.0 以博客为代表，博客的出现成为网民表达心声的一种渠道。

3. 第三个阶段：Web 3.0——现实的虚拟与体验

Web 3.0 是 Web 2.0 的升级版，它在纵向上延展了 Web 2.0 的技术范畴与传播维度。早在 Web 2.0 的概念被媒体广泛关注之时，Web 3.0 的设计就已开始。Web 3.0 是建立在全球广泛互联节点（与用户）无障碍互动的概念上的，具有人工智能的特征。如果说 Web 2.0 和 Web 1.0 解决了互联网"读"与"写"的物理与逻辑层问题，那么 Web 3.0 要解决的则是在这两层之上的表象或语意层的问题。具体说来，Web 3.0 网站内的信息可以直接和其他网站相关信息进行交互，能通过第三方信息平台同时对多家网站的信息进行整合使用；用户在互联网上拥有自己的数据，并能在不同网站上使用，这一过程完全基于 Web，用浏览器即可实现复杂的系统程序才具有的功能。

倘若说 Web 2.0 以用户为中心进行信息传播，那么 Web 3.0 就是一个为用户提供更多可能性的平台。实际上，Web3.0 一词包含多层含义，可以用来概括互联网发展过程中某一阶段可能出现的各种不同的方向和特征，包括：将互联网本身转化为一个泛型数据库；跨浏览器、超浏览器的内容投递和请求机制；人工智能技术的运用；语义网；地理映射网；运用 3D 技术搭建网站甚至虚拟世界或网络公国等。

Web 3.0 是一种更加深入、更加专业、更加广泛的技术，比 Web 2.0 的互动更加深入，它创制了一个虚拟的类像世界，让用户体验仿真的快乐与模拟的真实。Web 3.0 时代是由于网络的后台技术的进一步智能化，它使传媒机构具有更加强大的对于极其丰富的网络资源的提纯、整合的技术能力或应用模式（如维基百科、第二人生、人肉搜索等），充分利用全社会的微力量、微内容、微价值，形成具有智能化、个性化、定制化的内容服务产品及相关的衍生产品。

总的来说，媒介技术的发展在不断地服务于人类社会的需要：Web 1.0 满足人们对信息的需求；Web 2.0 解决了人与人之间的交往与互动；Web 3.0 深化了互动机制，不断满足人们对现实世界的虚拟体验以及仿真模拟的需求。

（三）网络及媒体

从 Web 1.0 到 Web 3.0，这一过程不仅体现了网络技术和网络应用的发展，其本质上也是信息传播途径及传播方式的革命性变化。在传统社会，人们依赖书籍、报刊及广播电视来传播和接收信息，网络技术的发展为人们提供了获取信息的另外一条途径，这场信息传播的变革当然不可避免地对以报刊和广播电视为代表的传统媒体形成了巨大冲击。

这种根据网络技术发展形成的信息传播新途径足以同任何一种传统媒体形式相提并论，于是人们自然地开始用新媒体这个概念来形容和概括这种新形态。

### 三、新媒体的特征

（一）数字化

数字化是人们对计算机及网络应用本质特征的最集中的一种表述和归纳。数字化技术是一种并不复杂的系统，主要是将信息编织成为计算机可以识别的二进制代码 0 和 1，再转化为脉冲信号，最后计算机就以一种人们可以识别的符号传递出信息。不管是图片、视频还是文字，都可以这种数字化的方式最终呈现在受众眼前。

因此，新媒体在某种意义上可以表述为"数字化媒体"。

在网络社会中，人们的社会关系都是建立在以比特为单位的数字化信息的编译、存储、传递、交换和控制的基础之上，并通过这一系列基本的数字化的互动过程而反映出来。在数字化基础上，人们可以在任何时间、任何地点以数据、文字、语言、声音、图画等方式与任何人进行对话和交流。

（二）虚拟性

人们之所以认为网络空间具有虚拟性，主要是因为网络上呈现出来的纷繁复杂的信息其实都是建立在计算机对一系列 0 和 1 信号的处理的基础上。作为新媒体最重要的基本属性，虚拟性伴随新媒体成长不断拓展，并衍生出了虚拟人类、虚拟社区、虚拟商品等具有虚拟价值的新媒体产物。

人们在网络虚拟空间里获得了海量的真实信息，不仅极大地丰富了人们对现实世界的理解，同时也对现实世界产生了巨大影响。虚拟社区、社交媒体、网络视频、电子商务等形态对社会生活的改变是有目共睹的。这也说明，网络社会是一个无限延伸的世界，它既是虚拟的，也是实在的。虚拟世界并非虚假世界，虚拟世界实际上是人类对现实世界体验的再现与延伸。可以说，网络社会是包含了虚拟属性的现实世界。

（三）跨媒介性

新媒体集合了文字、声音、图像、动画、游戏等诸多因素，超越了传统媒体各自单一的传播手段，成了一个集各种媒体优势于一体的融合媒体，它体现了媒体的"跨域传播"和"跨界融合"的特征。媒介融合不是简单的加减法，也不是媒介之间的物理结合，而是两种或两种以上的媒介在多层次、多领域、多维度的相互渗透与交融。新媒体与传统媒体之间并不存在显著的障碍，能实现有效的融合。新媒体从诞生的那一天起就与传统媒体相互融合。即使在新媒体发展的高峰期，新媒体也没有摆脱与传统媒体之间的关联。技术的不断进步加速了媒体之间的融合进程。不同形式的新媒体相互影响、相互作用，形成新时代新媒体的大浪潮。

（四）传播方向双向化

传统媒体的信息传播是单向的、线性的和不可选择的，表现为在特定的时间内由信息的发布者向用户发布信息，用户被动接收信息，缺少信息的反馈。这种静态的传播使信息流畅性弱，传播效果不佳。而新媒体的信息传播是双向的，打破了传统媒体"自上而下""点对面"的单向传播方式，改变了传统媒体"传播者单向发布，用户被动接收"的状态，每个用户既是信息的接收者，同样也是信息的传播者，信息传播者、接收者之间可以形成无门槛式的互动，传播效果明显增强。

（五）接收方式移动化

传统媒体需要用户在固定的时间和地点被动地接收信息。无线移动技术的发展使新媒体具备移动性的特点，新媒体通过无线移动技术，使得用手机浏览网页、看电视等不局限于固定场所，实现了动态化。用户可以自由地通过随身携带的手机和其他移动设备，随时随地利用新媒体获取、接收信息，并且这种行为习惯带有移动化、碎片化的特性，即用户在移动端利用闲散时间来搜索信息、阅读文章或收看节目，在快节奏的生活状态下享受片刻轻松时光。

（六）传播行为个性化

传统的媒体如报纸、杂志、广播、电视等，主要针对某一用户群体的需求而进行信息传播。而新媒体的传播方式是针对精准化用户的需求，使每一个用户都可以订阅自己喜欢的节目、文章等，充分满足了不同用户千差万别的喜好。微博、微信、博客等新的传播方式，使每个人不管是作为信息的传播者还是接收者，都可以分享他人的观点，表达自己的意见。新媒体的传播方式一方面让用户拥有了通过发布信息与他人互动的快乐，另一方面也引发了传播内容良莠不齐、个人隐私泄露等问题，为信息管理和监控带来了挑战，也对用户的信息鉴别能力提出了更高的要求。

（七）传播形态实时化

报纸、杂志、广播、电视等传统媒体发布的内容都需要通过专业的记者及时发现新闻、撰写文稿、编辑剪接、排版审查，然后在固定时段发行或播出，才能让用户看到。在信息技术的支持下，新媒体信息传播速度更快，甚至还可以实现实时接收信息，立刻作出反馈。每个新媒体用户都成了"记者"，在第一时间发布在现场的所见所闻，信息的接收者也可以随时查看、阅读或收看第一手信息，并就信息发表自己的观点。

（八）传播内容多元化

传统媒体中，报纸、杂志主要以文字、图片的形式进行信息传播，广播和电视分别以声音和影像为主要的形式进行信息传播；而新媒体在进行内容传播时，可以做到文字、图片、影像等同时传播，呈现出多元融合的特点。随着技术的发展，可穿戴设备等移动智能终端也普及起来，用户接收信息的方式将更加多样化。新媒体传播内容的多元化不仅增加了传播内容的信息量,也在一定程度上增加了传播内容的深度和广度。新媒体时代下的不同国家和地区的用户通过互联网可以随时了解来自世界各地的信息,新媒体丰富了信息的来源。

## 第二节　新媒体的构成要素及类型

### 一、新媒体的构成要素

不管人们如何定义新媒体,有一点是确定的,那就是相对于旧的媒介形态,新媒介形态是不断变化和延展的。在现阶段,其核心是数字式信息符号传播技术的实现。一般而言,新媒体包含以下要素:

(一)新媒体建立在数字技术和网络技术的基础上

新媒体主要是以计算机信息处理技术为基础,以互联网、卫星网络、移动通信等作为运作平台的媒体形态,它包括使用有线与无线通道的传送方式,如互联网、手机媒体、移动电视、电子报纸等。如果说传统媒体是工业社会的产物,那么新媒体就是信息社会的产物。

(二)新媒体在信息的呈现方式上是多媒体

新媒体的信息往往以声音、文字、图形、影像等复合形式呈现,具有很高的科技含量,可以进行跨媒体、跨时空的信息传播,还具有传统媒体无法比拟的互动性等特征。

(三)新媒体在技术、运营、产品、服务等商业模式上具有创新性

新媒体不仅是技术平台,也是媒体机构。与传统媒体相比,新媒体不仅仅是新媒体技术的运用,更有商业模式的创新。

(四)新媒体的边界不断变化呈现出媒介融合的趋势

新媒体种类有很多,包括次第出现的网络媒体、有线数字媒体、无线数字媒体、卫星数字媒体、无线移动媒体等。其典型特征是在数字化基础上各种媒介形态的融合和创新,如手机电视、网络电视等,通常具有互动性。新媒体的边界处在不断变化的过程中,很多称谓相互重叠,包括:网络媒体,门户网站、论坛、博客、网络

游戏；数字媒体，数字广播、数字电视、宽带电视、互动电视、视频点播（VOD）、网络电视（IPTV）；无线移动媒体，手机短信、手机电视、手机在线游戏等。新媒体与传统媒体不是截然分开的，传统媒体可以借助新的数字技术转变成新媒体，如传统的报纸、广播、电视可以升级为数字报纸、数字广播和数字电视。

## 二、新媒体的类型

### （一）互联网媒体

互联网媒体，以计算机互联网为基本传播载体的媒体形式，因为互联网媒体建构在互联网这类新技术产品之上，和传统媒体比较而言，其所具有的传播方式更加新颖，更加值得讨论研究。

从目前的互联网媒体形态来看，主要表现形式有博客、社交网络（虚拟社区）、即时通信（Instant Messenger，IM）和微博四种。

### （二）电视新媒体

电视虽然是上一个世纪的产物，但随着技术的进步，电视在新媒体时代也有着不同的使命和全新的发展。当前，主要的电视新媒体有交互网络电视和移动电视。交互网络电视又称 IPTV（Internet Protocol Television），一般是指通过互联网络，特别是宽带互联网络传播视频节目的服务形式。移动电视，狭义上是指在公共汽车等可移动物体内通过电视终端移动地收看电视节目的一种技术或应用，广义上是指一切可以以移动的方式收看电视节目的技术或应用。

### （三）手机媒体

所谓手机媒体，是指以手机为视听终端、手机上网为平台的个性化信息传播载体，它是以分众为传播目标、以定向为传播效果、以互动为传播应用的大众传播媒介，被公认为是继报刊、广播、电视、互联网之后的"第五媒体"。手机媒体的基本特征是数字化，最大的优势是携带和使用方便。

## 第三节　新媒体的发展现状与未来趋势

### 一、新媒体的发展现状

(一) 新媒体发展速度快、规模大

1. 新媒体用户越来越多

中国互联网络信息中心发布第51次《中国互联网络发展状况统计报告》。《报告》显示，截至2022年12月，我国网民规模达10.67亿，较2021年12月增长3549万，互联网普及率达75.6%。其中，城镇网民规模为7.59亿，农村网民规模为3.08亿。手机作为第一大上网终端设备的地位更加巩固。同时，网民在手机电子商务类、休闲娱乐类、信息获取类、交流沟通类等应用的使用率都快速增长，移动互联网带动整体互联网各类应用发展。

互联网发展从"广"到"深"，网民生活全面"网络化"。网络应用对大众生活的改变从点到面，互联网对网民生活全方位渗透程度进一步增加。除了传统的消费、娱乐以外，移动金融、移动医疗等新兴领域移动应用多方向满足用户的上网需求，推动网民生活的进一步"网络化"。

2. 新媒体技术更加成熟

计算机成为新媒体传播的中心环节，互联网成为基本载体，移动互联网普及，各种新媒体传播的硬件技术和支持条件已经成熟。我国在通信领域方面的发展，技术上不但与国际发展水平相当，甚至有几十项技术领先于一些发达国家。

3. 新媒体终端相当普及

当前，手机、计算机显示器、移动电视等新媒体终端已经相当普及。这不是政府规划的结果，而是在市场发展过程中自动形成的，代表了新媒体不可阻挡的历史趋势与越来越宽阔的发展空间。

4. 新媒体传播的内容日益丰富

新媒体内容生产领域越来越开阔，新媒体内容生产软件越来越多。传播内容极其丰富，伴随着搜索引擎技术不断更新换代，文字、音频、图片、播客、微博等搜索功能的不断创新和扩充，公众在海量信息中获取所需信息更加快捷方便。

(二) 新媒体成为中国民主建设的新通道

新媒体(具体形式包括网站、微博、微信等)改变了公众的话语表达方式和途径，使公众能以相当的声势在舆论监督、维护公众利益、维护社会公平与公正、构筑社会伦理道德和价值观念，甚至参与社会事务，如立法、制度建设、科学和民主化决策等方面显示出巨大的能量，影响力日增。由互联网引爆的纯民间力量，无论是规模还是速度，都前所未有。

（三）中国新媒体发展走在世界前列

在新媒体的发展进程中，中国与美国、日本等强国处在同等的起跑线上，我们开始从模仿、改造的阶段步入自主创新的阶段。

三网融合、云计算、新一代移动通信、Web 3.0等领域都有了很大的进展，传统媒体的"新媒体化"进程加快，技术、网络、业务、内容和价值等多个层面的媒体融合已经进入实质阶段。

国家非常重视新媒体公共平台的建设，这是发展新媒体非常有利的因素，我国已经在新媒体方面采取了重要的措施，国家正在着力搭建新媒体建设的重要平台，组织实施重大工程，推动广播、电视、出版、数字出版等新媒体平台的建设。

## 二、新媒体的未来趋势

（一）移动化与浅阅读

1. 移动互联网时代凶猛来袭

新媒体的移动化一直在改变着人们的生活方式，并逐渐渗透到人们的娱乐休闲、消费模式中，给人们带来了一轮又一轮的全新体验。移动技术和互联网已经成为信息通信技术发展的主要驱动力。

（1）移动媒体应用

当前，社会对生活空间分配的时间发生了变化，人们在工作单位停留的时间比过去长了，在户外流动和穿梭的时间也越来越长。都市生活的快节奏使移动日益成为都市人生活的典型特征。城市面积的扩张延长了上班族在通勤时所花费的时间，乘车、等候电梯等行为产生了一系列碎片时间，引发了人们对碎片时间处理的需求。候机大厅里、公交车上，随处可见人们正全神贯注地看着小小的手机屏幕。与这种移动生活形态相适应，一方面越来越多的各式移动媒体为信息的传播提供了更多的渠道，另一方面人们也改变了原有的信息接收习惯。

移动阅读指的是用手机或带有通信功能的电子阅读器等通信终端将阅读口袋化、移动化、个人化的行为。阅读内容包括报纸、杂志、博客微博、网络文学、图书等，或者是专门定制的手机报、手机杂志、动漫及各类互动资讯。当前，我国移动阅读主要分为三个层次：第一，浅阅读，即利用碎片时间进行的阅读；第二，利用成块时间进行有方向的深度阅读，如用亚马逊 Kindle 阅读器进行的阅读；第三，个人出版，在移动互联网并不发达的过去，90% 的书稿无法出版，但现在的手机阅读平台可以将人们的阅读需求和创作需求嫁接，出版的技术门槛降低，开掘了点对点的出版机会。

随着信息技术的发展，移动社交网络成为主流。在网络时代，人们的交流几乎不受空间的限制。人与人之间的交流不需要考虑空间距离以及周围有什么人，只需要通过移动媒介就可轻易实现远距离沟通。由此来说，移动式阅读、微博、微信等社交媒体与手机移动终端的捆绑都必然会促使社交功能的进一步拓展。

新技术是媒体产生变革最直接的推动力，科学技术上的突破往往引发媒体的革命，比如造纸术和印刷术的发明。近年来移动网络的飞速发展为数字媒体移动化提供了直接的推动力。

(2) 新媒体移动化存在的问题

第一，内容问题。在信息内容数量爆炸的今天，如果想要被人注意到，那么依然要以内容作为竞争力。目前，虽然新媒体数量日益增长，但假如一味地求多求快，就会导致信息内容质量得不到保障，长此以往，势必会失去很大一部分用户。这种不良情况蔓延成灾，是目前新媒体移动化所存在的普遍化问题。

第二，技术问题。技术问题依然存在于移动媒体上，诸如网络传输速率慢、电池寿命短、终端小型化等问题，以及相关技术标准的制定问题，还需与内容服务商进一步协调发展。

第三，资本问题。目前，资本投入更倾向于面向硬件，如终端和线路。相对而言，对软件的投入就没有对硬件的投入多，对于服务的投入更少。

2. 浅阅读时代到来

(1) 浅阅读是时代的需求

浅阅读指的是阅读只需要较少的思考，采取跳跃式的阅读方法。浅阅读追求的是短暂的视觉快感和心理愉悦。浅阅读是一种以快餐式的图像、短信、帖子，或者是包装过的对名著的读图、缩读、速读为阅读对象的浅层次阅读形式，整个过程简单轻松，以娱乐为旨归。简单、直接、感性，瞬间能得到愉悦与满足，是浅阅读文化的显要元素。浅阅读往往从第一印象开始，形式就是内容，并通过形式放大内容，它标志着网民可读—易读—悦读的趋势日益明显。

浅阅读给人们生活带来了极大的影响：日益工业化生产的媒体阅读比书本阅读更容易被人接受；媒介批评正在替代传统批评影响人们的意志；人们关心的重点更多的是事件、人物的冲突和戏剧化的娱乐效果，新闻背后的真相反而并没有多少人关心。浅读物的生产方式日益模式化、批量化、标准化、通用化，它的商品属性正在逐步居于精神属性之上。浅阅读及其衍生的"读图时代""动漫时代"都是文化工业时代的一种必然结果。以"短、平、快"定位的"三俗"作品更具吸引力，浅阅读与经典阅读不断进行空间竞争，越来越有压倒性优势，娱乐化阅读成为主导。浅阅读受众范围日益扩大，身份多样。

(2) 浅阅读的社会影响

在传统阅读遭遇消费文化日益衰落的今天，网络图片、快速翻阅、缩读略读等浅阅读行为成为阅读新风尚。浅阅读这种一味追求快速、海量和感官刺激传播效果的行为，虽然拉动了商业文化和消费文化，但它对于传统的深阅读是一种从内容到情感诉求的解构。

第一，从信息获取方面来说，在信息呈爆炸式涌现的今天，现代人的生活节奏加快，他们需要用最少的时间成本从海量的信息中选出自己需要的信息，以节省时间和精力。浅阅读这种碎片化阅读方式同现代人获取信息的方式相契合，是现代人的一种适应性选择。

第二，从内容生产方面来说，浅阅读的内容一般偏微小化。正因如此，这种阅读趋势也促进了"微内容"的生产需求，激发出一种全新有活力的文体。

第三，从受众方面来说，如果是以学习为出发点，那么可以采取浅阅读与深阅读结合的学习方式。浅阅读的快速高效可以直接切中某一知识点或对知识有一个提纲挈领的概括功能；深阅读则可以纵向延伸阅读者的知识体系，使读者了解更加深入。总而言之，这两种阅读方式都是人们在学习过程中不可避免的两个必经阶段，它们可以交叉并存。

(二) 个性化定制

随着新传播技术的不断出现，互联网新媒体正在飞速发展。未来新媒体的个性化定制将成为大趋势，网络"比你更了解你自己"。

1. 个性化定制的优势

(1) 以个性来消解内容同质化的影响

"同质化"最初是一个经济学概念，主要是指产品或服务竞争到最后阶段出现的产品趋同，消费者很难区分产品质量的差别。此概念被引入媒介传播领域，主要表现为传播内容的重叠和趋同。在信息极度过剩的时代，大量冗长无效的同质化信息导致受众注意力下降，也影响了媒介的传播效果。人们对这种大规模生产的同质化内容逐渐失去兴趣，开始尝试追求阅读与浏览个性化和差异化信息。而定制服务让受众真正能够阅读"我的版面""我的栏目"，满足了受众对信息接收的个性化需求。在充斥大量碎片化信息的社会中，人们对于信息的接收和容纳不可能面面俱到。作为接触和使用媒介的受众来说，越是能让他们偷懒、省心省时省力的应用就越能增强他们的好感。今日头条最明显的优势就是降低了用户的阅读成本，如选择成本、筛选成本、时间成本等，同时减轻了用户的阅读和选择困难。

(2) 以细分化提高受众身份认同

个性是什么，定制是什么？其本质就是新媒体传播市场的细分化。本土化定制，能针对不同地域的人群，发展地方版。对不同层次、不同领域的受众进行量身定制，能进一步让养生、时尚、军事、地产等信息有效扩散到老年、妙龄女性、男性中产等群体中。情境化定制，例如，针对开车一族，可以随时提供路况信息；针对逛街购物的人群，能够根据用户所处的地点，提供附近商场一些商品的打折促销资讯。"我的头条"不见得是你感兴趣的，"你的头条"也不见得就是我心目中的头条，今日头条所标榜的"我们要做的是定制专属你的产品"。这样的理念和实践极大地满足了受众的自我认同感，让受众自发地产生一种"资讯是为我而生""我爱的资讯我做主"的感觉，使受众更加具有参与传播的主体意识。借由这种方式，受众也能够更深层次地参与到内容生产中去，最终促使媒介主导型框架向用户主导型框架转变。

(3) 以消费黏性增强信息接收效用

对于受众而言，信息获取需求受到自身习惯、文化水平和知识要求因素的影响，受众对信息的需求和选择是基于自身背景进行社会选择的结果。需求的不同使得不同类型的新闻都有各自忠实的读者。在这样的情况下，定制化信息可以使受众无需为阅读某类资讯而购买大量无用信息，在某种程度上提高了受众的媒介阅读忠诚度，使受众满足于按照自我偏好和需求组合的"我的头条"，达到自我接收到的新闻信息都能为我所用的目的，实现信息利用价值的最大化。

2. 个性化定制的弊端

尽管定制化内容能够满足受众的多样化需求，受到受众的喜爱，但在其发展的过程中，一些不可避免的弊端和陷阱也不断显露出来。我们应该从以下三个方面反思定制化内容：

(1) 资讯数量与质量不成正比

只做内容聚合的公司没有自己的采编人员，不进行传播内容的采写，其传播内容以其他媒体的新闻报道为基础聚合而成，这就造成了内容碎片化现象十分严重。除此以外，这些公司利用科技手段将资讯推荐给用户，但在发送资讯之前并不进行人工筛选，这使传播内容的质量得不到充分保障。当受众得知其获取的信息归根结底是来源于其他媒体时，就会下意识降低对媒体的好感度。

(2) 点开并不代表真的喜欢

个性化定制的最终目的是将有价值的内容传递给受众，并唤醒受众。在一项基于荷兰媒体与受众的调查中，个性化定制的新闻会使受众视野首先过多关注不良信息。由此我们需要思考的问题是，今日头条以受众浏览过的信息为基准进行新闻推荐的模式是否真正可行，受众点开新闻是否代表其真的喜欢这条新闻并想继续浏览类似的新闻。一个人的消费行为并不一定真正代表喜欢，往往是偶然或惯性等多种因素影响的综合结果。无论是机器还是数据都不具备复杂的、人性化的识别能力，而是倾向于强化分析所带来的结果，并以此为依据源源不断地向同一用户推荐类似的信息。在受众阅读了某个明星的娱乐新闻后，今日头条会用该明星的其他相关信息或其他明星的各种娱乐新闻占领受众的页面，这往往会激起受众的反感，让受众产生"我并不喜欢这个啊，为什么推荐给我"的想法，其中隐含的意思就是"难道我的品位就是这样的吗"，这样机械化的强行兴趣塑造也会在很大程度上让受众产生反感情绪。

（3）旧的同质化与新的同质化

手机新闻客户端和新闻定制服务最大的目的就是为了和其他同类媒体相区别，吸引那些有个性的用户。但是，随着近年来信息科学技术的持续发展，新闻客户端在技术上的差距已经变得很小，同时各大新闻客户端也都开始重视个性化新闻的发展，朝个性化推送努力。向用户推荐某类信息或者诱导用户订阅某类信息已经成为各大新闻客户端的"标配"。再加之不同客户端之间新闻主题、频道内容和关键词的高度重合，使得推送信息再次呈现同质化发展趋势。甚至出现伪定制化，新闻客户端不是以受众作为第一位而是将个性化推荐作为争抢受众的噱头。

虽然新媒体的个性化定制会面临诸多问题，但新媒体的个性化趋势具有强大的生命力，并将随着新媒体发展而日趋凸显。

（三）宽带化

网络电视、手机电视、移动电视等新媒体不断涌现，为宽带服务的发展提供了全新传播渠道，也推动了宽带服务的进一步发展。由此可见，数字新媒体的发展与宽带化是互相促进的。一方面，新媒体的出现为各种宽带服务的发展提供了新的突破空间；另一方面，各种优化宽带行业标准的颁布，也必将推动网络电视、手机电视、移动电视等新媒体的进一步发展。

1. 推动数字新媒体宽带化的因素

（1）网络新技术保证了数字新媒体的宽带化

当前，宽带网络技术主要包括四个方面的内容：第一，流媒体技术，它是实现信息内容安全、稳定传送的一个重要保证；第二，光纤技术，它保证了大容量信息可以快速传输；第三，无线技术，它可以保证人们能够不限时间、不限地点地接入宽带网络；第四，互联网技术，包括互联网的协议、标准等，互联网技术的发展丰富了信息资源和服务。

信息传播的数字化正在高速发展，各种网络在传输技术上都以数据传输为主流，其中多媒体、流媒体已经成为广泛使用的常规形式。网络传输技术的进步可以为在不同的网络中实现各种业务的交叉应用提供技术基础。另外，在不同网络中提供开放的服务体系，可以更好地支持第三方服务提供商，为人们提供更多有特色、个性化的内容服务。

(2) 媒体融合推进了数字新媒体的宽带化

媒体融合推进了媒体模式的创新，也推动了新媒体宽带化的进程。当前，信息传播越来越多元化，网络传输向着宽带化迈进，网络功能也越来越趋同。这些事物带来的服务融合正在深刻影响传统的语音、数据和图像这三大基本业务的行业界限。这些事物在业务上的相互交叉与整合，也必将为社会经济信息化、网络化、数字化提供基于IP技术和融合能力的多平台、多服务、多种类的数字新媒体传播模式。这些由于信息传播网络和接收发送载体进步而产生的新的媒体模式的主要互动特征是：一对多、多对多、多对一、一对一等多元形式的混合。

(3) 市场需求推动了数字新媒体的宽带化

新媒体受市场发展与需求的推动一直在向宽带化发展，媒体传播模式也在不断创新，一步步在创造和推动着市场需求。第一，对于承担主流传媒职能的广播电视而言，以前传统的观众被动接受信息的方式正被多元化的主动需求、个性需求、互动需求所影响，同时数字新媒体的宽带化又为满足这些需求提供了很好的解决方案。第二，电信运营商迫切需要在服务模式、增长方式上有新的突破。目前，涉及"三网"（电信网、互联网、有线电视网）交叉或融合的新媒体服务有网络电视、手机电视、多媒体短信、网络电话等，这些都是业界认为并被证明可创造巨额财富与价值的新型媒体。如果在这些新媒体业务上努力进行开发，将会持续引发业界的竞争和变革，推进宽带化的发展。

2. 新媒体宽带化存在的问题

数字新媒体的宽带化发展趋势日益凸显，但数字新媒体的宽带化进程无疑也存在各种问题。

(1) 价格问题

价格决定了进入宽带网的门槛高低。高昂的价格会影响宽带网的普及速度，这会相应减缓新媒体的宽带化进程。

(2) 运营模式

新媒体不单是发展硬件就可以，只有和新模式结合起来才能实现健康的发展。

目前，大多数新媒体服务在运营方式方面还处于探索阶段，暂时还没有运营商能够有独自完成整个产业链开发经营的优势。因此，新媒体服务的发展离不开多元化的合作和运营体系开放规则的创新，而这些都需要与适合新媒体服务特点的市场营销模式相伴随。

（3）内容监管

在新媒体服务迅速发展的同时，服务内容是否健康的监管问题在影响其发展。网络应用总在朝着越来越个性化的用户主导服务发展，因此，对于用户的网络使用行为和用户自主在网络上创造内容这些行为，必须进行合理有效的监管，网络应用才能真正实现可持续发展。

（4）技术问题

目前的宽带技术还无法满足一些新应用的需求。第一，宽带网络需要具备超强的健康运行能力和自组织自适应能力，才可以适应数量越来越多、功能越来越强的具有超强移动性和时变性的海量媒体数据的传播。第二，宽带网络要能够对网络资源进行调度与控制，使得各种原有的服务都能在同一网络上被提供。只有这样，才能适应新内容和新服务不断增加的情况。除此之外，网络资源控制必须拥有自我升级的能力，才能适应应用服务的发展。第三，移动宽带网络的解决方案需要有效满足新媒体应用，这样才能保证移动媒体用户具有双向有效的高带宽。

事物的发展趋势都是前进而曲折的，相信随着新媒体的进一步发展与应用，上述各种宽带化进程中的问题都会得到妥善解决。

## 第四节　新媒体与社会的发展

### 一、新媒体对大众生活方式的改变

（一）新媒体与教育

互联网的各项功能和作用最初很大程度上就体现在教育方面。互联网对远程终端的访问功能为全世界不同地区教育科研机构进行信息沟通交流提供了极大的便利。事实上，网络及新媒体的迅速发展为教育科研的发展提供了巨大的推动力，而教育科研的发展又促进了网络新媒体的进步。

互联网的发展使得远程教育成为可能，各种远程教育方式打破了以往面对面授课的地域限制，使人们可以最大限度地突破时间和空间的局限，共享教育资源。同时，人们通过电子邮件、各种社交工具与专业人员交流，也能极大满足不同的求知欲望。在知识共享的同时，创造性学习被提上日程。学习者不能仅仅满足于获得一些固化的知识，还必须用创新性思维与网络接轨，为网络贡献自己的智慧，因此，多种手段及方式交汇的混合式教育日益受到欢迎。

但是，网络及新媒体时代带给教育的影响具有两面性。在网络和新媒体时代，在各种信息资源高度丰富、高级共享的条件下，由传播技能、知识储存量、社交范围、信息选择等差异所带来的信息不对等、信息资源占有不均衡的问题，有可能进一步拉大人们之间信息流的不对称。

(二) 新媒体与伦理

1. 个人隐私

个人隐私又称个人私隐，指公民个人生活中不愿为社会公开或他人知悉的个人信息。在现代社会中，个人隐私是个人权益中非常重要的部分，并得到道德及法律法规等各种社会规范的保障。隐私权是自然人享有的对其个人的、不涉及公共利益的个人信息、私人活动和私有领域进行支配的一种人格权。

个人隐私包括：个人身份信息，如姓名、性别、出生日期、住址、电话号码、银行账号、密码、QQ号、微信号等；个人生活信息，如生理数据、身体状况、职业、职务、爱好、经历等；个人社会关系信息，如家庭、亲属、朋友、同乡、同事等。

在网络及新媒体条件下，在有"信息社会"之称的现代社会中，我们不仅能够高度共享各类公共知识和公共信息，也很容易接触和了解到个人的各类隐私信息。一方面，这是各类信息高度重合、高度共享的自然结果；另一方面，这也是部分机构及个人恶意利用网络的便利，为获取非法利益，故意收集、窃取、盗用及散播他人隐私的结果。我们有必要建立和完善各种切实有效的法律和行政措施，建立健康的网络空间，使每个社会成员都能够在个人隐私得到切实保护的基础上，充分享受信息社会的便利，共享新媒体带给社会生活的全新变化。

2. 人肉搜索

人肉搜索是网络社会建设和发展过程中非常特殊的一种社会现象，是网络社会里有关个人隐私问题的典型事例。人肉搜索简称人搜，区别于机器搜索（简称"机搜"），是一种以互联网为媒介，主要通过人工方式对搜索引擎所提供的信息逐个辨别真伪，部分还通过匿名知情人提供数据的方式搜集信息，以查找人物或事件内情的群众运动。

人肉搜索是伴随一系列网络爆红现象而出现的。据了解，人肉搜索最知名的是"猫扑网"，是接近"百度知道"一类的提问回答网站。在"猫扑网"上，一人提问八方回应，通过网络社区汇集广大网民的力量，追查某些事情或人物的真相与隐私，并把这些细节曝光。人肉搜索确实为揭露事实真相、揭发丑恶现象，甚至为反腐廉政、维护社会正义提供了实际帮助，但也产生了因对普通公民个人隐私的挖掘散播，造成无辜个人身心受到极大伤害的现象。人肉搜索的两面性引发了社会的广泛争议，人们在认可其积极作用的同时，也希望能够通过一系列社会管理手段对其加以约束，这样既能继续发挥其积极作用，避免将其"一棍子打死"，也能防止对普通公民个人权益造成损害。

3. 网络匿名性与信息失真

在网络建设的初期，人们大多关注信息的充分共享，即信息传播如何突破现实社会的既有约束，人们接触网络的第一感受往往是全新身份的轻松和自由。

这种网络空间的个人角色新定位往往使信息发布者摆脱现实身份的约束，获得新的感受，也使得网络文化更容易带有消解权威、消解传统规范的鲜明特色。但是，网络空间个人身份的匿名性客观上也造成虚假及不良信息泛滥的状况。这些信息的失真现象，一部分来自信息发布者自身的局限性，如主观臆测、片面夸大、情绪化等；另一部分来自信息发布者主观的恶意性，如故意曲解事实、无中生有、哗众取宠等。严重的时候，会给人以网上谣言满天飞、网络言论粗暴低俗、网络观点偏激无下限等负面印象。

当前，我国正在努力推进落实"网络实名制"，这一举措很大程度上是针对这些不良现象。但是，只靠实名制难以完全解决网络信息失真的问题。实际上，在现实生活中个人社会身份高度明确清晰，社会行为规范完整严格，但仍会出现流言盛行、真相不明的状况。因此，要解决网络空间信息失真现象，需要综合性的措施，不能简单片面地进行处理。

4. 网络知识产权

由于网络建设的初衷是全人类信息的充分共享，因此共享一直是网络精神的主要内涵之一。人们在网络空间自由使用各类信息觉得理所应当，这客观上也确实促进了网络的发展、社会的进步、知识的普及和文化的沟通。但是，信息的免费共享同现实生活中保护各种知识产权的法律及精神是矛盾的，尤其随着网络及新媒体的迅速发展，网络建设也从普及初创阶段进入规范完善阶段，各种新媒体艺术作品的创作、电子商务活动中对版权及商标专利权益的保护等，客观上也是网络及新媒体发展的现实需要。

相关法律法规体系应该得到切实完善，从而有效保护网络空间的各种知识产权，打击违法犯罪行为。同时，也应尽早引导公众形成尊重知识产权、合理付费使用信息的良好行为习惯，创造更有创新性、更有生长活力的网络新媒体世界。

(三)新媒体育文化

当今社会是经济全球化和信息多元化的社会，传统大众传播日益趋向分众传播，受众从传统媒体简单覆盖的对象成为各类新媒体争夺的对象。媒体资源的整合与竞争是信息化时代的必然趋势，不同媒体之间的合作与竞争进行排列、组合将是媒体市场及其信息传播形式多元化和多样化的根本所在。新媒体必须适应消费者的个性化需求，实际上反射出的是受众权利的一种提升。

现代社会本质上是一个以市场原则为导向的经济发展、物质丰富的世界，同时，人们的精神需求和文化需求很大程度上也是通过市场机制满足的。新媒体便捷的多媒体终端或移动终端使消费文化符号刺激现实世界，它还使出浑身解数，竭力讨好和刺激大众的"虚假需求"和"炫耀性"消费。新媒体能够使消费者以"廉价"的支出成本，去热爱原本有"品位"和"格调"的商品，从而形成大众文化消费的繁荣。也可以说，这种新媒体时代的大众消费文化是一种符号文化，一种复制文化，亦是一种赝品文化。

## 二、新媒体对经济的影响

新媒体对经济的影响主要体现在现代企业和新媒体产业发展上。

（1）通过计算机网络建立起电子商务的体系结构，形成独立高效的信息传播渠道，在市场营销中架设出一条从商品生产者直通消费者的信息高速桥梁，这使得传统市场销售结构发生巨大变化。以淘宝及京东为代表的电子商务公司就是大家熟悉的典型代表，它们一方面颠覆了传统的商业体系，另一方面又极大地促进了社会消费，带动了社会经济的巨大发展。

（2）积极运用各种新媒体手段开展品牌塑造及市场营销行为，是新媒体带给经济的另一个巨大变化。传统条件下，商品生产者主要依靠大众传媒进行广告宣传、营造品牌形象，这种方式成本高、效率有限。新媒体时代，厂家纷纷开设网页、官方微博、企业微信公众号等，利用大数据手段，对潜在客户进行精准营销。这种趋势不仅极大地改变了传统市场营销模式，也极大地提高了企业营销的效率。

（3）在购买支付行为方面，新媒体也给社会带来了巨大的变化。基于电子金融手段和商务网络终端技术的逐步完善，电子支付成为人们生活中更加方便的支付方式。生活中广泛应用的支付宝及微信支付就是这种方式的典型代表。

总之，作为一种传播介质与传播手段，新媒体对新媒体产业本身及相关信息产业带来了巨大的经济效益。

### 三、新媒体对政治意识形态的作用

随着新媒体的广泛应用，信息传播渠道更加宽畅、手段更加多元化，公众接收信息变得更加畅通、快捷，从而加速了社会信息平权意识的建立和加强。所谓平权，是权力平等的意思，广泛用于争取民族平等、性别平等、社会阶层平等等社会斗争运动中。新媒体打破了传统大众传媒时代信息传播的不平等现象，赋予普通的信息接收者更重要的地位，使其不仅能够对信息发布者进行有效反馈，还能够成为信息发布者，这是信息平权的典型体现。信息平权是实现政治文明和社会文明的重要内容之一，也是实现人民民主、自由权利的一个重要方面。新媒体的发展使政府通过网络等数字新媒体实现公共信息公开与透明，使公民接触更多政府政务信息成为可能。政府政务信息和公共信息的公开既是政府"以民为本"的重要职责，也是各级政府网站的主要工作任务之一。

新媒体的社会环境监测功能与社会协调作用，对国家政治、意识形态发挥出越来越重大的影响。由于新媒体打破了传统媒体对大众传播渠道的垄断，其对于民意的汇集和反映具有前所未有的敏捷性。尤其是进入自媒体和大数据阶段后，这种对社会意见及民众声音的汇集反映往往会变得更加迅速、尖锐。对于社会治理和社会管理来说，这种状况具有比较显著的二重性。政府需要加强对新媒体使用的重视，努力使新媒体对现实政治发挥正面影响力。

综观国内外各种事件，新媒体对政治的影响力正在不断增强，包括国外的竞选活动、立法行为、政治斗争等，都广泛利用了网络及手机媒体等各种手段。在国内，一方面，政府通过主动搭建公共信息平台来了解百姓对一些重大事件的看法、意见；另一方面，政府也通过新媒体进行政府思想的宣传。目前，党政机关普遍开设的官方微博、微信也是着眼于新媒体的社会功能，努力使新媒体在促进政治治理行为公开、透明、有序的发展过程中发挥积极作用。

毋庸置疑，新媒体正以不可逆转的方式影响着党和政府的执政方式与执政理念，对党和政府的意识形态管理工作不断形成新的挑战。党和政府部门如何面对"网络政治""网络民主""网络舆论""网络民意"，尤其在重大事件发生时如何有效利用新媒体手段快速反应和正确解决问题，已成为评价执政水平的一项指标。

# 第二章　新媒体时代的媒介融合

## 第一节　媒介融合的基础

### 一、媒介融合的概念、分类与特征

(一) 媒介融合的定义

媒介融合是一个连续统一的过程，包括技术、平台、产品、经营等几个不同层次：第一层次是媒介互动，即媒体战术性融合；第二层次是媒介整合，即媒体组织结构性融合；第三层次是媒介大融合，即不同媒介形态集中到一个多媒体数字平台上。

由此可见，媒介融合包括技术融合、产业融合、产业链融合、生产形态融合、消费形态融合等多个范畴，从不同的范畴可以对媒介融合作出不同的理解。

1. 从传媒技术范畴理解媒介融合

媒介融合中最为明显的就是传播技术的融合。传播技术的融合既是媒介融合形成的基础，也是媒介融合最为鲜明的特点。这些技术主要包括数字排版、数字印刷、压缩编码、数字合成、数字编辑等技术，它们的产生和使用极大地改变了信息传播的观念和状态。过去，报刊、广播、电视等传统媒体在形式和运作上都是泾渭分明的。但随着现代传播技术的广泛应用与发展，各种媒介形式之间的壁垒已经被打破，形成了互相联系、互相渗透的局面。在当今的多媒体时代，任何形态的信息，无论是文字、图片，还是多媒体的音频、视频内容，通过数字技术的处理，都可以整合为统一的数字化信息。过去不同形态媒体信息间的壁垒已被打破，各种信息在同一个平台上得到了整合，传媒一体化的趋势日趋明显，媒体之间的融合得到了可靠的技术保证。

2. 从传媒产业范畴理解媒介融合

媒介融合的最早表现形式就是产业融合。当前各媒介之间的竞争已经到了白热化的程度，这里既有传统媒体之间的竞争，也有传统媒体与新媒体之间的竞争。要在激烈的竞争中立于不败之地，只有互相联合、互相借鉴、互相补充以做大做强，这能加快各传播媒介之间的产业融合的步伐。

3. 从传媒产业链范畴理解媒介融合

媒介融合将渗透到整个传媒产业链中的各个部分，主要包括横向的融合、纵向的融合和交叉融合。

(1) 横向融合

横向融合是指同类型的传媒企业或非传媒企业之间的融合。由于处于供应链的相同阶段，比如同处于内容制作环节、包装环节、传输环节、操作环节或终端环节，企业为了扩大共同的市场份额、合理利用资源，就会发生"横向"融合。

(2) 纵向融合

纵向融合是指在传媒产业内部子产业的重组过程中，传媒上游企业(如内容制作企业)和下游企业(如传播渠道企业)之间的融合，纵向联盟的经营业务上至媒体产品的创造，包括新闻、视听节目、书籍等，下至各种形式的产品分销和零售。

(3) 交叉融合

交叉融合是指不同类型的传媒企业以及相关企业之间的融合。在媒体和相关产业之间存在着大量的混合扩张的可能性。这种战略的一大优点是有助于分散风险。

4. 从传媒生产形态范畴理解媒介融合

媒介融合促使传媒产业在内容生产形式、传播形式、产业范围、市场占有等方面产生巨大变化，主要包括信息产品形态的融合、传播渠道的融合、业务范围的融合等。

(二) 媒介融合的不同分类

"媒介融合"现象在形成的过程中也划分成不同的类别，由于各自的分类方法并不固定，所以存在着不同的分类标准。按照媒介融合的定义，广义的"媒介融合"包括一切媒介及其有关要素的组合、汇聚甚至融合，不仅包括媒介形态的融合，还包括媒介功能、传播手段、所有权、组织结构等要素的融合。

1. 所有权融合

大型的传媒集团拥有不同类型的媒介，能够实现这些媒介之间内容的相互推销和资源共享。

2. 策略性融合

所谓策略性融合，是指所有权不同的媒介之间在内容上共享。如分属不同媒介集团的报社与电视台之间进行合作，相互推介内容与共享一些新闻资源。

3. 结构性融合

结构性融合与新闻采集、分配方式有关，如报社雇用一个团队做多媒体的新闻产品，使报纸新闻能够加工打包后出售给电视台。在这种合作模式中，报纸的编辑记者可能作为专家到合作方电视台去做节目，对新闻进行深入报道与解释。

4. 信息采集融合

所谓信息采集融合，主要指在新闻报道层面上，一部分新闻从业者需要以多媒体融合的新闻技能完成新闻信息采集。所谓的"超级记者"的工作便属此类。

5. 新闻表达融合

所谓新闻表达融合，主要指记者和编辑需要综合运用多媒体的、与公众互动的工具及技能完成对新闻事实的表达。

(三) 媒介融合的基本特征

在新技术，尤其是新媒体技术的推动下，媒介融合的趋向日益显现。媒介融合不仅在技术和形态层面影响着媒介发展，还在更深层次上改变着整个媒介生态环境，并由此影响人类的经济结构、社会生活和文化形态。

1. 技术先导性

科技是第一生产力，也是媒介融合的直接促动因素。随着数字技术、卫星技术、互联网技术、多媒体技术的进步，这些技术在传媒领域的应用日益成熟。而以数字技术为代表的新技术的高度渗透性和无边界性使得相同技术可以应用于不同媒体终端，从而使得不同媒体之间的界限日益模糊，新的媒体形态不断出现。无论是早期传统媒体与新媒体之间的融合，还是不同新媒体之间的融合，媒介融合的过程都表现出明显的技术先导性，技术在媒介融合的兴起和发展中起到导向性的作用。

传媒发展是技术进步直接推动的结果，正因如此，媒介融合所产生的媒介新形态也必然建立在技术发展的前提之上。造纸术和印刷术的发明与改进直接促成纸质平面媒体的出现和发展，电子技术的出现和进步造就了广播电视媒体的兴起和繁荣，网络技术、移动通信技术、数字技术则不仅直接创造出网络媒体、手机媒体等新兴媒体形态，更进一步地将各种既有媒介连接贯通，从而造就具备融合特性的新媒体。网络报纸、网络杂志、网络广播电视、手机报纸、手机广播电视等新兴媒介形态，无一不是在新技术的支持下诞生和发展的。技术对媒介融合的推动作用突出地表现在新媒体上。以数字技术为例，数字技术是新媒体的基础技术，也是推动新媒体与其他媒体融合最关键的技术形式。正是由于数字技术的这种虚拟性和建构性，才使得采用数字技术的各种新媒体形态能够相互交融、相互贯通。

2. 媒介内容的多媒体化

所谓媒介内容的多媒体化，是指在媒介融合的背景下，媒介制作、生产的内容资源能够且必须适应多种不同媒体的传播特点或发布要求。媒介内容的多媒体化，既是媒介融合的基本特征，也是媒介融合对媒介内容的基本要求。

媒介融合过程中的技术创新为媒介内容的多媒体化提供了技术支撑和硬件支持。在媒介融合的大背景下，以数字技术为核心的新媒体技术不断创新，催生出新的数字媒体平台，从而能够将所有内容资源都集纳到这一平台之上，进行统一整合、加工，为媒介融合提供内容资源基础。数字技术、网络技术的融合创新催生出的网络报纸制作与发布平台，让传统的报纸内容有了网络媒体发布渠道；移动通信技术和数字技术等的融会则催生出手机报纸制作与发布平台，也使得传统报纸内容可以通过手机媒体得到广泛传播。

媒介内容的多媒体化，除了由于技术融合所提供的拉动作用之外，在很大程度上还在于媒介融合给媒体带来的市场竞争压力。随着媒介融合的不断深入，各种新的媒介形态和媒介实体不断出现并迅速发展。"内容"作为传媒业的稀缺资源，在媒介融合的时代背景下更具稀缺性。在媒介融合的过程中，内容资源的稀缺性与其说是多个（种）媒介瓜分有限数量的内容资源，不如说是同一内容资源需要被发布到不同的媒介平台。如此一来，内容资源的制作主体需要在对信息进行制作时就考虑不同媒介平台的传播特点，使内容产品能够适应多媒体传播的要求。

媒介融合所带来的媒介内容的多媒体化，造成内容生产分工的精细化；而内容融合所带来的各内容生产环节之间的高度关联性，又增加了每一个生产主体在产业链中所扮演的角色。可以说，在媒介融合背景下的媒介生产活动就是一个不断平衡细分化的角色分工与高度关联的生产环节二者关系的过程。在这一背景下，媒介内容的生产者必须具备较高的职业素养，才能适应媒介融合所催生的精细、复杂的媒介生产流程。

3. 系统性

所谓系统性，是指媒介融合并不是单向度的，而是一个多维度、逐渐拓宽和纵深的系统化过程。媒介融合的系统性主要表现在三个方面：

首先，媒介融合是多维度的，且各维度之间具有紧密的联系。媒介融合是随着媒介技术的发展而不断纵深发展的。在传统媒体时代，媒介融合仅指不同媒体内容之间的相互借鉴、相互融会，这只能看作是媒介融合的初级阶段，甚至不能算作真正的内容融合。随着媒介技术的进步，尤其是以数字技术为代表的新媒体技术的出现，媒介融合才开始向纵深发展，除了在内容层面的融合之外，在技术融合的促动之下，内容接收终端也不断融合出新，新的媒介形态不断涌现，由此带来电信网、互联网、广电网的相互融合。

其次，媒介融合还是一个由弱到强、由表及里的历史性过程。无论是传统媒体时代初级阶段的媒介内容融合，还是新媒体兴起之后真正意义上的媒介融合，其过程都不是一蹴而就，而是循序渐进的。首先是技术的融合与创新，以及初级阶段的内容移植；技术融合和创新催生出各种新的媒介形态，为了适应不同媒介形态的传播特点，内容融合也由初级阶段的简单的剪切和移植向更高水平的内容创新转型；随着技术融合的进一步扩展，不同的媒介形态又将成熟、裂变、融合，终端融合随之而来；而技术融合、终端融合的保障和支持以及内容融合所造成的巨大信息传输压力，势必会使不同网络的互联互通提上议程，网络融合便成为媒介融合的又一维度。

最后，媒介融合的系统性还表现在其多层次、立体化的影响力上。媒介融合不仅对媒介形态、媒介内容等造成直接的改变，还影响整个媒介生态环境；媒介融合不仅影响媒介的传播学表征，还通过整合价值链和产业链在经济层面影响传媒产业的发展；媒介融合不仅对媒介形态、传播内容、传媒产业有深刻影响，还能改变受众或用户的媒介使用行为。

## 二、媒介融合的基本形态

（一）信息内容融合

1. 内容融合的含义

内容融合主要包括由融合性生产所带来的内容生产融合、内容形态融合和内容应用融合三种形式。

（1）内容生产融合

在数字技术和网络技术日趋成熟的条件下，信息内容的制作和传播可以在一个共同的平台——互联网络平台上进行，所有的信息内容可以实现全天候、全方位的完全共享。原来各传播实体单独加工生产信息内容的情况将不复存在，取而代之的是信息内容的集成生产。独立的内容生产使信息内容生产更具专业性和规模性。这种独立的内容生产也极大地改变了传统传媒产业链的结构，从而促使独立的内容产业的形成。

（2）内容形态融合

在传统的传媒产业中，信息的内容由于是各个传媒实体单独生产的，所以具有各自的独立形态。如广播媒体主要是以声音为主的广播节目，而电视媒体主要是包含音视频的电视节目。它们之间互相独立，彼此似乎没有任何联系。但如果我们剥开这些独立的信息内容形态的外衣，就可以看到它们的实质内容都是信息本身。

（3）内容应用融合

随着数字技术、网络传播技术的不断发展，人们获取信息的方式也发生了巨大的变化。首先，现代化的传播技术使信息的种类、数量、形式都与过去不同了，内容产业的出现也使信息内容越来越丰富，信息内容的形式也越来越多样化，信息的形态、数量都以几何方式迅速增长。我们目前已经进入信息爆炸的时代，各种形式的信息充斥在我们周围，单一形式的信息内容已经无法满足人们日益增长的对信息内容的要求。其次，各种多功能一体化的数字终端出现在我们的身边，这种数字化终端的出现可以使广大受众在任何时间、任何地点以任意方式获取信息、使用信息，从而满足受众对信息内容规模化的要求。这些都极大地促进了信息内容在使用上的广泛融合。

2. 内容融合的成因

内容融合的形成主要取决于四个方面的因素：其一，数字技术和网络技术的不断发展成熟，使原先由各种媒体单独生产的文字、图片、图像、动画和声音等各自独立的信息内容形式都可以用单一的数字来表示；其二，数字技术和网络技术打破了原来平面媒体、广电媒体和网络媒体之间在内容生产上存在的壁垒，使内容的生产可以在一个共同的信息平台上进行；其三，数字技术和网络技术在信息采集、内容共享等方面的应用使原始信息素材具有广泛的通用性，平面媒体获取的信息可以加工成广播电视内容，广电媒体获取的信息资源也可以方便地加工成平面媒体信息产品，可以形成内容生产的流水线，进行信息内容的规模化生产；其四，数字技术和网络技术的应用，即使信息的数量和种类大幅增加，让我们进入信息爆炸的时代，也使广大受众对信息内容产品的期望更高，人们更希望能够获得满足自己特定需求的个性化信息，这也从另一个侧面促进了内容融合的产生。

现代信息技术使信息内容的表述通过数字化技术得以统一，使内容的融合成为可能，这是内容融合产生的决定性因素和必要条件。此外，激烈的市场竞争，广大受众的要求和政府相关政策的转变都对内容融合的产生起到了巨大的推动作用。

(1) 现代信息技术的推动

现代信息技术的产生对传媒活动造成巨大的影响，其中最为重要的就是数字化技术的出现。数字化技术将过去不同形式的信息统一成由"0"和"1"构成的数字化信息，打破了过去各传统媒体之间互无联系的局面。

随着数据存储技术的发展，我们可以将不同形态的信息进行数字化以后存储在大容量的数字存储设备中，这种存储设备存取速度快、体积小巧、容量巨大，非常适合大容量的信息数据保存，为信息内容融合后产生的海量信息数据提供了一个良好的存储空间。

(2) 市场需求的引导

任何传媒企业，无论是传统媒体还是网络等新媒体，要生存和发展就必须能够满足受众市场的需求，获取一定的市场份额。现代传播技术使信息内容实现规模化生产，从而带来海量的信息内容产品，并通过各种媒介终端将这些信息内容产品传递到受众面前。同时，由于新的传播模式打破了传统媒体所固有的时空限制，受众在信息的获取方式上的自由度也随之提高，多样化、便捷性成为人们追逐的目标。

由于现代传播技术的产生和发展，信息内容无论在数量上还是在形式和种类上都大幅度增长，人们已经处在一个被信息包围的世界中；由于网络传播技术和各种多媒体终端技术的出现和发展，人们在消费这些海量信息内容的时候，不再满足于单一的形式，而是希望以各自独特的方式，不受时间、地点的限制，便捷地获取信息。这些变化都极大地刺激了受众对信息内容的个性化和多样化的需求。

在过去，受众习惯于定时、定点，以单一的方式来获取信息，如每天早晨阅读晨报，每天上午收听新闻广播，每天晚间收看《新闻联播》等。传统媒体基于受众的这种习惯，也是定时、定点地提供新闻信息。随着传播技术的发展，特别是互联网的广泛应用，人们已经可以通过互联网络随时、随地，以任意的方式来获取自己所需要的信息内容。

（3）竞争的压力

长期以来，传统媒体依靠其对信息内容的垄断性和信息资源的稀缺性，在大众传播中一直占据着不可替代的统治地位。无论是平面的报纸、杂志，还是多媒体的广播、电视，都拥有绝对的受众关注度。但是，随着传播技术的发展和新兴媒体的出现，信息的数量和形态都大大增加，这种垄断性在逐步减弱，受众的关注也逐渐转向新兴媒体。

（4）政策的促进

传统大众传媒对社会有强大的影响力，政府必须从政策上进行严格管制。在大部分国家，传统的媒介规制方式都由基础技术平台的分类所决定。如在我国，报刊以及印刷出版归属新闻出版局管理，广播电视归属广播电视局管理，互联网和手机媒体等归属信产部管理。但在媒介技术平台日益汇流以后，媒体功能出现重叠，传统媒体产业之间乃至媒介产业与通信产业之间的边界日益模糊。这使得原本处于不同产业中的报刊媒体、广电媒体、网络媒体及通信渠道相互渗透和交叉竞争。

3. 内容融合

传统的传媒产业链中，内容生产是由独立的媒介形态各自单独完成的，各媒介形态所生产的信息内容彼此分离、互不兼容，很难互相借鉴和共同利用。例如，平面媒体的信息产品是纸质的报纸、杂志，广播媒介的信息产品是以音频形式存在的广播节目，电视媒介的信息产品是以音频、视频融为一体的电视节目。它们彼此之间相互独立，如果要共享使用，则需要进行复杂的转换。

基于现代传播技术的内容生产可以使内容的生产在统一的数字化平台上进行，其破除了不同媒介形态在内容生产上的壁垒，使信息内容的生产与媒介机构分离而形成独立的大规模的生产，从而使信息内容生产成为传媒产业链中的一个独立的环节，进而形成独立的内容产业。

(1) 内容产业的形成

"内容产业"为"制造、开发、包装和销售信息产品及其服务的产业"。

信息内容产业包括媒体印刷品（书报、杂志）、电子出版物（数据库、电子音像、光盘、游戏软件）和音像传播（影视、录像、广播）。各国和地区对内容产业的界定和具体领域分类基本相同，但也各具特色。如中国台湾把数字内容产业分为八类，包括数字影音应用、电脑动画、数字游戏、移动应用服务、数字学习、数字出版典藏、内容软件、网络服务。爱尔兰国家政策顾问委员会认同的内容产业的主流涉及大量信息管理和传递的重要产业，如金融服务和保健，同时也包括传统的内容产业（娱乐、教育和出版）。

(2) 内容融合的形态

信息内容的融合性生产促进了内容产业的形成，改变了过去媒介形态与信息内容形态相关联的局面。针对信息内容的形态，根据不同的方式，大体可以按照三种形式进行划分：按内容的物理形态，划分为文字、图片、声音、图像等；按媒介载体，划分为报纸、杂志、广播、电视、电影、互联网、手机以及其他电子终端设备；按制作技术，划分为模拟和数字两种。内容融合就是在内容生产环节上这三个方面进行相互融合的过程。

① 内容形态融合

信息内容必须通过各种具体的符号才能被受众获取和使用。根据符号的不同，受众获取的信息包括文字、图片、声音、影像等。在传统的内容生产中这些形态是独立存在的，这使受众在获取信息时无法全方位地了解信息内容。如以传统报纸为平台的平面信息只能有文字和图片，人们无法直观地看到、听到具体的信息内容。现在通过数字化技术，这些独立的信息形态可以融合在一起，使受众能够以多媒体的形式来获取信息，可以满足广大受众对信息内容的多样化需求。

② 媒介载体融合

传统的信息内容生产是和不同的媒介形态紧密相连的，针对相同的信息内容，不同形态的媒介依据各自的特点生产出不同类型的信息内容，彼此无法兼容。当前，通过数字化技术可以将各种形态的信息内容统一在一个信息生产平台之上，使信息的形态呈现出多媒体的特点。在这种情况下，原先各种媒介单独进行内容生产的形式已经无法满足海量信息内容生产的需要，各个独立的媒体也不具备单独进行多媒体内容生产的能力。

③ 技术属性融合

传统的信息内容生产是以模拟的方式进行的，不同的媒介有各自不同的方式，需要各自具备独立的设备和技术，容易造成资源的浪费。通过数字技术将模拟内容转化为数字内容，就可以使信息内容的生产统一在以计算机为主体的共同的平台上进行。通过这个统一的平台，我们可以将相同的信息内容加工成各种不同的形式，面向不同需要的广大受众。

(二) 在业务与技术基础上融合

传统的信息通信网络是由多个相对独立的网络组成的，包括固定电话网、移动网、有线电视网、因特网等。这些网络相对独立，每种不同网络都有其特定的网络资源组成方式，都有特定的功能和业务。这种"一种业务，一种网络"的格局已逐渐暴露其固有的弊端：多种复杂的协议、复杂的网络共存；网络管理和维护成本较高；不利于网络资源尤其是传输资源的共享；不利于跨网络多功能综合业务的办理。这些弊端严重影响了媒介之间信息的传输和共享，阻碍了媒介融合的进一步发展。

1. 网络融合的概念界定

一谈到网络融合，人们首先就会想到广电网、电信网和互联网的三网融合的概念。所谓三网融合，一般理解为广电网、电信网、互联网的相互渗透、相互兼容，并逐步整合成为全世界统一的信息通信网络。三网融合是为了实现网络资源的共享，避免低水平的重复建设，形成适应性广、容易维护、费用低的高速宽带的多媒体基础平台。

广电网、电信网、互联网的融合主要包含两个层面的内容：一是三网基于技术的融合；二是三网基于业务的融合。

2. 网络融合的成因

传播网络一方面连接内容生产商，一方面连接广大受众，在整个传播活动中具有举足轻重的地位。随着内容融合的发展，内容产业得以形成，信息内容可以进行规模化的生产。面对内容产业所生产的海量信息内容产品，过去传统的单一传播渠道已经无法满足需要，亟须更多的传播渠道。同时，广大受众在面对海量内容时，也希望能够通过更多的不同渠道来获取个性化的信息内容，这也要求传播渠道的进一步扩大。面对这两方面的巨大需求，单一的传输网络已经不能适应这种变化，将原有的网络以技术为先导进行融合成为必然。

### 三、媒介融合的形成与发展

(一) 媒介融合形成的基础

无论是平面媒体还是后来的广电媒体以及今天的新媒体，其产品都是信息。信息这种产品对于各种媒体来说只是各自的形式不同，其本身的内容都是相同的。这也就是媒介融合与其他产业融合不同的地方。换句话说，信息产品的这种特殊之处，正是媒介融合得以产生和发展的先天条件和优势。

媒介融合形成的诱因主要有三个，即技术诱因、经济诱因和受众诱因。其中，技术诱因是最根本、最直接的诱因，也是媒介融合的必要条件，如果没有现代网络传播技术的支持，各媒体之间在内容制作、信息传播和受众获取信息的方式依然处于相互隔绝的情况下，根本无法实现媒介融合；而经济诱因和受众诱因是媒介融合的动力所在，是产生媒介融合的驱动力和主观条件。各媒介在发展过程中为了获得相应利益的最大化，必须采取融合的措施，只有融合才能获得最大的利益。

1. 媒介融合的技术诱因

信息传播技术的发展总是在推动媒介的发展变化，每一次新的传播技术的产生都会催生出传播媒介的新变化，并且使传播媒介之间的联系更为紧密。传播技术之所以能够成为媒介融合的直接诱因，主要表现在两个方面：一是传播技术的提高和更新可以推动媒介形态的发展；二是传播技术的提高和更新可以产生新的媒介形态。

(1) 传播技术的提高和更新可以推动媒介形态的发展

在漫长的人类历史中，人们一直在想方设法，试图超越空间进行信息传播、超越时间保存传播的内容。这种长时期的努力终于催生了各种各样的传播媒介。

① 传播技术的主要变革

人类历史迄今为止已经历了五次信息传播技术的革命：第一次是形成了语言；第二次是出现了文字；第三次是发明了印刷术；第四次是电子通信的普及；第五次就是现在正在经历的以互联网络技术为主导的信息传播技术革命。

② 影响媒介变革的技术创新

推动媒介变革的最重要的几项关键性技术是：信息处理技术、信息传输技术和网络技术。

第一，信息处理技术。信息处理技术最大的发展就是计算机的出现。计算机已经成为媒介变革的主要动因。从20世纪40年代制造出第一台电子计算机至今，在半个多世纪中，电子计算机经历了巨大的变化，从电子管计算机、晶体管计算机，到小面积集成电路计算机、大规模集成电路计算机以及大集成电路计算机和光计算机。通过以计算机系统为主体的信息处理技术，所有的信息都以数字化形式存储、传播，都可以通过计算机进行处理，通过网络进行传输。这就使原本在形式上完全不同的信息得到了统一，这种统一使信息内容制作和处理可以实现融合。当前，社会信息化有三个标志性系统，即计算机系统、电子通信系统、广播电视系统，这三个系统无不与信息处理技术联系在一起。

第二，信息传输技术。信息传输技术的发展主要源自通信技术的进步，光纤通信技术、卫星通信技术和无线移动通信技术是目前最重要的三种信息传输技术。光纤通信以其高带宽和高可靠性成为信息高速公路的主干传输手段；卫星通信覆盖区域大，通信距离远，是目前远距离越洋电话和电视广播的主要手段；移动通信则以其高度的灵活性、机动性成为信息社会人们普遍采用的通信形式。

光纤通信是利用光作为信息载体，以光纤作为传输的通信方式。在光纤通信系统中，作为载波的光波频率比电波的频率高得多，而作为传输介质的光纤又比同轴电缆或导波管的损耗低得多，所以说光纤通信的容量要比微波通信大几十倍。光纤是用玻璃材料构造的，它是电气绝缘体，因而不需要担心接地回路，光纤之间的串扰非常小；光波在光纤中传输，不会因为光信号泄漏而担心传输的信息被人窃听；光纤的芯很细，由多芯组成的光缆直径也很小，所以用光缆作为传输信道，传输系统所占空间小，解决了地下管道拥挤的问题。

第三，网络技术。网络技术是计算机技术和通信技术结合的产物，具有跨媒体、跨平台、超链接、交互性、多终端等特性。网络技术在使信息的传播速度大大提高的同时，使信息接收也变得更加快捷简便。过去，人们针对各种不同的媒体采用不同的方式获取其传递的信息，如通过购买阅读报刊获取报刊上登载的信息，通过收听广播获取广播音频信息，通过观看电视获得电视视频信息。现在，我们可以仅通过网络这个公共平台，获取各种媒体所发布的信息，而且这些信息具有比以往更高的时效性和交互性。网络技术使信息的传播无限量增加，使信息接收方式变得更加快捷简便。同时，网络技术也为人们获取信息提供了多种不同的渠道和平台，使信息可以轻松实现全球性覆盖，突破时间和空间的限制。

(2) 传播技术的提高和更新可以产生新的媒介形态

信息处理的硬件由计算机和信息存储装置构成；媒体传输技术是指传递声音和图像的装置，如电视、收音机和电话。过去，这两种技术是各自独立的，相互之间有明确的界限。计算机用于管理和处理信息、数字和文本，而电视、收音机和电话被用于传递图像和声音。随着技术的不断发展，这两种技术之间的界限正在迅速变得模糊起来，而且将有消失的可能。

## 2. 媒介融合的经济诱因

传播技术的发展是促成媒介融合的直接推动因素，也是媒介融合得以实现的先决条件。如果没有传播技术的保证，所有关于媒介融合的设想只能是"水中花、镜中月"；但仅有技术的保障而没有经济效益的驱动，传统媒体依然没有改变的动力。所以，市场竞争的压力和对经济效益的追求是促使传统媒体相互联合进而促进媒介融合的诱导因素之一。

在现代传播的大背景下，各传统媒体既要面对行业内部的竞争，更要面对新媒体的冲击。在这种情况下，如何做到"人无我有、人有我优"就成为各个媒体所面对的首要问题。面对竞争的压力，最好的解决之道就是做大做强，即形成规模化生产；而要做到业内领先就要不断创新，走专业化道路就是大势所趋。

(1) 规模化生产促进内部整合，降低经营成本

经营成本是任何生产企业都必须面对的一个重要问题，传媒企业也不例外。传媒企业由于自身的特点，在经营成本上又具有相较于其他类型企业的独特之处。

(2) 专业化发展，提高信息产品质量

随着传媒企业的规模化建设，企业规模不断扩大，新闻或其他信息生产与发布的技术更为多样、复杂。习惯于传统媒体生产流程的任何单一机构，都不足以承载多媒体内容生产的完整架构。因此，整个传媒业的机构需要在一个新的层次上进行重组，每一个小机构都是作为一个大机构中的一分子，完成自己所擅长的某一个"部件"或某一环节。传统媒体更多的是作为内容的提供者，而专业技术公司则作为内容的包装者、发布者与推广者。

## 3. 媒介融合的受众诱因

传媒企业要获得最大的社会效益和经济效益，要不断使自身向前发展，必须满足广大受众对传媒产品的需求。抓住了受众就等于抓住了市场，也就把握了企业自身发展的方向。

随着传播技术的发展，各种多媒体形式的信息大量地呈现在广大受众的面前，现在的受众已经不满足于过去那种单一的信息表现形式，而是希望获得集文字、图形、声音、影像等多种媒体形式于一体、具有较强的交互性和实时性的信息形式。

(1) 受众信息密集化的需求，要求传媒企业大规模生产

当前已经进入信息爆炸的时代，受众获取信息的渠道是多种多样的。特别是网络传播的产生，使受众可以在事件发生的第一时间就获得相关的大量信息。反观传统媒体，在时效性和信息的密集度上与新媒体都存在一定的差距。由此可见，如何吸引受众的视听、凝聚起足够的社会注意力是提升媒介影响力的前提。具有规模化优势的传媒在定位相同、内容同质的情况下，要比没有规模优势的传媒具有更大的

社会影响力。因此，在等质等效的同类竞争中，传媒比拼的是各自的规模。

(2) 受众分众化的需求，要求传媒企业提供特色信息服务

受众分众化的需求，就是受众对传媒产品特色的要求，如果与众不同的特色能够满足人们的需要，这种特色就能够产生很大的市场价值和社会价值。因此，以特色取胜是传媒在吸引社会关注的竞争中经常采取的另外一种手法。特色竞争主要依赖于资源的独特性、定位的精准性和内容的不可替代性。而特色的形成更多地源自于传媒独特的生产方式、传媒资源的优化配置和价值链条的有机支持。为什么新兴媒体一出现就受到广大用户的欢迎，并对传统媒体产生了巨大的冲击呢？最主要的原因就在于新兴媒体本身具有其他传统媒体所不具备的传播特点，即信息传播的交互性。受众通过新媒体获取信息，可以根据自己的需求来安排获取信息的时间、内容、形式和方法。

(3) 受众多样化的需求，要求传媒企业提供全媒体的信息服务

数字化技术使各种信息产品有了共同的物质基础，这给信息产品的整合带来了便利。各个媒体的内容可以更加方便地实现相互嵌入，并根据各个媒体的传播特点和受众的需求进行重组和分装，由此市场中将出现更为多样化的版本和更为丰富的内容，以满足受众个性化的需求。例如，过去的平面媒体仅能通过图片、文字等形式来进行信息传播，而现在的电子报纸、电子杂志在满足受众阅读文字的同时还可以配以悦耳的音乐和精彩的视频内容，大大提高了受众阅读的趣味性。这就要求传媒企业既要提供信息内容，又要为内容赋予各种受众喜闻乐见的形式。

(二) 媒介融合形成的一般路径

1. 媒介融合形成的纵向视角

最初，人们对于媒介融合的研究集中于报刊、广播、电视等传统媒体之间。近年来，随着新媒体的异军突起，人们在研究传统媒体如何应对新媒体挑战的同时，更多地把关注的目光投向传统媒体与新媒体的融合。随着新媒体产业的迅速发展，媒介融合已经不仅仅局限于传统媒体之间以及新媒体与传统媒体之间，各种新媒体之间也日益显现出明显的融合趋势。尤其是随着新媒体之间的技术界限被打破，新媒体融合式发展的速度将数倍于之前的替代式发展。在新媒体的带动下，媒介融合已经成为当今传媒产业发展的时代背景，任何对传媒产业尤其是对新媒体产业的考察都不得不关注媒介融合这一背景预设。

(1) 传统媒体之间的融合渗透

媒介融合最早表现为传统媒体间的融合渗透。新的媒介形态的出现并不能完全取代旧有媒介，而是新旧媒介相互协调、重新构建新的媒介生态环境，从而实现新

旧媒介共存共融的过程。电视媒介的出现不会使旧有的报纸、期刊、广播等媒介消失，反而促使这些既有媒介重新定位，谋求在媒介生态环境中的新地位。可以看出，传统媒体间的融合主要表现为内容融合，很少甚至根本不存在技术、网络、价值链环节的深度融合。

（2）新媒体与传统媒体的融合

新媒体与传统媒体的融合是媒介融合的核心内涵。确切地说，媒介融合是由于新媒体的出现才具备了完整的内涵。在诸多新媒体中，网络媒体最先发展普及，它对媒介融合的贡献也最大。网络媒体的迅速兴起让数字技术和网络技术快速向其他传统媒体渗透，带动了许多新型媒体形态的出现和发展。网络媒体同报纸、期刊结合，出现了网络报纸、电子报纸等新媒体形态，在内容上则促成网络媒体与报纸、期刊的相互借鉴，网络媒体编辑、复制报纸、期刊的内容资源，报纸、期刊也逐渐学会从网络媒体中发掘线索、汲取营养。与网络媒体同传统媒体的融合类似，手机媒体与报纸、期刊、广播、电视等传统媒体也出现了程度不一的融合现象，并带来相应的媒介形态及媒介内容的改变或颠覆。

（3）新媒体之间的融合

新媒体之间的相互融合是媒介融合的最新发展。随着新媒体技术的不断进步以及新媒体产业的发展壮大，媒介融合已经不仅局限于传统媒体之间以及传统媒体和新媒体之间，而是扩展到不同的新媒体类型之间。这一现象是媒介融合的最新发展，也是媒介融合的必然趋势。其中，移动互联网结合了网络媒体的媒介形态和手机媒体的移动性，代表了新媒体发展和媒介融合的最新成果，具有不可估量的发展潜力和市场前景。

2. 媒介融合形成的横向视角

媒介融合的演变是一个分层次、分阶段进行的动态过程。第一层次是媒介互动，即媒体间在战术策略上实现融合；第二层次是媒介整合，即媒体间在组织结构方面进行整合；第三层次是媒介大融合，即不同媒介形态都集中到统一的多媒体数字平台上。当然，媒介融合各层次并非泾渭分明、界限清晰，而是先后承接、共同演进、各自推进，常常出现"你中有我，我中有你"的融合态势。

（1）媒介互动

媒介互动一般指传统媒体与新媒体在内容和经营领域的互动合作，这个阶段的媒介互动属于媒介融合的初级阶段，也称为媒体战术性融合。

"媒介互动"最早发生在平面媒体和广电媒体之间，比如早期的中央人民广播电台"新闻和报纸摘要节目"，以及后来凤凰卫视的"有报天天读"等。其次是传统媒体与新媒体之间的互动，从最初新媒体大量转载使用传统媒体原创的海量信息，转变到传统媒体逐渐以新媒体作为主要新闻来源。现在的论坛、博客和播客等逐渐成为传统媒体的新闻来源。

(2) 媒介整合

一个传媒集团同时拥有报纸、电视、广播、网络等多种媒体形式，各种媒体类型在统一目标下最大限度地实现新闻资源共享、开发与整合，各媒体平台协同运作、优势互补，产生"1+1＞2"的传播效果，这就是媒介融合的整合层次。

媒介整合大致有两种发展趋势：一是新媒体并购传统媒体，使传统媒体成为其内容生产部门；二是一些传统媒体继续做大做强，延伸到新媒体领域，实现跨媒体整合经营。目前来看，一些新媒体已纷纷开始借助传统媒体的新闻生产力，通过商业门户网站或功能强大的搜索引擎汇聚整合新闻信息，手机短信等即时通信工具的新闻传播功能也越来越引人注意。除此之外，传统媒体通过计算机辅助新闻报道，通过手机短信获取新闻线索，利用手机和网站搭建受众参与平台，将博客、播客的内容转载（播）到传统媒体上，甚至通过数字技术和网络传播，直接衍生出电子报纸、手机报纸、电子杂志、网络广播、网络电视等新媒体形式。

(三) 媒介融合在中国的发展

中国的媒介融合从开始萌芽到今天，已经经历了几十个年头。就其发展过程来看，国内的媒介融合在经历了早期传统媒体之间的组合、新旧媒体的竞争博弈以及传统媒体借壳新媒体等阶段之后，正在逐渐步入新旧媒体共融共生的深层融合阶段；各媒介之间由简单的单一层面的融合，逐渐向兼具技术融合、内容融合、网络融合、终端融合及组织融合的综合性、立体化融合阶段迈进。

在这一过程中，国内媒介融合呈现出四种不同的形态，即以集团化改革为主的媒介"组合"形态、以新旧媒体竞争为主的"博弈"形态、以传统媒体借力新媒体为主的"借壳"形态，以及新旧媒体深层融合的"共融"形态。需要指出的是，这几种不同的融合形态虽然分别出现在媒介发展的不同阶段，在发展路径上具有前后相承的关系，但各形态之间并没有严格的时间界限，甚至是重叠交错的，不同媒介的融合形态也有各自不同的发展历程。

1. 组合

以媒介集团化为主导的媒介融合，标志着我国传媒首次从孤立的个体竞争走向媒介联合。但需要指出的是，这种整合经营实质上是以组织融合和业务流程融合为表征的初级层次的融合形态，它仅仅强调单一媒体在数量上和规模上相加的物理效应，并没有发生理想的融合效应。此外，这种依靠政府力量主导的集团化改革，行政化色彩过于浓厚，缺少媒介融合应有的市场原动力，融合过程存在机械性、松散的缺陷。

2. 博弈

在20世纪90年代末，尤其是进入21世纪以后，以网络媒体和手机媒体为代表的新媒体迅速崛起。这在改变整个媒介生态环境、将中国带入新媒体时代的同时，也使我国媒介融合得以进一步向前发展。媒介融合开始走出传统媒体之间简单的兼并重组，开始与新媒体展开互动，其融合形势进一步凸显。

新兴媒体的增长在很大程度上改变了媒介生态环境，传统媒体一贯的优势和主导地位开始动摇，使得传统媒体的既有优势逐渐削弱，生存空间受到挤压，其受众规模降低，广告市场萎缩，生存和发展面临强烈的威胁。

在新旧媒体为争夺市场而竞争的同时，传统媒体之间的竞争也没有停息，这在媒介集团之间体现得最为明显。同质化的竞争形势，一方面使得媒介集团之间不断兼并重组，增强了媒介集团的市场活力；另一方面，也在很大程度上消解了传统媒体面对新媒体的竞争优势，使传统媒体单纯依靠自身实力无法与新媒体竞争，从而促进了传统媒体进军新媒体，借助新媒体技术改变不利处境。

3. 转型

在经历了与新媒体对立竞争的惨败之后，传统媒体开始意识到与新媒体合作的必要性。新媒体凭借数字技术等新技术，完全颠覆了传统媒体旧有的单向线性的信息传播方式，转而以个性化、交互性、多媒体的传播方式"取悦"用户，这种天然的优势是传统媒体无论如何也无法比拟的。传统媒体只有进军新媒体，与新媒体展开合作，借助新技术实现自身经营方式的转型，才能使自身走出困境。这一阶段的媒介融合开始逐步走出媒体或传媒集团之间在浅层次合并重组的状态，向以数字技术为技术平台的媒介边界消解的深层次融合状态转型过渡。

（1）传统媒体在内容生产环节的数字化改造

在我国，传统媒体与新媒体的深度合作首先表现在传统媒体对新媒体技术的使用和改造上，最主要的就是传统媒体在内容生产制作流程上的数字化。

在报业领域，报业的数字化，一是指利用数字技术改造报业的本身传统的生产方式，包括印前、印刷、发行、管理等各个环节，包括建设新闻信息通信系统、新闻采编作业计算机网络系统、新闻资料数据库系统、新闻电子出版系统、新闻信息因特网发布系统、办公自动化系统和内部基础网络系统等；二是利用数字技术重塑报纸出版业的行业边界和业务形态，推动多元传播格局下报纸出版方式和报业经营模式的转型，实现报业核心竞争能力与信息网络传播技术的深度融合。

在广播电视领域，节目生产制作的数字化、网络化是广播电视业对新媒体技术主动吸收利用的表现，是数字技术和互联网技术在广播电视上的新应用。所谓广播电视的数字化,是把多种多样的数字信息资料转换成一系列数字脉冲信息,进行播放、传输和接收,接收后再把它还原成原来的信息;广播电视的网络化则是指以现代信息技术和数字电视技术为基础、以计算机网络为核心,实现电视节目的采集、编辑、存储、播出交换以及相关管理等辅助功能的网络化系统。网络化是建立在数字化基础之上的,只有数字化普及到一定规模,网络化才具有实际意义。

(2) 新旧媒介融合催生新兴媒介形态

在传统媒体利用新技术进行改造升级的同时,新旧媒体的融合也逐渐深入,这显著地表现为由新旧媒体融合而产生的新媒体形态的蓬勃发展。网络报刊、手机报刊、网络广播电视、手机广播电视、数字电视、IPTV 等新兴媒体形态在我国的迅速崛起,给媒介融合以最好的诠释。

(3) 系统的数字化与网络化

除了网络广播、手机广播电视等以网络媒体和手机媒体为主要承载终端的广播电视"变体"之外,在传统的广播电视领域,数字化和网络化的浪潮也逐渐开始超越内容生产制作的单一环节,向系统的数字化与网络化转型,开始涵盖从广电节目拍摄制作、集成、播出、网络覆盖以及营销管理等完整的系统环节。数字电视和 IPTV 便是这一转型的最主要的成果。

数字电视主要分为有线数字电视、地面数字电视和卫星数字电视三类。其中,有线数字电视是我国最主要的数字电视类型,也是我国起步最早、发展最好的数字电视。

4. 共融

随着技术的进步和媒介产业的发展,我国的媒介融合也日趋深入,媒介融合逐步摆脱平面化和单一化的藩篱,转向系统化和立体化。各种不同媒介之间的边界趋向于消解,各媒介正在实现真正的共融。目前来说,这种媒介共融趋势的表征便是国家正大力推进的三网融合。

所谓三网融合,是指电信网、互联网、广播电视网三大网络通过技术改造,实现网络之间的互联互通。现阶段的三网融合并不是指三大网络在物理空间上合为一体,而主要是不同网络所映射的高层业务或应用之间的相互整合及无缝连接。实际上,三网融合所带来的并不仅仅是网络的融合,还涵盖了技术融合、终端融合、内容融合等媒介融合的多重维度,可以看作媒介融合的高级形式。

我国三网融合的发展是媒介融合从媒介业务层面上升到产业战略层面的标志。三网融合不仅包含网络层面、业务层面及终端层面的互联互通,还意味着管制政策的放松与联通。尽管在底层技术上,三网的互联互通和无缝连接早已不是问题,但是,业务层面的交叉渗透、经营层面的竞争与合作以及行业管制和政策上的掣肘等始终阻碍三网融合的真正推行。而一旦这些阻碍因素得到扫除，我国三网融合必将顺利实现，媒介共融也将成为现实。

**四、媒介融合的功能和影响**

(一) 媒介融合对信息传播的影响

在信息化和数字化时代，以新技术促动的媒介融合，对信息传播具有直接而有力的影响。媒介融合不仅仅是媒介形态和信息接收终端的融合，更是信息传播网络的大融合。无论是信息、内容的生产、制作，还是信息的流动与传输，都将在媒介融合的背景和趋势下发生革命性的改变。

1. 信息传播主体和信源结构的改变

媒介融合对信息传播的影响，首先表现在对信息传播主体的改变上。

在传统媒体时代，无论是报纸、杂志还是广播、电视，其信息来源往往是政府机构、企业实体、社团组织以及有一定社会地位或权力的个人，信息发布权主要掌握在媒介机构及其记者、编辑手中。相比之下，普通大众的信息传播权极为有限，即使受众可以通过信件、热线电话等渠道参与信息反馈，但由于信息处理速度慢、采用率低等原因，受众仍处于被动接收信息的地位。在这种情况下，传授双方的地位相当不平衡，信息的发布权和主导权完全被媒介、政府和社会团体所控制，信息传播呈现出一种线性的结构体系。

随着数字技术和网络技术的出现，尤其是网络媒体的迅速崛起，TCP/IP协议得到了广泛开发、应用，由此引发的媒介融合在各种新媒体的风起云涌中快速向前推进，线性的传播结构被互动的、网状的传播体系所取代，并直接促使信息传播主体和信源结构的改变。一方面，传统媒体与新媒体的融合使得受众（用户）的信息反馈渠道更加畅通，原来被动接收信息的"受众"转变为可以主动使用信息的"用户"。在媒介融合的背景下，用户不仅能够随时随地阅读手机报、网络报纸，还能随时随地收听手机广播、网络广播，收看网络电视、手机电视，用户对信息的接收和选择不再受时空的限制，而取决于用户自己的个性化需求。另一方面，新媒体的发展及其与各种媒体相融合产生的联动效应，使得用户可以通过网络博客、播客、微博、BBS、SNS等新兴媒体发布信息、表达观点，并成为左右当今信息环境的重要力量。同时，在这种情况下，用户在新兴媒体中发布的信息往往成为报刊、广播、电视等传统媒体的议程设置依据和重要信息来源，用户（受众）在整个媒介生态环境中的地位和作用日显突出。

2.传播内容规模和结构的改变

媒介融合对信息传播的影响是多方面的,除了影响信息传播主体之外,还深刻地改变着信息传播体系中的传播内容。这主要体现在两个方面,一是对传播内容数量的改变,二是对传播内容结构的改变。

与传统媒体不同,以网络媒体和手机媒体为代表的新媒体,不但拥有海量的信息资源,而且其信息量可以无限增殖。新媒体技术所促成的媒介融合无疑给正在进入信息增量瓶颈的传统媒体打入一剂强心剂。在数字技术和网络技术的促动下,报刊的数字化浪潮催生了网络报纸、网络杂志、手机报纸、手机杂志等新兴数字化报刊媒体,这使得传统的报刊媒介不仅可以将纸质媒介的内容发布到网络空间中,扩大报刊品牌的美誉度和影响力,还可以充分利用网络空间中的海量信息进行内容制作,增加信息来源和信息量。在广播电视方面,数字电视JPTV除了传统的广播电视节目之外,还增加了各种付费节目和互动应用,在很大程度上突破了频率和频道对广播电视信息量的限制。媒介融合不仅通过新技术为传统媒体带来更大的信息生产量,同时也为各种新兴媒体扩大内容规模。

媒介融合除了能够增加传播内容的数量,它所带来的传播主体结构的变化和用户地位的提高,也在很大程度上影响整个信息结构体系,并造成传播内容结构的改变。在过去的媒介信息结构体系中,其传播内容多是大众化的,且带有较强的媒介本体特征。比如,报纸一般包括新闻、副刊、专刊、广告等内容板块,依照版面不同和编辑风格呈现出明显的条块分割特点;广播具有稍纵即逝的线性传播特点,其内容包括新闻播报、音乐、访谈等,多具备一定的互动性;电视节目内容同广播一样,也是按照时间顺序进行线性传播,节目内容稍纵即逝,人们只能在固定的时间收看固定的节目内容,毫无主动权可言。新媒体出现以来的媒介融合给这一陈旧的信息内容结构以巨大的冲击,分众化、专业化、互动性的内容形态急速扩张,成为整个信息结构体系的重要组成部分。实际上,媒介融合对传播内容的改变,其作用因素主要来自新媒体。新媒体将其交互性和个性化、分众化特征赋予传统媒体的内容生产,使得原本线性、单向、大众化的传统媒体内容变得非线性、双向互动以及分众化和个性化。以电视媒体为例,数字化后的电视媒体包括数字电视、IPTV、手机电视等新媒体,它们无一不带有媒介融合的典型特征。相对于传统电视而言,已经数字化的电视节目的最大特点便是交互性。无论是数字电视JPTV还是手机电视,其节目资源都可以实现非线性传播,用户可以根据自己的喜好,在任何时间、任何地点主动点播节目内容。这种非线性传播模式也改变了传统的单向传播特点,用户可以通过网络与节目制作者或其他用户进行交流互动。

### 3. 媒介组织结构和生产流程的变化

世界范围内的媒介大融合，不仅将受众革命性地推到信息生产的前台，更深刻地影响着媒介自身的内容生产流程和组织结构。

在媒介融合的背景下，不同媒介制作的信息产品将被整合在一起，在同一个网络平台中流通、交换或共享，这就要求媒介从业者在进行信息内容制作时应该照顾不同媒介的传播特点以及不同终端用户的个性化需求。也就是说，信息生产将不再局限于单一媒介和少数环节，而将转变为一个贯穿不同媒介属性的融合性、系统性生产过程。这种多媒体、跨平台的内容生产将随着媒介融合的一步步深入而变得日益明显。

在媒介融合的初期阶段，由于各媒介之间并没有完成网络、终端、平台等各环节的无缝对接，加上内容资源不甚丰富，因此，内容生产尽管也表现出一定的融合特征，但仍然仅仅停留在同一内容向不同媒介打包分发的阶段。比如，传统电视台制作的电视节目分别在传统电视、数字电视、IPTV、手机电视等不同终端上播出。这种初级阶段的融合性内容生产看似增加了同一内容的受众规模、为节目制作商增加了收益，但它并不能算作真正的内容融合，而仅仅是同一内容在不同终端的机械复制过程。这不但不能满足不同媒介终端用户的个性化需求，而且由于各媒介平台的内容趋于同质化，导致媒介盈利模式单一、无法开展付费增值业务。

当媒介融合进行到一定程度之后，媒介内容的制作生产就不应仅仅停留在内容加工、包装和分发等生产环节的末端，而应扩展到包括内容创意和策划在内的内容生产的全部环节。在媒介融合背景下的内容生产，从头至尾贯穿媒介融合的精神内涵，从内容的创意策划到制作加工，从内容编辑包装到分发传播，内容制作者都应该充分挖掘和利用跨媒介的平台优势，从而生产出能够在不同媒介终端和发布平台顺畅传播的内容产品。实际上，这种带有深度融合特性的内容生产已经在很多媒介实践中得以实现。

与内容生产流程的改变相伴而生的，是媒介组织结构的相应变化。传统的媒介组织机构往往是部门与部门之间各自分立，如报社中分设采访部、编辑部、专刊部、要闻部、市场部、网络部等；电视台下设新闻中心、社教部、文体部、广告中心、技术中心、网络传播中心、播出部、制作部等。在传统的媒介运行环境下，不同媒介都有其各自的核心生产环节，不同的部门都围绕核心生产环节进行业务运营。然而，在媒介融合的背景下，内容生产流程被整合成一个由多种媒介共同参与、多核心的系统化过程，原来各自分立的媒介组织机构显然不能适应生产流程的新发展，各机构的相互整合与重组便成为必然。

(二) 媒介融合对传媒产业的影响

随着媒介融合的兴起和不断深入，传媒产业的价值链和产业链各环节也不断融合与裂变，并呈现出诸多显著的融合特征。

1. 媒介融合带来规模经济和范围经济效应

媒介融合在产业层面给传媒业带来最明显的变化便是传媒产业集群，即传媒并购。在特定区域中，具有竞争与合作关系且在地理上集中并有交互关联性的企业、专业化供应商、服务供应商、金融机构，相关产业的厂商及其他相关机构等组成具有结构特性的群体，不同产业集群的纵深程度和复杂性各不相同，代表着介于市场和等级制之间的一种新的空间经济组织形式。这种新的组织形式是适应经济全球化和产品生产方式变化而逐渐兴起的，它能带来的两种最明显的好处，一是规模经济，二是范围经济。

规模经济又称"规模利益"，指在一定科技水平下生产能力的扩大使长期平均成本呈下降的趋势，即长期费用曲线呈下降趋势。第一个研究产业集群现象的经济学家马歇尔把规模经济分为两类，一类是内部规模经济，另一类是外部规模经济。内部规模经济是指在一定的技术条件或生产要素投入价格比不变的情况下，单个企业在生产或经营单一产品的过程中，由于企业规模的增加，产品生产或经营成本不断降低而产生的收益递增现象。外部规模经济是指相关及支持性企业结成紧密的生产网络，通过专业化协作和不断创新，促使网络内企业产品生产的长期平均成本大幅度降低，实现规模基础上的收益递增。马歇尔认为，外部规模经济与产业集群关系密切，外部规模经济导致产业集群。马歇尔指出，当产业持续增长，尤其是集中在特定地区时，会出现熟练劳工的市场和先进的附属产业，或产生专业化的服务性行业。实际上，不仅规模经济能促进产业集群，产业集群对实现规模经济效应也有能动作用。

除了规模经济，产业集群所能带来的另一个好处就是范围经济。范围经济指由企业生产经营的领域范畴而非规模带来的经济效应，即一个企业同时生产两种或两种以上的产品所消耗的成本，低于两个或两个以上企业分别生产等量的一种产品所消耗的总成本。产业集群内部由于存在严密的分工与协作体系，企业往往更集中于生产某一专门的产品或从事价值活动的一部分，同时利用自身的技能与其他企业紧密合作，协同参与价值链的全部增值活动。这样，一方面专门化生产有助于企业专有技术的开发和核心竞争优势的形成，从而提高企业生产率，降低产品单位成本；另一方面，大量企业集中于一地，便于企业发挥自身技术专长，结合其他企业资源进行多样化生产。这些专门化的企业联合起来进行多样化产品的生产，便实现了企业的范围经济。

2. 媒介融合改变传媒产业经营模式

媒介融合导致产业集群，产业集群通过传媒产业成本的递减特性带来规模经济和范围经济效应，而无论是规模经济还是范围经济，都与传媒产业经营模式密切相关。

一方面，经营模式在很大程度上决定了规模经济和范围经济的实现程度。产业内部各企业之间的分工协作关系是产业结构的构成关键，也是产业运行模式的重要方面。产业结构是否合理对不同企业之间提高协作效率、降低生产成本至关重要。合理的产业结构意味着产业内部各企业间形成了有机、紧密的分工协作关系，也就为企业之间实现最大限度的外部规模经济和范围经济提供了条件。此外，合理的产业结构和产业运行模式也可以为单个企业内部提高生产经营效率、最大限度地争取内部规模经济奠定基础。

另一方面，对规模经济和范围经济效应的追求也可以刺激和推动传媒产业经营模式的优化。在这种背景下，处于集群之中的各企业不断进行知识学习与创新，不断磨合和改善与其他企业之间的合作竞争关系，从本质上实现了产业经营模式的改善和优化。

3. 媒介融合促成产业融合

如果说媒介融合是传媒产业发展的起点，那么由媒介融合所促成的产业融合则是传媒产业发展的归宿，也是其发展成熟的象征。总体来看，传媒产业的融合包括四个层面，即技术融合、网络融合、内容融合和产业链融合。这几个层面交织在一起，最终共同推动新旧媒体产业的融合式发展。其中，技术融合和内容融合是媒介融合的题中之义，网络融合则连通了媒介融合与产业融合，为媒介实体由媒介融合层面向产业融合层面纵深发展提供软硬件保障和网络架构，技术融合、内容融合和网络融合的最终归宿和目的是媒体产业链的融合。只有媒体产业链各环节实现无缝链接，传媒产业的融合式发展模式才算真正实现了由媒介融合向产业融合的彻底转型。

（1）技术融合是传媒产业融合的先导

技术先行是新媒体产业发展初期的一大特点。计算机网络技术造就了网络媒体，移动通信技术为手机时代的到来开辟了道路，数字技术更是让网络媒体和手机媒体如虎添翼。然而，媒介技术尤其是新媒体技术从一开始就不是独立存在着，而是相互支撑的，信息数字化使其可以在多种媒体之间任意转换和传播，网络技术和移动通信技术将信息终端连接为一个有线或无线的网络，为数据信息的流动提供渠道。以新媒体产业为例，新媒体产业就是建立在技术融合的基础之上的。而各种新媒体技术的再次融合，反过来又促进了新媒体产业的融合与渗透。

(2) 内容和服务融合是传媒产业融合的核心

如果说技术是媒介融合的驱动力，那么媒介融合后所提供的服务和内容则是其内核所在。技术在很大程度上开辟了媒介融合的市场，而内容和服务将是融合后的传媒产业留住用户的关键。因此，在新经济泡沫已经破灭的今天，传媒产业不能仅仅停留在各种高科技载体的成果中，而应该利用高科技的平台，大力发展内容产业，做到媒体内容、服务的融合与创新。

"内容为王"在新媒体时代表现得更加突出。随着新媒体技术和传播渠道的融合，如果内容产业止步不前，不作出相应的调整和整合，必然会失去用户和市场，让技术成为徒有其表的"金缕玉衣"。

在技术层面融合发展的传媒产业所提供的内容与服务也应该是整合的，既要适应融合了的技术与渠道，又要整合多层次、全方位的用户需求。以手机网络视频为例，网络视频本身以海量、互动、实时为最大特色，一旦它与手机相关联，用户可以通过手机终端随时随地登录互联网观看视频，那么它的内容就应该作出相应调整，以满足手机用户的需求。

(3) 网络融合是传媒产业融合的外部表征

所谓网络融合，包括两个层面的含义：一是在数据传输方面的技术标准的统一或融合，如 TCP/IP 技术就是一种基于 IP 技术的网络融合；二是在应用层面，将原本不属于同一系统的网络整合到一起，实现不同网络的互联互通。新媒体时代传媒产业的网络融合主要指后者，即应用层面的网络融合。新媒体技术，如数字技术、网络技术、移动通信技术，是实现网络融合的技术基础；广电网、电信网、互联网等既有网络的各自优势，也为实现网络融合提供了硬件准备。

从传媒产业融合的内涵的角度来讲，网络融合是传媒产业融合的外部表征。网络融合最主要地表现在电信网、广电网和互联网的融合上，也就是通常所说的三网融合。三网融合的形态可分为横向融合和纵向融合两种。横向融合包括广电和电信的融合、有线和无线的融合、移动和固定的融合；纵向融合主要是网络、终端和内容之间的融合。因为电信网、互联网、有线电视网是分属电信业和广电业两大产业的核心资源，所以它们的融合属于产业层面的融合。

## 第二节 媒体融合与传媒产业发展

### 一、新媒体发展的有益性

(一)"用户习惯"与"政策利好"促进新兴媒体发展

新兴媒体是一种媒体,它传递着人们需要的信息与观点,在传递人们需要的信息与观点时,生成一种舆论与价值诉求。但新兴媒体与传统媒体相比,一个最为根本性的区别就是人们可以通过新兴媒体直接参与信息的生成,直接操作信息在传播过程中的价值生成过程。这种生成过程有观念传输的需求,更有娱乐的需求,同时也有自我实现的需求,等等。

考察生活方式的渠道很多,但习惯的养成则是最为基本的,也是最为根本的。因为习惯可以构建人们的价值观,可以构建人们对世界的态度,可以构建人们的情感依赖,还习惯可以构建人们的思维方式与文化人格。而新兴媒体一旦成为人们的生活方式,其对人的社会性空间、私密性空间、精神人格的形成将起着重要作用。"互联网思维"的提出,从概念的日益清晰化,到其在人们生活与工作中的体现,正是新兴媒体业已重构人们的生活方式的高度概括和具体表现。

互联网尤其是新兴媒体——近两年自媒体的使用更易引出种种学术话题——无论其对人们生活的改变有多少不尽如人意的地方,人们对互联网、对自媒体以及其他新兴媒体的使用越来越习以为常却是不争的事实。

人们对互联网的习惯,第一,表现在习惯于从互联网上获取自己感兴趣的信息;第二,人们开始习惯用互联网打造自己的网络形象,包括由网络形象朝线下延伸后实现的现实形象;第三,人们对互联网的使用,已经形成了通过互联网完成日用品购物的习惯;第四,人们已经习惯在网上聚合朋友群,然后在线下强化朋友之间的感情联络,从而优化自己的社交圈或生意圈等;第五,人们已经习惯于从网上获得娱乐资源,将上网浏览信息、游戏、在网上聊天等视作一种娱乐方式。

如果说,人们使用互联网习惯的形成是新兴媒体继续长足发展的"市场基础",各种对互联网尤其是新兴媒体的利好政策更让互联网尤其是新兴媒体获得了长足发展的政策保障。

国家决策对于新兴媒体的向好预期与方向性战略部署是新兴媒体发展史上的重大事件。这些重大事件让互联网、新兴媒体进一步开拓发展空间,为新兴媒体增强公信力与影响力奠定了基础。

## (二）新兴媒体在新闻传播与舆论生成中扮演着重要角色

从网民每日上网时间以及移动终端的普及看，互联网尤其是新兴媒体已经成了信息传递的重要平台，新闻接收通过网络平台，占比持续攀升。这说明新兴媒体在新闻信息传播中扮演着重要角色。

新兴媒体成为新闻信息传播的重要载体，除了既有的新闻网站、社会自然状态下的各类自媒体外，近几年传统媒体开发的新兴媒体产品的大量投入使用，也使新兴媒体产品在平台数量、传播质量上大大提高。

实际上，我们考察互联网，尤其是各类自媒体等在新闻传播方面所起的作用时，考察的不只是数据，而是这些新兴媒体自身的公信力、影响力等。而传统媒体如报纸媒体、广播媒体、电视媒体等固有的公信力与影响力直接决定其在新闻信息接收者那里拥有强有力的"接受度"。

近几年新兴媒体发展的另一大特点，也是其保持较高的可持续性价值的原因，是其在舆论生态、舆论引导方面发生了与以前不一样的变化，这个变化集中表现在其舆论引导能力得以大大强化，而这一强化的重要立足点则是其与传统媒体舆论场的有效嫁接。

新兴媒体在舆论生成与舆论引导方面长期处于"自在"状态，这种"自在"状态让新闻信息在新兴媒体上的传播不断改变价值走向，而这种价值走向的改变甚至让一条简单的消息变成复杂而尖锐的社会矛盾载体。为了对新兴媒体在新闻信息传播过程中出现的种种"不实"进行纠偏，传统媒体开办一个又一个"求证"栏目。各种"求证"类节目或报纸媒体栏目的开办是传统媒体力求打通传统媒体舆论场与网络舆论场的成功尝试。

网络舆论生态的变化原因可能很多，但媒体融合发展是一个不可忽视的力量。同时，网民理性精神的获得，政务信息的开放，政府对网民声音的及时回复，也是网络舆情发生变化的重要原因。但不论是什么原因，也不论原因有多么复杂，网络舆论正能量的增加，两个舆论场的初步打通，两个舆论场在认同度上的升值，都反过来强化了网络的舆论引导能力。尤其是网络谣言得到初步治理，使网络公信力得到了极大提高。这是近几年互联网舆情生态的新走势，也为互联网作为信息传播的媒体健康发展打下了新的基础，为新兴媒体的发展增加了正能量。

## 二、媒体融合发展国家战略的思想基础

(一) 加快推进传统媒体与新兴媒体融合发展

推动传统媒体与新兴媒体融合发展，是新闻战线面临的崭新时代课题，也是主流媒体的使命和职责所在。

当前，我们的任务是加快推进媒体融合发展，从逐步探索、局部突破走向全面深化、深度融合。为此，必须重点做好以下工作：

第一，媒体融合与资源整合齐头并进。在推进媒体融合发展的过程中，要重点整合功能重复、内容同质、力量分散的资源，优化配置，通过报网合一、台网融合，努力让所有资源流动起来，实现各种资源的互联互通，努力打造形态多样、手段先进、具有竞争力的新型主流媒体。

第二，发展增量与改造存量一体布局。为推动媒体融合发展，可从增量做起，成立新部门，引进新人才，开发新应用，推出新产品等。接下来，要在"做增量"的基础上，尽快推进"改存量"，打破旧有藩篱，使渠道、平台、管理、经营、体制、机制等各方面走向深度融合，从简单嫁接走向融为一体、合而为一。

第三，报道创新与流程创新同步推进。在媒体融合发展开始阶段，许多媒体在报道创新方面迈出了坚实步伐。下一步，要加大力度推进采编流程调整，以符合媒体融合发展要求、适应新兴媒体生产规律、提高新闻生产力水平的目标，加强后台技术支撑，实现信息内容、技术应用、平台终端、采编力量的共享融通，建立全媒体内容生产流程，提高内容生产效率，扩展信息分发渠道，努力实现新闻信息一次采集、多种生成、多元传播。

第四，内容优势和技术支撑双轮驱动。在互联网传播时代，专业、深入、独家、权威的优质内容，以及新闻信息的专业生产能力，是传统媒体无可替代的优势与核心竞争力。要始终坚持内容生产创新，以内容优势赢得发展优势。为此，要始终保持对新技术的敏感性和前瞻性，紧盯技术前沿，瞄准发展趋势，不断以新技术、新应用促进内容生产。

第五，融合发展与制度改革并行并重。推进媒体融合发展，必须通过制度改革，调整媒体机构设置，探索媒体组织重构，推动组织机构一体化、传播体系一体化，实现人员、管理、运行融合。同时，要积极发挥市场机制作用，努力建立可持续发展模式。

媒体融合发展是一项复杂的系统工程，也是一场划时代的变革与创新。我们要立足传统媒体，发挥自身优势，运用先进技术，走向网络空间，加快推进传统媒体

与新兴媒体深度融合发展，不断巩固壮大宣传阵地和主流舆论，为党的新闻事业作出新的贡献。

（二）推进媒体融合，放大主流声音

推动传统媒体与新兴媒体融合发展，是党中央适应舆论格局深刻变化、媒体技术日新月异、传播业态快速更迭的新形势而作出的重大战略部署。中央深改小组会议通过了《关于推动传统媒体和新兴媒体融合发展的指导意见》，为媒体融合发展指明了努力方向。当前，媒体融合正进入关键时期。搭乘"互联网+"的快车，深入转型、深层融合、深度洗牌正在传媒行业不断上演，各界都希望在这轮变革中赢得主动、赢得优势、赢得未来。

媒体融合不是赶时髦。媒体融合不是"要我做"而是"我要做"，无论是从定国安邦、壮大主流声音的高度，还是从强筋健骨、做大做强"国家队"的角度，融合发展都是媒体自身的需要、发展的必然。

融合发展既要尊重新闻传播规律，也要尊重新技术发展规律、新业态演进规律，既不能简单混合，也不能机械结合，更不能生硬捏合。要根据自身优势、媒体定位、受众特点、发展路径，因地施策、因报施策、因台施策，实现有序整合、有机结合、有效融合。

媒体融合不可操之过急。媒体融合是一项全局性、系统性工程。我们既要有慢不得、等不得的紧迫感，也不能盲目赶时间、抢进度。要有战略谋划、整体设计、阶段方案；要循序渐进、分步实施、及时纠偏；要有目标意识、效果意识、长远意识。不能为融合而融合，不能拍脑袋上马，不能重投入、轻产出。

因此，对进一步促进融合发展取得更多务实成果有以下建议策略：

（1）用理念创新提高融合生产力。观念就是价值，思想就是力量。近年来，人民日报社把加快推动传统媒体与新兴媒体融合发展，率先建成新型主流媒体和新型媒体集团，作为一项重要而紧迫的战略任务，进行了理念的更新、体制的改革和机制的完善。在推进媒体融合发展进程中，中央和地方主流媒体也都进行了积极的探索。

（2）靠技术创新丰富新闻表现力。智能装备、3D技术、机器人写作、无人机直播、VR、H5……从传播领域的这些热词中不难看出，新技术的快速发展和应用正广泛深刻地改变媒体生态。

（3）以机制创新扩大媒体传播力。融合发展需要持续投入，如何开拓更广泛的投资渠道、形成媒体融合发展的持续动力，是当前非常值得探讨的课题。希望各家媒体和各方资本能找到合作的兴趣点、结合点、共赢点，使媒体融合与资本市场深度互动、互利共赢。

### (三) 树立一体化观念，强化互联网思维

当今时代，互联网日益成为创新驱动发展的先导力量，带来了媒体格局的深刻调整和舆论生态的重大变化。推动传统媒体和新兴媒体融合发展，充分彰显了融合发展在当前舆论格局下的地位，立意深刻。

1. 相互借鉴，融为一体

坚持融合发展，需要我们不断强化互联网思维，推动传统媒体和新兴媒体在内容生产、利益格局、组织架构、采编流程等方面深度融合，实现信息内容、技术应用、平台终端、人才队伍的共享融通，真正实现创新发展和有效管理。

传统媒体和新兴媒体之间不是简单的替代关系，而是融合共生关系。

2. 遵循规律，把握原则

可以说，推动媒体融合，融的是理念和思路，合的是内容和技术，做的是协调和互动，求的是再造和双赢。在这个过程中，要充分遵循新闻传播规律和新兴媒体发展规律，把握三个原则。

一是坚持正确导向。按照党管媒体的大原则，把正确导向贯穿到媒体融合发展的各环节，从内容、流程、技术等各方面把好关口，在新媒体领域加快形成媒体内部管理、政府依法监管、行业和个人加强自律的"四位一体"管理思路。

二是坚持用户为本。顺应受众向互联网、移动互联网迁移的趋势，适应新兴媒体平等交流、互动传播的特点，树立用户观念，满足受众多样化、个性化的信息需求。

三是坚持创新表达。多生产精准短小、鲜活快捷、吸引力强的信息，多用受众喜闻乐见的方式把报道内容直观形象地呈现出来，更好适应网络传播内容多、速度快、碎片化的重要特点。

### 三、新兴媒体与传统媒体融合发展

从媒体发展史角度考察新兴媒体，考察新兴媒体赖以产生的物质基础，以及新兴媒体在服务用户时反映出的人的生活方式，我们会发现新兴媒体是人自身个体意志得以极大张扬的产物，是物质文明积累到一定阶段后对人类的超越原有想象的馈赠。在既有的媒体发展史观念观照下，我们习惯于把媒体分成精英媒体、大众媒体和个人媒体，并认为这三个阶段分别代表着人类所经历过和正在经历的农业文明时代、工业文明时代与信息文明时代。而从人的个体发展历史而言，无论是农业文明时代，还是工业文明时代，传媒承担了传播的主要责任，单个的人将信息传播的权力让渡给媒体，媒体通过职业化运行，为单个的人提供各种信息服务。但到了信息

时代，单个的人包括自然的人与社会的人，在让渡部分信息传递权力的同时，也积极加入媒体所需要的信息生产与信息传递实践中，使媒体生态发生了复杂而多向的变化。当信息传播由传者为中心走向受者为中心，舆论格局、舆论生态、信息发布的方式、媒体生存的空间与发展模式便发生了极大的变化。这时，媒体便到了"以个人为中心"的时代，而"以个人为中心"是对新兴媒体时代的形象概括。

互联网发展、信息安全问题已上升到了国家战略层面，由此展开的一系列管理上的调整，为新兴媒体健康有序的发展提供了制度保障。而传统媒体与新兴媒体融合发展战略，又使新兴媒体在信息生产与信息发布与传递方面迈上了一个新的台阶。

（一）传统媒体与新媒体理论及发展

中国是世界上新媒体发展比较快、用户最多的国家，已经形成了庞大的新媒体传播生态。就当前情况来看，新媒体是一把双刃剑，跟各个领域的融合及冲突效应都比较显著。对于正在经历媒体转型的中国来说，探索传统媒体与新媒体之间的融合显得至关重要。

1.传统媒体与新媒体的概念及其差异

新媒体与传统媒体的基本概念并无明确的定义，因为传统媒体在其出现之初也是属于新媒体，只是随着时代的进步和科学技术的发展，其逐渐被后来出现的更为先进、表现样式更为新颖的媒体形式所超越。而且，当前对于新媒体与传统媒体的众多研究中也未能对两者进行严格的区分。下面分别从两者的基本特征、表现形式及技术手段等方面的差异性来论述二者的基本概念和特点。

（1）传统媒体与新媒体的概念

传统媒体与新媒体的概念是相对而言的，其对于信息的传递既相辅相成又相互影响、相互碰撞。其中，传统媒体的概念是相对于新媒体而言的，其形式主要包括电视、报纸、广播、杂志、户外广告牌等。其在传播形式上最为明显的特征在于通过某一机械装置，在特定的时间、特定的地点向大众提供公共信息和教育娱乐平台。而且在传统媒体中，受众群体只能被动地接受媒体所传播的信息内容而无法对其作出评论和发表意见，即传统媒体在进行信息传播过程中缺失受众信息反馈的环节。而新媒体的概念则是随着新媒体的诞生而逐渐形成的，由于通信技术和互联网技术的发展，媒体传播形式由传统的定点、定时、单向传播开始向灵活、多变、互动式转变。这就产生了区别于传统的媒体的新媒体概念，即新媒体是指以数字技术为基础、以网络为载体进行信息传播的媒介。

（2）传统媒体与新媒体的差异

传统媒体与新媒体由于所使用的信息传播技术、所展现的信息形式的差异性，二者有不同的特点。其主要表现为技术支持的不同、传播特质的不同、角色定位的不同以及运营模式的不同，具体而言：

① 技术支持的不同

对于传统媒体中的报纸、杂志来说，造纸技术和印刷技术的不断提升和发展，推动了纸媒这一传统媒体的产生；电磁波、音频技术的发展和传播手段的提高，促进了广播媒体的产生；电子音视频技术的产生，造就了电视媒体的产生。因此，传统媒体的诞生与支持技术的改革变化密切相关。由此可知，传统媒体与新媒体产生差异性的一大原因也是由于技术支持的变迁。与传统媒体的印刷术、电磁波、音频、视频等技术支持的不同，新媒体产生的技术支持则是由于数字技术和网络技术的发展。

② 传播特质的不同

新媒体和传统媒体在传播特质上的最大差异在于两者的信息传播的互动性和灵活性。其中，传统媒体在向受众群体进行信息传播的过程中，最为常见的形式是进行"一点对多点"或"点对面"的单向传播，受众无法根据自身对于所获得信息的理解和感受发表意见和评论。

由于传统媒体在信息传播过程中受到版面、频道、频率等技术要求的限制，只能在特点时间、特点频道进行标准化和统一化的信息传递。传统媒体的这种单向性和僵化性使得其在进行信息传播时具有一定的时滞性和封闭性。而新媒体在上述两个方面则表现出更强的互动性和灵活性。新媒体在信息传播过程中更加强调"多点对多点"、全立体的传播，受众群体能够对所出现的信息进行评价，具有信息反馈的特质。而且，新媒体不是单纯地将读者和受众看作信息的被动接受者，而是通过各种技术手段，实现用户信息需求的个性化、定制化，更好地满足用户在信息和娱乐方面的差异性需求。

③ 角色定位的不同

传统媒体由于产生过程和发展的经济支持主要是由国家行政进行提供，因此成为国家宣传和对外形象展示的主要媒体通道，其与新媒体相比具有更强的政治属性和喉舌功能。传统媒体中所传播的信息主要是居于主流、主导地位的社会公众价值观，而且其在时政新闻方面具有更为明显的权威性。这种政治属性和喉舌功能也使得传统媒体在行政新闻获取和播放过程中具有更多的便利性，也使得其在信息内容的选择上更加标准化和规范化，以保证整个媒体信息具有社会普遍性、共同性的价值取向。而新媒体则具有更大的随意性和紊乱性，其权威性远远不如传统媒体。其仅能成为受众所需信息的参考，而无法成为依据。

④ 运营模式的不同

在运营模式中，传统媒体与新媒体也表现出较大的差异，主要表现在价值链、商业运作模式及盈利模式三个方面。

从新媒体与传统媒体的运用模式中可以看出，新媒体相对于传统媒体在价值链中更加注重用户的需求，其从内容的生产到最后的经营还要经过运营商的技术支持。在商业运作模式中，传统媒体主要是通过"两次售卖"模式，即首先将媒体信息传递给受众群体，获得媒体影响力，然后再将媒体影响力转移至广告主，使得其在商品价值上通过媒体作用获得提升。在盈利模式上，传统媒体主要是通过广告获得利润，方式较为单一。而新媒体则是通过在信息传播过程中植入广告、提供个性服务等方式获取增值服务利润，也可以通过流量分成和用户数据售卖等获得额外价值。

2. 传统媒体与新媒体的优劣对比

媒体作为社会信息传播和交流的重要途径，在不同时期发挥着不同的作用。其有利于民众增强对自身所处政治、经济、文化环境的认识，对于提升社会信息交流具有重要意义。近年来新媒体的产生和发展使其在丰富信息传播方式的同时，也增加了两者的碰撞和冲突。在这一碰撞过程中，由于新媒体与传统媒体的传播手段和角色定位的不同，两者在进行信息传播过程中表现出不同的优势和缺点。

(1) 传统媒体的优劣性分析

传统媒体产生的时间较长，其在20世纪80年代就开始进入公众视野，并经历了多次的改革创新，赢得了广阔的受众群体。而且，长达近半个世纪的发展和水平提升，使得传统媒体在运营管理、信息传递等多个方面都具有较为成熟的运作模式。而且，由于传统媒体在信息传播过程中还具有鲜明的政治色彩和喉舌功能，其所发布信息的可信度和权威性较高，能够为受众群体提供有效的信息支持。但是，相对于近年来新兴起的新媒体而言，传统媒体又不可避免地存在一定的缺陷，主要表现为其信息传递的形式和手段较为僵化，不够灵活。而且，信息发布时间和渠道都具有一定的限制，从而易造成信息时效性不强。

(2) 新媒体的优劣性分析

新媒体随着信息技术和网络技术的发展，在进行市场运营过程中，表现出更多的新形势、新姿态、新技术。其在进入媒体市场后，就获得了一部分受众群体的青睐，主要原因在于其实现了受众群体与信息生产者之间的信息反馈，并借助网络这一新型媒体平台，更好地迎合了年轻一代受众群体的喜好和价值观。与传统媒体相比，新媒体的优势主要表现为流动性强，覆盖面更广，影响力更大，实现了个性化的突破，内容和形式更为丰富，受众的地位实现可转变。但是，也应看到，由于新媒体信息发布者的权威性的不足，所发布信息的可靠性无法得到保证，只能为受众群体提供信息参考，而无法实现信息支持。同时由于我国互联网技术发展起步较晚以及人才队伍的相对匮乏，信息管理过程中存在较多漏洞，信息的安全性无法得到保证。

(3) 优劣性综合比对及未来展望

传统媒体仍旧能够占据传媒行业的主导地位，其发展和改革均影响着社会经济、文化等的发展；新媒体的出现则为社会改革带来了巨大推动力，同时活跃了市场经济。

两者的优劣点可以实现理论上的互补。在未来的信息行业发展过程中，人们必将挖掘出两者的特点，继而实现两者在实践中的结合，以科技和新传媒的经验等，创造出以网络技术、电脑技术为基础的未来高科技时代的新型复合式媒体。

(二) 传统媒体与新媒体融合的特征、动力与路径

1. 大数据背景下媒体业发展特征

大数据伴随新媒体技术日益嵌入人们的日常生活中，以其宣传效率高、速度快、互动性强等优势对传统电视、报刊、广播等媒体造成一定冲击。但新媒体固有的缺陷也使得报道严谨、公信力和权威性强的传统媒体不可能完全被取而代之。那么，传统媒体借助大数据转型升级，与新媒体融合发展便成为当今媒体业的发展特征。大数据背景下新旧媒体融合发展的主要特征在于传媒业的广泛性与革命性。

(1) 范围经济扩大传媒产业边界

① 广泛进入人们的生活

大数据时代互联网、物联网技术的发展使得人与物之间的联系变得更加紧密。在此背景下，新媒体是物联网系统的渠道与终端。从社会学的角度看，新媒体开拓了人们社交活动的范围，人与人之间的交流在新媒体时代变得更加方便。尤其是手机移动通信的发展缩短了人和人之间交互的地理空间限制。大数据时代的新媒体行业无论是从信息采集、内容生产制造，还是从内容的传播与表现形式，都能时时刻刻关注人们日常生活的方方面面，甚至针对不同消费群体定制个性化媒体服务，广泛满足消费者的个性化、多样化需求。特别是手机互联网的强势崛起，手机已经代替报纸成为人们茶余饭后获取新闻资讯的重要工具。

② 广泛进入主流意识形态传播领域

新媒体平台信息的发布和互动已经成为各国政府、企业、机构信息传播与宣传的重要途径。尤其是许多政要、名流都积极使用新媒体传播方式参与相应的社交活动。在新媒体作用下，政府之间信息的传达变得更加充分与通畅，而国家作为民族意志力的代表，政府对新媒体的利用无疑广泛改变着社会意识形态的传播方式。

③广泛调动社会上一切媒体资源

大数据时代新媒体对社会资源的调动作用十分广泛。由于新媒体的技术特征，所有受众或媒体工作者的工作场所与工作内容的范围也变得十分广泛。相较于传统媒体工作者，新媒体工作者的工作场地更加无界限，工作的内容更加多样化，受众不需要在固定的时间接受一成不变的信息。信息传播与媒体内容的制作都能及时传送到媒体平台，即时性与社会性使得新媒体能够有效调动社会资源。经济学理论所研究的正是如何更好地解决稀缺性资源配置问题，或是如何更好地解决资源的稀缺性。

(2) 演化价值推动传媒产业价值链革命

互联网、手机移动互联网等新媒体的出现给媒体业的发展带来革命性的变化。自媒体概念逐渐清晰，一般受众从信息的接收者转变为信息的传输者，颠覆了传统媒体的概念，受众与媒体的关系变得复杂。一方面，他们仍然是信息接收者，即受众；另一方面，他们已然成为信息的制作与传播者，是新媒体的组成部分。

①强交互性

相较于传统媒体，新媒体的交互性要远强于传统纸媒。在传统媒体时代，受众通常只是媒体的接受者，是被动的；而大数据背景下的新媒体时代，受众不仅是媒体的接受者，同时也可能是媒体的开发者，是主动的。换言之，在大数据技术支持下，新媒体特征更加强调与受众的交互活动。移动互联网的普及使得受众既是信息的接受者，也是信息的发布者。人们通过新媒体将自己的所见所闻及时上传到网络媒体平台，与其他受众进行交流互动。

②多元化传播

传统媒体的传播方式一般包括文字、图片，在固定的时间段传播内容种类相近的信息，而大数据时代新媒体的传播符号已经超越单一的文字和图片，涉及音频、视频等声光电产品。尤其是4D时代的全新感官体验，是一种多元化的传播模式，这是变革性的技术突破。在新媒体的伴随下，受众更加享受信息获得的体验感与信息发布者的成就感，受众通过多元化的传播途径，成为内容的制定者与信息的传播者，在不需要任何激励手段的情况下，全民媒体也很容易就能实现。

总之，大数据时代新媒体的广泛性与革命性是其区别于传统媒体的最大特征。这是大数据技术支持下媒体行业所表现出的新特征。新媒体对媒体行业的变革在于极大限度利用现代计算机网络以及手机互联网技术，提供即时的、极大范围的信息搜寻与发布服务。

2. 新旧媒体融合发展模式类型与路径

传统媒体可以在大数据的驱动下寻求与新媒体融合的接口。借助新媒体技术手段，在传播理念、传播内容、传播渠道、营销渠道和舆论导向等方面进行融合发展。从新旧媒体融合发展的不同阶段看，主要有内容融合、渠道融合和市场融合三种融合类型。

(1) 新旧媒体融合发展的类型

① 内容融合

新媒体与传统媒体都是依靠内容吸引用户，而传统媒体在内容制作方面有着明显的优势。传统电视媒体在内容采编、品牌维护等方面有着一定的优势，与新媒体的融合过程中应当充分利用传统媒体这一优势。

数字化内容是指将传统媒体所提供的优质内容通过计算机技术、程序设计进行编码，将初始的文字、音频、视频变为能够利用新媒体传播的存储形式。一方面，传统媒体的优质内容得以存储与收藏，便于档案管理与史料研究；另一方面，数字化后的内容能真正地与新媒体进行融合。它是用新媒体的承载与表现形式来处理传统媒体的内容。

网络化内容是在内容呈现于传播媒介上的融合。网络化就是指将媒体内容通过计算机互联网联系在一起，一般网民就是媒体内容的受众。网络化是新媒体的传播手段，其优势在于更加便捷、更加开放。新旧媒体的内容在网络平台上很自然地实现优势互补。

这种内容融合的模式主要是新旧媒体融合初期所依赖的主要类型，即简单地利用现代编程技术，将传统媒体内容与新媒体内容数字化，进而网络化，在公共网络平台上实现对接、融合，可以简单地理解为用新媒体技术传播传统媒体内容。

② 渠道融合

传媒行业产品的特点是它们属于一次性消耗品，这一点不论新媒体还是传统媒体都遵循着这一规律。但相较于单一的传播渠道，多种渠道的融合能够提高传媒产品的利用率，避免重复劳动，减少资源浪费。新媒体与传统媒体之间的融合很大程度上是拓宽原有媒体内容的传播渠道，以最低的成本获得最大的效应。

大数据下新媒体传播渠道的特征是多元化、技术化。多元化意味着新媒体的传播渠道相较于旧媒体更加多样化。在大数据时代，互联网渠道、手机互联网渠道及物联网体验渠道都得以发展。新媒体运用这些新的渠道传播信息，其中网络渠道是主要通道，海量、即时的信息都是通过网络媒体发布的。技术化是指新媒体充分利用现代先进的科学技术拓宽媒体的传播渠道以及媒体内容的表现方式。媒体信息内容不再是旧媒体时代由枯燥的文字与一成不变的人工播音来表现，而是充分利用声光电技术，给予受众最直观的感受，使其有身临其境的体验，媒体内容的展现形式更加容易被受众接受且印象深刻。

这种融合模式是革命式的，即用新媒体渠道代替旧媒体渠道。当然，这种融合同时也是渐近式的。在经济发展较落后，技术还不发达地区，新媒体渠道的建设还有待完善。这些地区旧媒体渠道往往较为成熟，新旧媒体的渠道融合关键在于对已有旧媒体传播渠道进行技术化改造。

③ 运行机制融合

新媒体对传统媒体受众的拓展，即对潜在市场的开发作用特别明显。在新旧媒体的融合过程中，应不断挖掘受众新的需求，从而推动传媒业的不断发展。从这个意义上看，所谓市场融合，即是指新旧媒体发挥各自比较优势，在市场拓展上下功夫，突破传统媒体下的市场约束。

新媒体在市场拓展尤其是挖掘潜在传媒市场方面有着很大的优势。

首先，新媒体借助最新科技成果，传播渠道多样化，大到全球互联网媒体，小到个人掌上电脑或手机电话。海量的手机 App 应用让媒体信息变得触手可及，每个拥有智能手机的人都可能成为媒体业的受众。其次，定制化服务将媒体传播服务化被动为主动。

这一融合模式下，媒体市场是一个大市场的概念。传统旧媒体与新媒体同处于一个市场下，全社会成员都可能成为传媒业的受众。新旧媒体在开拓潜在市场上有着共同目标，而开拓市场也是新旧媒体共同的任务，新旧媒体更有动力进行市场融合。而且新旧媒体融合能有效破除市场壁垒。通过新旧媒体的融合，优质信息内容能通过新旧媒体的多种传播渠道很快进入受众的视野，为受众所接收。

总之，新旧媒体融合发展的不同模式是依赖于新旧媒体各自优势，取长补短的融合过程。传统媒体提供优质内容与制作技术，新媒体提供最新传播媒介与技术支持，共同促进传媒产业发展。

(2) 新旧媒体融合发展的路径

新旧媒体的融合类型有多种，融合路径也不单一。从新旧媒体的融合实践来看，融合发展关键是媒体行业自身升级更新的过程。新旧媒体的融合具体可分为两种路径：一种是演化经济学理论下的渐近式融合路径，即转型升级路径；另一种则是熊彼特创造性发展理论下的毁灭式融合路径，即兼并重组路径。

① 规模经济激发转型升级

演化经济学是现代经济学研究中较新的领域，具有广阔的发展前景。其特点在于运用动态、演化的分析方法，探索经济发展规律。转型升级往往是指传统旧媒体企业通过积极地吸收新媒体技术、寻求与新媒体的融合发展而在自身已有条件的基础上通过模仿、创新而实现的质的变化。

如果将传媒市场看作一个完整的经济体，而新旧媒体分别是这个经济体中的不同个体，且在经济活动的一开始，市场被传统旧媒体主导，随着经济的发展、技术的进步，新媒体才渐渐出现在市场中。而新媒体的发展借助于传媒市场以外的科学技术的进步，在科技市场上，科技进步是常态，这意味着新媒体有着极强的生命力和竞争力。随着新媒体的不断发展，传媒市场中的新媒体企业越来越多，新媒体所占的市场份额也势必越来越大。这样，在传媒市场上，新旧媒体之间就存在着生存的博弈：新媒体会继续壮大自己，在传媒市场上与旧媒体竞争，而旧媒体是传媒市场的在位者，若选择不与新媒体合作，则很快会被淘汰。

② 外部经济促成兼并重组

兼并重组是有实力的新兴传媒企业通过兼并重组的方式并购传统媒体企业，从而实现新旧媒体的融合。在熊彼特的创新理论中，创新是一种革命性变化。而新媒体与旧媒体的融合正是一种破坏式的创新。在革命性变化的影响下，创新的同时伴随着毁灭。在竞争性市场中，新媒体企业兼并收购旧媒体企业，意味着新媒体企业的壮大成长、旧媒体企业的毁灭。

不论是转型升级的融合路径还是兼并重组的融合路径，新旧媒体的融合都是在追求更高的生产效率与经济效率。前者是一种自内而外的融合机制，传媒企业从自身内部开始转型；后者则是一种自外而内的融合机制，传媒企业从企业外部寻求融合对象，实现新旧媒体的融合。

# 第三章　媒介融合背景下新闻信息的生产与传播

## 第一节　媒介融合的新闻生产流程再造

媒介融合已经是国际传媒业发展的大势所趋。融媒体时代彻底改变了新闻的生产与消费。在这个大趋势下，媒介机构要想在竞争中胜出，也需要对以前的新闻生产流程进行全新再造，以期焕发出新的生命力。

### 一、流程再造的关键——打通与共融

融媒体带来的最重要的一个变化，就是媒介之间的边界由清晰变得模糊。因此，"打通"各个单一介质媒体之间的联系渠道是融媒体时代新闻生产流程再造的关键。

在媒介融合时代，媒介的定义外延更为宽泛。"媒介就是渠道"，所有能将传受双方互联互通，并承载信息、意义与文化的介质都可以看作媒介。就媒体结构这个层面而言，传统的和新型的传播方式之间的区分标准正日益模糊，不同媒介之间的关联性和兼容性正日益加强。因此，专业媒体必须在"打通"与"共融"中再造新闻生产流程。

在"打通"与"共融"中再造新闻生产流程，前提是要建立依托网络技术打造的数据库，进行多媒体信息的储存、处理与加工。核心是要建立新闻生产的指挥调度中心。它如同人的大脑，在对多介质、多媒体进行"打通"和"共融"的过程中，实施对整个新闻生产流程的指挥调度和控制管理。

在此基础上，要集中解决好以下几方面的问题：

首先，要解决新闻内容的多媒体生产。可以采用目前在媒体融合过程中较为成功的做法，成立由新闻信息指挥调度中心直接管理的新闻信息采集平台，将过去分割的、各自为战的多介质新闻信息采集，集中到新闻信息采集平台，由能够承担多介质操作的记者们共同完成。信息内容的采集和生产将是多媒体化的，既有图片、文字，也有视频、音频等；信息采集的过程也是多媒介汇流的。

对于记者采集的新闻内容，可以将其放到信息采集平台的信息交流中心进行双向选择，最终确定信息产品的发布渠道。一方面，可以在信息指挥调度中心或信息

采集平台设立权威的"信息评估"部门，对新闻产品作出一流的价值判断，并最终决定以一种（比如是在广播、电视上还是在报纸上发布）还是几种媒体形式（比如同时在广播、电视、网络、报纸、手机上发布）呈现的方式进行传播，确定信息产品的发布去向。另一方面，信息产品的编辑平台也可以根据发布渠道的不同特点，自主选择不同的新闻信息产品，并依据发布的需求对新闻产品中相关素材的再加工（如需进行连续报道、系列报道等重点报道或者改文字报道为其他传播形式的报道等）提出意见和要求。

在此基础上，将新闻信息产品依据其新闻价值的高低和不同媒体的传播特点，分送到在线（如广播、电视、网络、手机等）编辑平台和线下（纸质媒体）编辑平台，进行二次开发和编辑加工，生产出可供多介质、多媒体传播的新闻产品。

其次，要解决新闻发布问题。多介质、多媒体的新闻产品，要借助多通道的信息终端进行传播。因此，要在新闻信息指挥调度中心下设多介质、跨媒体的信息发布平台，使编辑部加工的同一内容不同形式的新闻产品，沿着各自既定的渠道运行，通过多媒体的信息终端进行传播，实现一件新闻产品的复次、多介质、全方位传播，以满足不同受众对于新闻信息产品的不同需求。

最后，要解决新闻信息产品抵达用户后的反馈以及来自用户生产的信息内容如何上浮的问题。可以尝试建立用户平台，将受众看成用户来管理经营。用户平台可以采用新闻推送模式，及时收集新闻产品传播后用户的反馈，促成用户生产信息内容的上浮。

## 二、新闻生产流程指挥中心的再造

### （一）新闻信息指挥调度中心的管理模式

传统媒体在新闻生产流程的运转中，最高指挥调度中心是总编辑（或台长、社长、频道总监）领导下的编委会。编委会作为最高决策层，负责媒体编辑方针的制定和新闻生产流程的日常管理。

要打破单一介质的新闻生产流程，再造融媒体时代的新闻生产流程，同样需要构建最高决策层，形成对融媒体新闻生产流程实施日常管理的"大脑"核心。

但是，这种构建绝不是对单一介质媒体管理机制的简单照搬，而必须适应融媒体时代新闻产品多媒体化生产、消费的特点，形成有的放矢、独具特色的管理机制，以保证新闻生产流程再造能高效运转并得以制度化。

按照融媒体时代新闻生产流程再造的需求，比较理想的新闻信息指挥调度中心的管理模式是：在巨大的新闻生产操作空间中，"脑"指挥中心位于这个平台的中央位置，其他广播、电视、网络、手机、纸媒等业务部门环绕周围，多媒体记者采写的图、文、音频、视频等新闻素材集中到新闻信息采集平台，由各种介质的编辑部各取所需，进行二次加工。重要新闻和突发事件则要由指挥中心确定其稿件的新闻价值，并最终决定以一种还是几种媒体形式呈现的方式，转而分发给各自下线的业务部门，并分别在下线部门的广播、网络、电视、手机、纸媒等介质平台上对外发布。

(二) 新闻指挥调度中心的管理架构

1. 构建信息平台，强化新闻生产过程的网状化管理

新闻产品作为一种信息产品，其生产流程实质上是围绕着信息的收集、筛选和整合重构来进行的。因此，在新闻信息生产流程中，必须构建以数据库为中心的强大的信息平台，强化生产过程中对信息的网状管理。

2. 构建以用户为中心的、开放的多元化信息传播机制

在信息发布过程中，新闻信息指挥调度中心要特别重视对用户 (受众) 的经营管理。要以用户为中心，构建开放的多元化的信息传播机制。网络传播技术快速发展，正在颠覆原有的新闻传播格局。被改变的不仅仅是媒体行业本身，也包括媒体受众。

与过去单一介质的传受关系不同，融媒体时代的受众既是信息的接收者、反馈者，也是内容的生产者、传播者。随着互联网技术的普及，特别是信息采集、信息编辑、信息播发技术的便捷，互联网用户人群日益增长、分布区域日益扩大，受众会越来越多地参与新闻信息的传播，从而改变传统的传播模式，受众也更具备筛选新闻和诠释新闻资格的能力。受众新闻期待的转向，正在积极修正媒体生态，使得媒体传播日益深刻地嵌入人们的日常生活过程，从而给媒体重构、媒介传播提出了新的课题。因此，专业媒体的新闻智慧调度中心必须适应变化了的受众的特点，建立专门的用户管理平台，强化对用户 (受众) 的经营管理。

3. 强化日常管理，打造整合传播的决策者

新闻指挥调度中心作为专业新闻生产的核心，承担着融媒体时代整个新闻生产流程的日常管理工作。中心的决策层必须是能运用多介质进行整合传播策划的高层次管理人才。融媒时代专业媒体的管理者，必须具备清醒的媒体意识和强烈的创新精神；必须具有前瞻意识，能及时了解并娴熟运用各类新技术，引领媒体的创新与发展；必须具备对多媒体传播的整体驾驭能力和整合策划能力。

三、全能记者的多媒体信息采集

媒介融合背景下的新闻生产流程再造最基本的环节是全能记者的多媒体信息

采集。

(一) 整合人力资源，构建全能记者信息采集平台

现行单一介质媒体的记者采集新闻，在激烈的"抢"新闻的竞争中，很难实现"波纹信息传播"和新闻内容的层级开发。已经组建传媒集团的媒体，在各自为战的新闻运作流程中，各种介质的业务资源多数处于分割和孤立的状态。其传播效应恰恰与"波纹"传播方向相悖，无法充分发挥各类媒体在传播方面的优势，也很难形成人力资源的有效配置，并达到发展集约化、利益最大化的目的。因此，不变革目前传统的新闻信息采集方式和记者资源的结构模式，显然很难将媒体的内容资源优势迅速转化为市场优势。

记者人力资源的重构促成了新闻内容的集约化采集。它带来的最直接效益是大大降低了采访人力成本，原来一个新闻事件可能会有三个以上的记者同时前往采访，现在只要一到两个人即可完成。同时，根据新闻重要性的不同，全媒体新闻中心分兵把守，集中有限资源，最大限度地实现了文、图、音频、视频及专题等各种新闻产品的层级开发，增强了新闻传播的市场竞争力。

要实现多媒体的信息采集，必须整合媒体的记者资源，重构多媒体的全能记者信息采集平台。这是融媒体时代再造新闻生产流程必须解决的首要问题。

(二) 打破思维定式，实现新闻内容采集的跨媒体思维

中国传统媒体与新媒体融合的发展趋势，对于已经习惯于按单一媒体的需求进行信息采集的记者提出了新的、更高的要求。它要求新闻记者必须适应融媒体背景下传播途径多元化的特点，根据采集信息内容的不同，运用跨媒体思维，通过不同的媒介采访手段，对相关信息进行分层处理，以实现新闻信息传播的最佳效应。

所谓跨媒体思维，强调的是记者在采访中能自如地运用多媒体对相关信息进行分层处理的思维特质。它要求记者必须了解报纸、杂志、广播、电视、网络、手机等多种媒体的传播特点，掌握各种媒体的采访技能；在采访中，能根据新闻信息的不同特点，迅速判断其适宜用何种媒体进行传播，从而能及时采用不同的采访手段进行信息采集，确保新闻信息传播的最佳效果。记者在信息采集中对适宜传播媒体的选择、判断过程就是跨媒体思维的过程。跨媒体思维的前提条件是记者对各种媒体传播特点的明晰了解，对信息内容的显性新闻价值包括潜在新闻价值的准确判断。如重大突发事件，在事发初期，一般适宜用网络、手机、广播等传播快捷的媒体发布快讯，通过滚动播报的形式快速将信息告知公众。网络微博的出现也为突发事件的现场播报提供了更为便捷的工具。在遇有突发事件或特定场合的采访时，记者只

需要运用手机或其他网络终端，即可运用微博实时滚动140字以内的短消息、现场直播新闻图片甚至视频报道，极大地提升了新闻时效性。在现场条件具备的情况下，则可用电视媒体直播的形式，向公众报道现场情况。其后，可对信息进行筛选，择其要点进行深入挖掘，运用纸质媒体进行解释性或调查性深度报道。新闻信息有多种解读方式，现场情况瞬息万变，如何运用跨媒体思维进行新闻信息采集，考验着记者的现场应变能力，也是对记者跨媒体思维能力和采访技能的检验。

（三）培养"一专多能"型全能记者

所谓"一专多能"，强调的就是在熟悉多种媒介采写技能的基础上，记者能精通其中的某一种媒介采写技能。在现场采访中，既能根据新闻信息传播的需要，擅长运用最合适的介质进行现场信息的表达；也能根据自己所长，将某一媒介的采写特质发掘到极致，进行最佳表达。这是对全能记者更为准确或适当的定位。

熟悉并能自如地运用多种介质的媒体采写技能新闻报道，是融媒体时代对记者的基本要求，也是融媒体时代记者的基本素质。只有通晓多媒体的采写技能，记者才有可能满足融媒体时代用户（受众）对新闻信息层级开发的需求，也才有可能在融媒体时代对各种媒体的新闻采写运用自如，以达到最佳传播效应。

**四、多信道的信息终端传播方式的建立**

（一）跨媒体的新闻信息发布终端

借助一种多媒体的终端介质实现用户对新闻信息的多元化选择和组合，是媒体融合时代的基本特征和终极追求。因此，在新闻生产流程的再造中，也需要实现信息发布终端的融合。这里所说的终端指的是新闻信息的接收器或承载器，其也可以视为媒介形态的融合，主要是指用户获取媒介产品的终端应用的融合。

要实现终端融合，首先需要在单一终端产品上不断增加其功能，以实现多功能、一体化的目的。其次是以终端设备为平台的信息服务的融合，即各种终端设备在公共的平台上实现互联互通，提供统一的服务。具体而言，媒体的终端融合要包括三方面的融合。

1. 设备的融合

终端设备的融合主要是指将多种功能集中于同一个设备，主要包含两种方式：一是硬件和技术上的融合，二是特定内容和服务与特定的终端设备融合，最终产生特定内容和服务的终端设备。

## 2. 服务的融合

终端融合并不是简单地进行设备功能的融合，更主要的功能是基于统一应用平台上的服务的融合。用户通过各自的终端设备连接到统一的服务平台上，以平台为依托获取所需要的内容和服务。

## 3. 标准的融合

无论是设备的融合，还是服务的融合，要最终实现终端的融合，关键是要制定一种新的标准来协调终端产品的互联互通。只有建立了统一的标准，产品之间才能互相兼容、互相连通，避免用户在选择终端产品时重复购买。

终端融合的关键在于标准的统一，各类终端之间的数据交换和兼容性问题是融合的关键。目前，无论国内和国外都没有实现标准的统一，还同时存在多个标准；加上相关政策的制约，多重行业监管造成的对"三网"相互进入的限制等，严重阻碍了终端融合的发展进程。

在现阶段，媒介的传播终端设备尚未达到完全的融合。但是，随着内容融合促使内容产业的出现，信息内容的生产已经逐步实现规模化，用户对于信息内容的需求也逐步由单一到多样，由单一接收到双向互动，由定时、定点获取向任意时间、任意地点、任意形式获取转变。从终端的功能到终端设备提供的服务，终端融合已经扩展单个媒介的应用范围，体现了受众要求整合服务的需求。随着终端融合的不断发展，新兴的基于特定终端设备的特定服务不断开发，新型的多功能一体化的终端设备不断出现，终端设备所带来的信息平台和服务内容的跨媒体融合也已经初现端倪。

目前，终端融合主要是指三屏融合，即电视屏、电脑屏和手机屏。在实际应用中，具体的终端产品类型包括电脑、电视、手机、广播、移动终端设备等，比较有代表性且已经具备跨媒体信息发布融合的终端主要有三大类，即网络终端、移动终端和电视终端。

### （二）信息发布终端的用户管理

在媒介融合时代，媒体和受众之间的关系已经被重新定义，"一对多"的大众传播时代的"受众意识"逐渐被抛弃，取而代之的是"多对多"的"用户中心意识"。在新闻生产流程中，媒体的信息发布终端与用户之间的联系最为密切。因此，加强信息发布终端的用户管理，是提高新闻信息传播与服务效应不容小觑的关键环节。

媒体核心竞争力的一个重要表现就是对信息的利用程度。一个媒体如果想要在同其他媒体间激烈的竞争中取得优势，信息的收集与传播固然重要，但其重心要有所转移，要加强对信息的加工和整理。中国网络广告投放的焦点将改变传统的大众化营销模式而逐渐转向个性化营销，从流量购买转向人群购买。以人为中心，迎合人的个性需求是未来营销的重中之重，也应当是媒体信息传播的重中之重。专业媒体必须树立"一切为了用户、一切依靠用户"的观念，注重对用户及其用户信息的收集与分析、运用。在信息发布终端，要建立专门的用户管理平台，强化对用户信息的收集、分析和运用。

## 第二节 媒介整合层面下的新闻资源开发与利用

对新闻资源的开发与利用，目的在于挖掘新闻信息潜在资源，充分体现新闻传播价值。但是，媒介整合层下，即使拥有众多信息资源及丰富的精神财富，许多传媒机构对于新闻资源的开发、利用仍然不充分，对于新闻信息资源的挖掘还处于浅层次，使新闻传播价值与效益无法得到充分体现与释放。

**一、对新闻资源报道的影响**

（一）信息采集方式

媒介融合促使各种新闻信息之间进行融合和分化，在信息采集及新闻报道方式方面，都应当遵循多媒体发展规律。第一，融合信息采集应当做到时间媒体及空间媒体的融合采集，增强人们对信息的感知能力及记忆能力，实现更好的传播效果。在新闻报道方式选择上，应当选择多媒体融合报道方式。第二，在新闻采访过程中，应当注重事实性及意见性的有机结合，进而实现具象和抽象上的统一，进而共同组成报道内容，根据不同媒体进行更好的规划。第三，对于融合新闻来说，更应当采用多种采访工具进行信息的采集。这需要记者素质过硬，可以对新闻实现多角度、立体化、全方位、连续性的采集和报道。

（二）资源利用开发

新闻资源内涵除了包括信息内容以外，还包括新闻媒介传播过程一切的社会资源，如：新闻产品、新闻渠道、新闻线索信息资源；媒介所依存的新闻环境资源；新闻媒介本身运作生存的媒介资源；新闻消费者等受众资源。随着对新闻资源的不断开发和利用，网络互动能够让资源内容更加丰富和优化，促进资源内容整合。如手机新闻直播可以实现对重大新闻的滚动式播放，推动了新闻媒体交互式发展。此外，新闻采编仍要加快变革和进步，从而对信息资源开发利用进行更加深入的探索，将更多的新媒介形态融入内容生产中。

## 二、媒介融合发展对新闻资源开发的影响

### （一）新闻资源发现渠道得以拓展

在当前媒介融合的背景下，新闻信息源的结构、新闻传播主体均发生了改变，推动着新闻资源发现渠道的进一步拓展。在传统媒体时代背景下，新闻资源的提供方主要为政府机构、企业组织及社会团体等，所有新闻资源的采集均由专业人士承担，并没有发挥出群众的力量，且群众提供的新闻资源采用率相对较低。而随着新媒体的发展及普及性使用，群众获得了传播新闻信息的能力，借助微博、微信、贴吧、论坛等平台，能够完成新闻观点的发布，也能够实现对新闻信息的第一时间发布。

在当前媒介融合发展的背景下，专业的新闻从业人员虽然依旧占据着主导地位，但由于新媒体的支持，群众在新闻资源获取与传播方面的作用不可小视，逐步形成了单人对单人、单人对多人、多人对多人的新闻传播网。由此能够看出，现阶段新闻传播的主体已然由专业从业人员垄断转变为社会所有公众参与，推动了新闻信息源的结构发生变化，群众在新闻传播中占的比重逐步提升。

另外，新闻信息源结构、新闻传播形式的变化还会对新闻资源鉴别标准产生影响。在媒介融合背景下，新闻资源更多来源于群众，传播中的互动性更强，新闻资源鉴别对群众的要求与反应的依赖程度明显提升。

### （二）新闻资源实现优化整合

媒介融合发展推动了媒介组织结构、工作流程的变化，实现了新闻资源的整合与优化。新闻资源的整合能够划分成三个层面，即媒介整体经营层面的整合、新闻报道活动层面的整合及媒介集团化发展层面上的整合。而媒介融合发展为上述三个层面上的资源整合均起到了推动性的作用。例如，通过在媒体集团中设置多媒体新闻编辑中心，完成电视台、报纸及网站媒介中新闻报道的统一管理，促使集团内多种媒介在新闻采编工作中实现联动。

在媒介融合发展的时代背景下，通过媒体集团内多个媒介的融合，特别是传统媒介与新媒体、互联网的融合，能够实现新闻资源的有效整合，打破了新闻传播受到的地域限制，提供了更多的渠道和平台，推动了媒介影响力及经济效益的增长。总体来说，在媒介组织结构、工作流程不断变化的条件下，新闻资源能够得到更为

深入的开发与利用。

(三) 新闻资源展示与增值效果提升

媒介融合发展背景下，新闻的传播方式、载体性能等均发生了一定的变化，更好地实现了新闻资源的展示与增值。对于新闻资源而言，展示与增值是其本身价值与使用价值体现的主要方式，也是新闻媒介对其价值认识、整合使用的外在体现。一般来说，新闻资源普遍具有两种展示形式，即作为媒介自身优势的展示以及作为新闻传播内容的展示。

对于新闻资源的增值而言，其主要实现了对新闻资源潜藏价值的深度挖掘，增加了开发其价值的策略。实现新闻资源增值的方法主要有两种，即基于"共享模式"的增值以及基于"产品链模式"的增值。而媒介融合发展则为新闻资源的增值提供了更多的模式。

需要注意的是，相比于传统媒介而言，基于新媒体、互联网传播的新媒介从根本上转变了媒介的载体性能。此时，群众能够利用发微博、写评论、参与贴吧或论坛讨论等形式，在任意的时间、空间范围内，对所有人展开信息传播。由此能够看出，站在社会的角度，当前的新闻传播方式已然由传统媒介主导下的单向传播方式逐渐转变为社会群众参与的互动分享式传播方式，加深了媒介传播与人际传播的结合程度。在这样的背景下，新闻信息呈现出供给过剩的局面，群众对专业媒体的信息阐释与权威性更为依赖，这为传统媒体提供了更好的新的发展机遇。此时，需要重点关注传统媒介与新媒介的融合，实现信息容量的扩充以及传播形式的更新，以此提升传统媒体对新闻信息的整合加工能力。

综上所述，媒介融合促使电视、报刊等传统媒介融合在一起，促使新闻信息源的结构、新闻传播主体发生改变。同时，媒介融合推动了媒介组织结构、工作流程的变化，也改变了新闻的传播方式、载体性能等，拓展了新闻资源发现渠道，更好地实现了新闻资源的整合、展示与增值。

### 三、媒介融合下的电视新闻资源交流与共享

(一) 新闻资源交流与共享的重要性

随着社会文明程度的提高和城市化进程的不断加速，社会人群的联系越来越紧密，对信息资源的需求也大量增加。电视媒介在传播新闻资源的过程中，受自身局限性因素的影响，无法从根本上满足人们对信息的需求，由此推动了电视新闻资源交流与共享的发展。换言之，电视新闻资源交流与共享的出现，既是社会发展的根

本需要，也是传媒行业迅速发展的根本标志。在实现电视新闻资源交流与共享的过程中，网络多媒体、计算机、报纸、通信等各个方面都有参与，这些渠道的融入，在扩大电视新闻资源传播面的同时，还能取得好的传播效果，避免因渠道单一而出现新闻滞留的现象发生。针对电视新闻资源交流与共享的重要性，主要体现在以下几个方面：首先，电视新闻资源交流与共享的实现，在推动新闻行业发展的同时，使其在原有的基础上跟上了社会的发展趋势，满足了人们的生活需要；在扩大新闻资源传播的基础上，增加了新闻的传播途径，从而实现为更多人服务的传播理念。其次，电视新闻资源交流与共享的实现，打破了传统单一的电视传播模式，在帮助人们摆脱对电视的依赖时，还能得到同样的新闻接收效果，在扩大新闻资源传播影响力的同时，还满足了人们对新闻信息的实际需求。

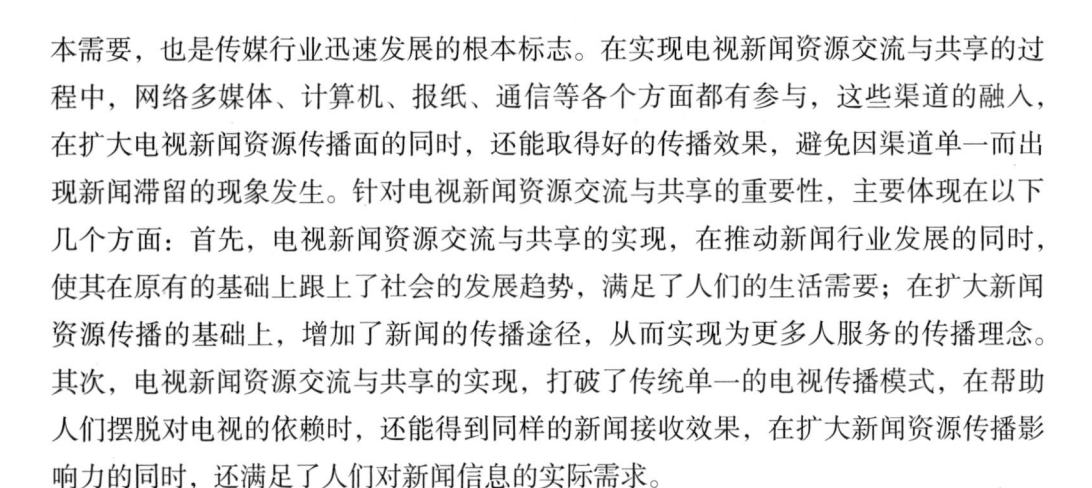

(二) 媒介融合下新闻资源的特点

在以往电视新闻的传播中，人们仅仅通过电视屏幕来了解新闻的实际内容，在很大程度上对电视有着一定的依赖性。电视传播的手段基本上也仅仅保持在"我播你看"的单向传输模式上，观众没有选择和参与的可能性。在新时代媒介融合的背景下，电视新闻资源在传播发展中体现出以下几个新的特点：

1. 互动性

随着计算机技术的发展应用，在推动社会发展的同时，还在很大程度上改变了人们的日常生活。在网络媒体的影响下，电视新闻资源已经由单一的视频传播转变为视频、文字、信息、互动等多个方面相融合的传播模式。这一模式在满足人们对新闻资源需求的同时，还能在网络平台的支持下，发表自身对新闻事件的看法与观点，形成相应的互动讨论。由此不难看出，在当前媒介融合的环境下，电视新闻资源在很大程度上具备一定的互动性，这在标志着信息时代迅速发展的同时，还推动了新闻媒体的发展。

2. 传播性

在以往的电视新闻资源传播时，人们只能在电视机旁才能了解新闻的实际内容，一旦错过，只能等到下一次重播或寻求其他途径进行了解。这些都在很大程度上制约着新闻资源的传播范围及传播效果。在媒介融合的背景下，电视新闻资源能够在很大的基础上得到交流与共享。通过网络媒体，人们能够随意查阅自己感兴趣的视频新闻，还能对该新闻发表自己的看法。由此扩大了新闻的传播范围。与此同时，电视新闻资源交流与共享的传播性还在很大程度上与网络媒体的覆盖率有关。面对网络媒体的迅速发展，网络传递已成为当前电视新闻传播的重要途径。这些都在很大程度上对电视新闻资源的有效利用有着极大的推动作用。

3.时效性

电视媒介在传播新闻的过程中,需要一定的时间对新闻画面进行处理,且在处理完之后才能对该新闻进行播放。受各个地区电视台的影响,同样的新闻无法在同一时间内进行播放,由此导致了不同地区的人们在接收新闻信息时有着一定的时间差距。网络媒体则不同,新闻内容会在第一时间发布在网络上,人们只需在相应的操作下,就能在第一时间得到最新的新闻内容。之所以会出现这样的状况,其根本原因在于网络资源的统一性,它能确保资源在不受地区新闻媒介影响的同时,还能最大限度地实现新闻资源的同步。这些都在很大程度上加快了新闻资源的传播速度。

(三)媒介融合对电视新闻资源的影响

在当前信息背景下,媒介融合作为社会发展中的最终产物,在很大程度上标志着适合信息的迅速发展。媒介融合在实际应用中,能够凭借自身的优势弥补电视新闻资源传播中存在的不足,在推动电视新闻资源传播的同时,还给其带来了一系列的挑战。媒介融合对电视新闻资源的影响具体表现在以下几个方面:首先,随着网络计算机的迅速发展,人们对电视的依赖性越来越低。尤其是青少年,在选择新闻传播媒介时,多数人会倾向于网络媒介。由此导致电视新闻资源的传播效率不如以前,从而直接影响了电视新闻的经济效益。其次,受多种媒介的影响,电视新闻不得不在原有的基础上打破传统的新闻传播模式,力求新的创新模式。只有这样,才能更好地吸引人们的注意力,从而在满足自身传播需求的同时,在激烈的市场竞争中立于不败之地。最后,媒介融合在很大程度上扩大了电视新闻的传播面,由此导致电视新闻在发展传播时,必须寻找新的新闻信息来引起人们的注意。只有这样,才能避免被时代淘汰的厄运。

(四)媒介融合下电视新闻资源交流与共享的发展趋势

媒介融合下电视新闻资源交流与共享的发展趋势主要体现在以下几个方面:

首先,在新闻资源交流和共享的内容上应该有新的拓展。传统电视台之间的电视新闻交换共享。各电视台之间新闻素材的交换,其关键点就是时效性。一些交换网的模式主要是由协作台提供本台某几条新闻视频素材,经交换网审核后,供其他协作台下载使用,各协作台多数处于被动。如果新闻提供方提供的新闻较多,在目前的互联网环境下势必造成新闻提供方以及交换网两端的网络压力,以及交换网的存储压力。如果新闻提供方提供的新闻较少,减少了新闻消费方的选择面,势必会降低协作台使用交换网的兴趣,最终影响交换网存在的价值。可以通过对台际间新闻业务合作模式进行分析,建立以新闻串联单发布为主的业务交流模型新闻协作内容交换系统,将传统技术与独具特色的新闻协作业务流模式相结合,提高台际业务工作效率。

其次,在新闻资源交换共享的技术上应该有新的保障。面对当前网络和计算机的迅速发展,互联网的安全性及可靠性都在原有的基础上得到了极大的提高,在很大程度上为文件的安全传输提供了保障。当前,各个地区电视台之间节目的时效性及异地性都在很大程度上推动了音视频媒体的发展。由于受信息技术的影响,国内的新闻节目及素材交流在传输时,多以人工、卫星传输为主,除了无法及时进行预览外,其传输成本比较昂贵。随着网络交换模式的广泛应用,在传统电视台之间、电视台和网络媒体之间,越来越多的多媒体开始使用自行设计开发文件传输组件来进行视频文件传播,避免互联网传输中遇到的文件盗取、丢失等现象。

最后,在新闻资源交换共享的形式上应该有新的突破。随着媒介融合的迅速发展,电视新闻的制作和发布单位之间逐渐形成了以新闻交换为基础,以大型活动为突破的发展趋势。在以往电视新闻采制中,常常以记者采访为主,一些采访活动经常受到地域、环境、成本及名额的限制,一些电视台由此失去了参与报道的基础。而在网络和计算机的影响下,各个电视台之间能够形成以网络系统为平台的新闻交换系统,在有效解决新闻资源共享间存在的问题时,还能成为各个电视台之间业务交流的主要平台,甚至在条件允许的状况下,各个电视台之间还能实现跨地区的项目交流与合作。

针对当前媒介融合的发展趋势,电视新闻资源交流与共享的实现,在顺应媒体发展潮流的同时,还极大地推动了我国新闻行业的发展,促进电视与信息技术充分地融合在一起,在扩大新闻传播面的同时,还进一步提高了新闻的经济价值。但在实际运作中,基于电视新闻的区域性,要想从根本上实现电视新闻资源的交流与共享,仍需相关部门作出积极的努力,使传统电视台在保障自身经济利益的基础上,以网络和计算机为纽带,构建成统一、规范的新闻交流共享平台,在实现新闻传播价值的同时,还能从根本上体现出新闻的服务本质。

## 第三节 媒介融合背景下新闻价值的挖掘

新媒体时代来临,融合媒体工作环境下的新闻报道逐渐发生了化学药剂作用般的反应。这种反应迅猛而全方位,不同于以前新闻业任何一次单单得益于技术的提升或办报思想变化所引发的改革,融合媒体席卷了整个新闻业的报道形式,包括工作模式、传播理念,同时造成了新闻工作者角色的再塑造、新闻行业格局新气象的来临。

### 一、融媒报道与新闻时效价值的挖掘

时效性是新闻报道的基本特性之一，新闻的可贵之处就在于它的"新"。从传统媒体时代乃至新闻诞生的那一天开始，抢时效就是新闻工作者最常见的事。新闻媒体报选题、审稿件、做报道也以最基本的时效性为其衡量标准。可以说，对于时效性的追求经历了新闻史漫长的发展，目前仍旧是新闻行业最本质的特征。

随着融合媒体时代的来临，新闻报道从一纸化平面报道以及几种几乎脱离关系、以各自形式独立存在的报道发展成为内容整合、形式丰富、构成体系、内在联系逐步优化的融合报道。新媒体在将报道细分为更具体多样的操作阶段的同时，又以其更为强大的整合速率推动各个操作阶段的连接。也就是说，融合报道拓展了新闻形成方式的可能性，这使得新闻产品面临更大时效性的挑战，同时又给予新闻报道一种更高时效性的可能。

（一）缩短了获取第一手新闻信息的时间

在新媒体环境下，新闻传播途径多元化发展，再加上社交媒体的信息推送，使得新闻工作者可以从各种渠道获得近乎全方位的信息。这就在很大程度上避免了由于环境闭塞而导致的事件发生之后信息不能及时传递到记者的局面，也同时使记者不用像传统媒体时代那样事必躬亲地去求证，大大提高了新闻信息获取环节的时效性。例如，当记者在做关于"名人之间的口水战"的报道时，需要在最短时间内搜集并提供读者感兴趣的相关者的资料，又需要避免直接从网络上复制无效信息。这时候，可以通过搜集关于这些名人的已有的独家报道、网络论坛里对这些名人的舆论意见、社交媒体里部分用户自发担任公民记者发布的言论及掌握的资料，甚至国外媒体的资讯来获取素材。这些素材一则具有独特性，往往能震撼受众；二则减少了记者事必躬亲去层层递交申请获取采访许可、准备采访事宜的冗长时间，因为一些媒体、个人已经做过同样的事。更有甚者，在突发事件现场，目击者传出的图片视频素材具有完全的时效性，因为记者几乎不可能赶往现场亲自获取这些转瞬即逝的素材。

（二）新闻加工环节更具挑战性

不管是在过去，还是在现在，受众看到的生产加工完的新闻产品都需要新闻工作者对零散的、罗列状的信息进行整理，并以此为基础加工成具有一定产品性和推广性的新闻，其间存在一个复杂的过程。同时，在新的形势下，不仅最终加工的成

品形式上是多向度组合的，甚至连获取的信息也都是多媒体化的，更多形式的信息组合带来了更大的时效性挑战，对新闻加工环节提出了更高要求。

1. 个人跨媒体加工的时效问题

个人跨媒体加工的融合报道新闻要求一个新闻工作者承担起采访、整合图片、文字、视频，甚至更多技术的新闻报道任务。西方新闻媒介里的融合新闻在个体层面的标志是那些掌握了多种媒介技能的全能记者，这些人在美国有"背包记者"等多种称号，他们掌握了全面的多媒体技能，能够为多种不同媒体提供新闻作品。

2. 团队跨媒体加工的时效问题

一般意义上讲，在追求新闻时效性的过程中，团队跨媒体加工无疑具有更大的优势。相比一个人要完成众多形式的融合报道，一个团队分工协作可以在单位时间里完成好几件作品。与个人跨媒体中对于时效性的追求不同，团队跨媒体加工往往是先作出各种形式的报道然后再整合发布，这是团队跨媒体加工分工化有效利用时间的最好体现。

（三）新闻产品承载新闻信息的传播更为快捷

传统媒体报道的弹性不高，事件发生后并不能立刻就通过报纸、电视进行发布。当前，在各大社交网络上出现的一句话新闻已经司空见惯，但在以报纸、电视为介质的传统媒体时代，报纸不可能实时推送新的消息。由于一天只能印出一份报纸，信息必须在精加工后形成较具规模的报道才能上报。这样一来，新闻时效性在信息传播阶段受到了较大的拖滞。而融合报道的诞生和发展则改变了这一局面，大大提高了信息传播的时效性。

1. 便携式终端缩短了信息的传播时间

以手机为代表的便携终端为信息生产商和随时移动的受众之间搭建起了一座能够改变路径却依旧连接两点的无形的桥。手机的受众覆盖面日益扩大，手机也成为信息能到达的最远终端，通过手机短信或手机上网观看新闻的行为越来越普遍。在这个意义上，手机就好比微型版的电脑一样供受众阅览。而且，手机渐渐开始取代电脑实现了定制功能，使得手机就像一个综合信息的集合器，接受网络信息提供商经网络一键发送而来的信息。这样一来，信息传递的时间极大缩短，新闻传播的时效性有效提高。因为和传统信息传播的到达点不同，手机5G网络的信息推送延伸了信息到达的终点——受众本身，这使得信息的发出和被阅览几乎同时完成。

2. 受众的自主意识和能动行为凸显

在新形势下，受众的自主意识和能动行为越来越凸显，他们不再是受操控剥削的无知、被动的接受者，现在的普通受众在获取信息的同时发布新的信息。在接收信息的同时，作为受众的他们也在充当信息源头。大众传播中专业媒介通过一定手段向一群人传播信息的模式得以改变，受众个人也可以充当信息发出者甚至可以反过来影响媒介组织，甚至影响社会。

**二、融媒报道与新闻显著性价值的挖掘**

传统意义上的新闻显著性价值是指新闻事件参与者及其业绩的知名程度。一般而言，事件参与者的地位和业绩越显赫，新闻价值就越大。融合媒体环境的变化，也影响了传统意义上新闻价值要素中的显著性价值。

（一）名人报道发生变化

新闻更重视"名人的声音"，在新兴的社交媒体中有非常明显的体现，如新浪、腾讯、网易等各大平台都在争夺"名人资源"，用各种优惠和服务吸引各界名人使用其平台。新闻的显著性价值在融合媒体环境中的变化，不仅仅体现在机构媒体层面。自媒体这种具有革命性意义的传播工具，开始成为名人拥有的私人"独立发声器"。微博、SNS网站等形式的自媒体平台相对于通过传统媒体发表言论有着更多的优势。独立、便捷、低成本、实时性、全时性、和粉丝之间强大的交互性等，这一系列的特点都让自媒体成为名人的新宠。在新媒体的环境中，各类社交网络平台的出现，使得名人获得了一个既能有效扩大影响力又能保有极大自主性的发声渠道。能够发布文字、图片、视频等各种形式信息的自媒体，一定程度上增强了名人的舆论"独立性"，减少了对媒体机构的依赖，拥有了更多样化的新闻曝光渠道。这种形势的变化，对于新闻工作者的影响未必就完全是负面的，在挑战中还蕴藏着巨大的机遇。

首先，自媒体不只是名人的"专利"。名人中本来就包括一些知名的记者、编辑、主持人、评论家等。也就是说，传媒人本身也可以借助自媒体等新兴传播媒介来扩大舆论影响力。

其次，名人使用个人化媒体，除了名人自身炒作、宣传自身的影响外，对于专业媒体机构来讲，这也是一个获取有分量的新闻由头的渠道。许多媒体工作者浸淫在社交媒体里关注名人动态，敏锐捕捉他们身边的新闻，名人身份加之其自我炒作的需要也就决定了新闻的显著性价值。

名人在使用社交媒体的同时，其实也为传媒机构和新闻人提供了很多联系名人并与之进行互动交流的新渠道。很多新闻事实和资讯，其实就可以直接从名人的日常微博中发现，或是通过微博对名人的采访报道，又或者从名人的微博中直接获取其观点。

名人自媒体对于新闻媒体而言其实有着巨大的创新空间。截至目前，不少基于名人自媒体的新闻报道新形式已经开始涌现。譬如，越来越多的报纸、杂志开始增加"微博言论"或类似的版块，用以摘录最近微博平台上很多名人、专家对社会问题、新闻事件的解读。

(二) 草根新闻的价值挖掘

在这样一个融合媒体环境的新时代，传统新闻价值中显著性的内涵发生了微妙的变化，它不再局限于当事人的知名度和显赫性。草根身上的故事，不管是本身反常、新奇，还是折射时代焦点，都可能产生巨大的新闻传播能量。同时，并不知名的普通民众随时有可能通过自媒体等方式瞬间成为显著性很高的新闻人物。

草根新闻的产生发展是两方面趋势共同推动的：一是需求层面，即人们对草根新闻的认同和需求的增长；二是生产层面，即媒体加大报道和草根自产新闻能力的获得。一方面，草根新闻虽然是草根的新闻，却折射、反映出时代的共同课题、民众的普遍关切。也就是说，新闻事件的当事人虽然不"显著"，事件本身也可能很微小，但这位当事人遇到的人生境遇却是大家普遍关注的，"小事件"本身反映着时代的"大格局"。"以小见大"赋予了草根新闻独特的传播价值。另一方面，草根文化在思想解放、意识革命、科技进步、市场经济发展的时代背景下获得了很好的发酵土壤，也改变了"新闻是名人（特别是政治家、领导人）的新闻"这一传统观念。互联网等因素促成的信息爆炸和非权威信息的增多，让人们接受并习惯一些"去名人化"的新闻。从心理学角度看，比之名人新闻，受众看这类新闻会更有心理上的接近性。对大众而言，草根新闻具有独特的亲和力。

再加上 UGC（User Generated Content）时代的到来和公民记者的出现，让草根拥有了自我发声的能力。具有拍照、拍视频和上网等功能的手机的普及，让一大批人都拥有了报道自己和身边事件的可能。微博、SNS 等社交媒体用户的增加，则提供了这类草根新闻爆炸式传播的具体途径。当然，传统门户网站、视频共享网站等也是发布草根新闻的有效平台。在草根新闻的生产大军中还出现了传统媒体的身影。由于报道理念的革新，报纸、杂志也开始更多地报道普通个体的新闻。可以说，目前草根新闻的生产量是空前的。

面对这些变化，新闻工作者不能再仅仅重视传统的名人、权威、专家的采访报道，还需要挖掘"平凡人的故事"，采用"微内容，大格局"的报道方法，深度展示社会真相。另外，今天的新闻工作者还需要重视那些出身草根的舆论领袖的动态和观点，因为他们往往也有很强的传播能力。专业的记者和传媒机构甚至可以尝试与"草根"合作，实现优势互补。

## 第四节　媒介融合背景下新闻生产模式的创新

媒介融合是在数字技术、网络技术的发展和放松规制的语境下，不同媒介产业通过并购、重组和整合，达到渠道、组织、内容和终端融合，实现集约化、数字化、多元化的融合新闻生产的过程。媒介融合使媒介的生态环境和产业价值链发生根本性的变化。新的媒介生态环境需要再造编辑流程和组织架构，创新新闻生产的流程，建构新的新闻生产模式。媒介融合背景下的新闻生产模式要从编辑流程、新闻生产流程和新闻生产模式三个方面进行创新。

### 一、再造融合编辑室为枢纽的多元互动编辑流程

（一）融合编辑室主导编辑流程

在西方融合编辑室里面，一般把编辑分为协调管理型编辑和内容生产制作型编辑。协调管理型编辑又分为新闻流编辑、故事生成编辑和新闻资源编辑，他们共同协调管理采编流程，是参与策划和资源分配的高级编辑人员；内容生产制作型编辑负责具体的某一个媒体内容生产，与协调管理型编辑实现互动协调，是内容制作和传播的普通编辑人员。

新闻流编辑发挥宏观管理融合编辑室信息流动的作用，处于多媒体信息流的中心位置，监视整个信息的采集、加工和生产，根据新闻事件的性质确定报道什么和怎么报道，相当于执行总编的角色，而不同的是他要监视各种不同的故事通过各种平台传输。新闻流编辑不止一个人，可能根据行业和媒体的不同而分工，发挥多媒体主持人的作用，就报道的角度、截止时间等与内容制作编辑进行沟通，这就需要新闻流编辑对不同的媒介文化、专业术语和工作方式有比较好的认知。

（二）从单向线性的编辑流程转变为多元互动的编辑流程

传统意义上的编辑流程是单向的、线性的，具有垂直一体化的特点。在融合媒体编辑室里面，传统的编辑角色、定位和功能已经不适应融合媒体时代的要求，编辑应成为新闻生成的主导者、沟通者、协调者，从幕后走向前台。由于报纸、杂志、广播、电视、网络和手机等媒体的编辑整合在一起，多元互动成为必要，协调管理编辑与普通编辑的互动、不同内容编辑的互动、编辑与记者的互动、编辑与受众的互动。不同的编辑要实行动态的横向管理和纵向管理，如从策划、组织采编人员以及信息的采集、筛选、过滤、加工、制作、配置、合成等环节。实行纵向管理，统

筹整个流程，这需要编辑具有敏感的价值判断力和独特的创造力。同时，要加强对编辑流程横向的管理，因为不同媒体的表达方式不同，不同媒体和题材的新闻报道的内容、手法、结构、形式和发布渠道也不同，融合编辑部里多元互动、沟通协调不可缺少，从而实现不同媒体和内容生产的无缝链接。

（三）编辑流程从"编辑主导式"向"编辑和受众共同参与式"转变

在融合媒体时代，新闻不再是一种独白，而是一种交流，受众从被动的接受者变成主动的生产者。受众的参与包括如下几个方面：

第一，受者从信息的接受者变为信息的生产者，从接受末端走到了信息生产的前沿，基于 P2P 技术的 Web 网络应用，以个人和自组织为中心，各种自媒体层出不穷，如博客、微博、播客、维客、论坛等，模糊了传者和受者的界限。

第二，受者参与到媒体的议程设置中来，受众和编辑之间的互动性增强，呈现出共享式、协同式、交互化的特点。受众的参与使报道主题多元化，呈现出共同生产和多元表达的特点，有利于公众参与社会的民主化进程，有利于公共事务的解决和公共领域的建构。

第三，受众资源往往成为信息来源，受众参与到原创性新闻生产中来，大大拓宽了新闻信息来源，涌现出一批"公众记者""市民记者"。受众往往在关注的视角、价值观以及关注的重点和细节上与传统媒体大不相同，这在一定程度上丰富了报道的内涵。

第四，受众调查和反馈也是新编辑流程的必然要求，利用网络、手机等多媒体，多渠道地获取受众的反应和意见，发挥受众的积极性和创造性。

**二、创新多媒体信息采集、管理、讲述和发布的新闻生产流程**

创新新闻生产流程需要编辑记者的协同作战，沟通协调，并产生联动效应和化学反应，达到一次采集、多重加工、多平台发布的效果，实现信息资源的多重升值，做到整合资源，提高效率。

（一）多媒体新闻资源的采集

未来的记者必须具备能写、能拍、能摄的基本技能，面对突发新闻事件的时候，他们具备文字、图片、音频和视频多媒体信息的采集技能，并且能完成多媒体信息包的采集。当然，对于重大新闻信息的采访是集团协调作战完成的。他们根据不同的专业特长和技术水平统筹安排，共同完成采集任务，通常由经验丰富的文字记者、摄像记者和摄影记者组合而成。

## (二)从数据库的信息整合到知识管理

数字技术下的媒介融合所催生出来的内容生产是基于数据库的生产模式,数据库将新闻信息等内容资源进行整合、共享和优化配置,成为内容资源增值的平台。在这个平台上,记者编辑以多媒体手段完成信息采集、加工与发布。数据库管理系统是一个集音频、视频、文字图片、编目、存储管理、检索和发布于一体的系统,该系统不仅是多媒体采集平台,也是经营管理平台。如《南方都市报》就采用数字化采编管理平台,按照多媒体的运行规律,在采、编、发的流程中提供可读写、可编发、可搜索、可整合的管理界面,整合报系内容数据库、读者数据库、广告数据库,实现多个数据库的双向互通和信息搜索。同时,把新闻发布端前移,把管理端和用户端合二为一,推出开放式"鲜橙"互动网络平台,这个网络平台是集融新闻信息发布及SNS社区互动于一身的多媒体信息交互社区。在这个平台上,记者、编辑、网友等都可以发布消息以及进行人际交流,共同参与新闻生产过程。

在媒介融合时代,不仅要传播信息,而且要解读信息,提高信息产品的品质和价值,加强知识管理。具体来说,就是要求编辑从信息采集者变为信息合成者,他们需要通过信息筛选、意义解读和价值判断,揭示事物之间的相互联系,提高受众的认知力,从而更好地理解世界,把有价值的信息资源转化为有效的知识。知识管理的另一个目标是加强员工之间的合作,消除因文化的刻板成见造成的分歧,建立信任。美国融合编辑室就委任了知识管理专家,协调人们团队合作和获取反馈意见。

## (三)多媒体故事讲述

多媒体信息采集完成以后,编辑记者充分利用各种不同媒体的优缺点,做好多媒体的故事讲述。电视新闻具有视觉性、及时性、冲击力和感染力,报纸具有深入解读、可保持、信息量大的特点,网络则具有互动性、及时性和可搜索性。一般来说,对于突发事件,首先为网站提供快讯和图片,为广播制作口播新闻,甚至可以制作成电视现场节目,还要为手机用户定制信息,更多的信息和背景资料都可以作为报纸的深度报道的素材。

## (四)多平台发布

融合编辑室都具备一套可以在统一界面上加工、编发文字、图片、音频和视频的数字化管理平台。编辑根据集团内各种媒介的不同介质特征加工整合,以报纸、广播、电视、手机、互联网、户外大屏、移动电视等多媒体渠道发布多媒体信息,满足受众个性化的需求。这可以扩大受众规模,实现新闻信息发布时间的多重设置和新闻内容的相互嵌入,横向拓展和纵向延伸产品价值链。

### 三、建构集约化、数字化和多元化的新闻生产模式

(一)从粗放单一的新闻生产到集约化的新闻生产

传统的媒介产业经营是单一的、线性的经营,未能充分有效地开发和利用媒介资源,导致媒介产业盈利模式单一,更多地依赖广告,增加了经营风险。这种单一直线型的新闻生产模式缺少内部和外部资源的整合,在产业经营上表现为生产、传输、分配、接收各个环节在单一媒体内部的线性流动,成本大,内耗严重,内容生产出现一定的饱和性,一定程度上制约和限制了媒介产业的发展。

传统媒体产业要做强做大,必须加强资源整合,从单媒体经营转向多媒体经营,形成盈利模式共享和互补,从而降低生产成本,增加产业整体效益,拓展生产链,实现从粗放型生产到集约型生产的转变。特别是以互联网、手机为代表的新媒介的异军突起,加速了传媒产业中不同形态和门类的信息产品在同一操作平台上的渗透和融合,消除了企业界限,因此协同生产尤为必要。协同生产能实现采编人员、客户、设备和新闻资源的集约化使用,实现媒介产品的广度、深度开发和多次转化增值,达到生产集约化、经营一体化、经济规模化的目标。

(二)从封闭独立的新闻生产到数字化的融合新闻生产

传统媒体环境下,新闻生产基本有着独立的经营理念、运作模式和细分市场。这种产品单一的运营方式很难应对市场的变化和受众的多元化需求,要通过生产流程的再造与资源的整合,利用不同类型媒介的介质差异,在新闻生产传播上实现资源共享而又产品各异,从而做强做大。在数字化生产以前,文字、图片、音频和视频等不同的产品形态是不能兼容的,数字技术打破了这个壁垒。不同内容的产品内容经过数字化处理和传输,内容生产逐渐走向融合,数字化使媒介产业之间的联动乃至融合成为新的发展趋势。如报纸、广播、电视和网络、手机之间的联动互补,最终实现了数字化的内容生产,形成了新的数字化的生产方式。数字化的融合新闻生产的目的是实现内容增值,在生产领域,可以通过集约化生产,降低内容生产成本,提高内容生产效率;在使用领域,同一内容在不同的终端上使用,内容产品的多次使用可以提高内容产品的使用效率,构建融合媒介产业的集合平台。

(三)从专业工作者的新闻生产到全民参与的新闻生产

在媒介融合时代,随着网络技术和数字技术的发展,双向互动传播成为可能,

传者和受者之间的界限日益模糊，受众既是大众媒介产品的消费者，也是媒介产品的生产者，内容生产主体日益多元化。普通公民借助手机、博客、微博、播客、BBS、SNS社交网站等，发布新闻和表达观点。"草根"记者在重大突发新闻事件的报道中产生了一次次的轰动效应，如伦敦地铁爆炸、东南亚海啸、克林顿丑闻等，第一时间发布报道的是公民记者而不是专业记者。虽然专业媒介组织在新闻报道中占有主导地位，但新媒介正在改变大众传播的面貌，个人对个人、个人对多人、多人对多人的传播网络已经形成，传受一体化和全民参与新闻生产成为新的趋势。

# 第四章 融媒体时代下的播音与主持艺术发展

## 第一节 融媒体时代的新闻播音与主持艺术

### 一、融媒体时代的新闻播音

#### (一)融媒体时代新闻播音表达的基本要求

时代的进步催生了媒体的发展,从报纸到广播,从广播到电视,从电视到网络,从网络到手机;每一次传播手段的变革都会带来社会的进步,带来新闻传播的革命。作为有声传播的新闻播音也同样会受到挑战,如何接受新媒体、研究新媒体、运用新媒体是新闻播音工作者的使命。

播报新闻是广播电视传媒中播音员、主持人最主要的工作内容之一。新闻节目往往成为一个电视台收听和收视率最高的龙头节目,人们也经常拿新闻播音员的播报水平和主持形象作为评价一个电视台的重要标志。

对于广播电视媒体来说,新闻播报的质量直接影响着宣传效果,是否会播新闻,能否播好新闻则是衡量一名播音员基本功是否扎实的试金石。选拔播音员、主持人的专业考试,对新闻播报方面的考查非常重视,已经成为必考内容。而随着新媒体传播手段的发展,广播电视新闻播音面临新的发展。

什么是新闻?新闻有什么特点?在讲新闻播音之前,对新闻必须有个初步的了解。要知道,新闻是对新近发生的有价值事实的报道。不难看出,新闻一般具有以下特点:新近、价值、事实。

新闻播音的特点就是在播音员对新闻稿件从内容到形式上有深刻的理解和认识后,结合新闻稿件的特点,通过有声语言传达给受众而形成的共同点。用事实说话,以新感人。这既是新闻播音的特点,也是对新闻播音的要求。

1. 叙述要清楚

一般来说,新闻稿件的篇幅都比较短小,要求播音员用简洁明快的语言概括地报道新闻事实,内容则要求短而精。因此,播音员需要用三五百字的字数,把新闻事件的时间、地点、人物、事件、道理、结果等问题全部交代清楚。倘若有一两句话没有讲清楚，则往往会影响整条新闻的清晰度。

（1）理解相关概念和读音

新闻内容五花八门，涉及社会各行各业，有政治新闻、经济新闻、科技新闻等。为了播音准确无误，文理通顺，要及时弄明白新闻中出现的名词、原理、概念等。倘若播音员在新闻稿件中遇到不明白的名词或概念，则会造成表达上的偏差或失误。因此，播音员要养成勤查字典的习惯，并且积极向相关的人请教。还应该在平时提高语文水平，注重知识的积累。在遇见人名时，要名从主人。例如，在读到多音字做人名时，要根据主人的实际情况确定读法。遇见不常见的姓名，要小心核对读音。当然，该规范的姓氏读音要读正确，不能迁就。遇见地名时，如果字面读音和人们日常读音不同，要依照俗称播读。

（2）搞清新闻事实

新闻是以报道事实为基础的。新闻播音必须体现出"用事实说话"这个特点，这是对新闻播音的最基本要求之一。在解决了字、词的障碍后，就要搞清楚这条新闻究竟讲的是什么，即解决"知其然"。这一点看起来很容易，就是读懂新闻内容，可是真正做到却并不容易。因为新闻稿件包罗万象，天文地理、政治经济、科教文卫……凡是国际上的重大事件，凡是和国家、人民相关联的事情，都会在新闻报道中得到反映。

（3）把握结构和主题

了解了新闻事实，明白了这一新闻事件到底是怎么回事，为交代事实做了充分的准备。只有播音员自己心里明白是远远不够的，更重要的是让别人明白，所以还需要了解新闻稿件是如何组织材料的，以及体现的是什么思想，也就是结构和主题的问题。在分析结构时，应该做到以下几点：

首先，分析导语，抓住中心思想或中心问题。大多数新闻稿件的导语，或是概括了全文的中心思想，或是概述了全文最主要的内容或报道的主要问题。导语虽然不长，却概要地讲述了这条新闻最主要的事件。

其次，搞清主体和导语的内在联系，把握主体的层次。主体是新闻的主要组成部分，它用具体的、足够的典型事实材料回答或说明导语提出的问题。运用哪些材料，怎样一步步地把导语中的问题说清楚，这就是新闻主体的层次问题。

如果是按照时间或空间顺序组织材料的，播音员就要按照时间、空间顺序理清叙述的脉络；如果是按照逻辑顺序组织材料的，就应该按照逻辑的顺序理清叙述脉络。只有经过这样的分析，才能理清和掌握主体结构，播读起来才有可能做到层次分明。

再次，搞清结尾是如何与全文呼应的。好的新闻结尾可以使新闻事实更加充实完整，使整个消息的逻辑更加严密。为此，就要搞清楚它和导语、主体的关系：是对新闻事件的概要总结还是对主题起了深化作用？是对今后提出了展望还是鼓动性、号召性的结尾？通过这样的分析，播音员才能对全文形成一个完整的印象。

最后，恰当地分析和处理背景材料。背景材料的作用是介绍新闻发生的历史、环境、条件，说明事件发生的原因，解释和说明新闻的内容和意义，或对某些术语做注释性的说明。通过联系背景材料，可以对新闻了解得更加清楚和具体。在新闻中，交代背景材料的内容位置不定，长短不同，有时还不出现。这需要播音员凭借自身的新闻知识积累，根据文章的内容进行具体分析。

(4) 确定语句重音

在已经抓住了新闻主题或中心，分析了稿件背景，明确了播讲目的之后，还需要确定稿件的重点层次、重点句子及语句重音。没有重点，就没有目的；全都是重点，就没有重点。新闻稿件短小，准备时间短，给播音员明确目的带来了难度。

(5) 理出"播音提纲"

在完成了上述内容后，如果有一个提纲，不管是成文的，还是腹稿，对于先说什么，后说什么，哪里要重点讲，哪些地方可以一带而过，有一个大致安排，就可以使播讲变得有条理。理出新闻提纲，也是同样的道理。

2. 新鲜感要强

新闻之所以能够成为新闻，首先在于它具备新闻价值，而且"新"。所以，播音员在拿到新闻稿件之后，除了要深刻地理解新闻内容、层次之外，还要看到新闻"新"在什么地方。究竟是时间新、内容新，还是有新的思想或新的角度。只有理解准确，才能让表达更加准确。而这里讲到的"新"，既是新闻的新鲜感，也是新闻稿件的灵魂。

那么，什么是新鲜感呢？新鲜感就是使受众真切地感觉到播音员所报道的是他们所关心或者感兴趣的最新鲜的消息，从而吸引他们的注意，并使他们从中受到感染。

怎么找到新鲜感呢？这就要求播音员必须注重两点：一是搞清背景，抓住新鲜之处；二是深入具体地感受新闻，形成传播信息的强烈意识。

(二) 融媒体背景下的新闻评论播音

新闻评论的播音主持是主流媒体的旗帜，具有明显的导向作用。即使在新媒体时代，这种表明媒体态度的播音样式也是必不可少的。在碎片化传播的时代，它是播音艺术的功力所在。播音员、主持人应具备相应的政策理论水平、大众主流社会的道德观念，强化社会责任感，在表达时又要以理服人，善于诱导，把握好感情态度的分寸。

评论属于议论文的范畴，广播电视宣传中的评论性稿件大多属于新闻评论。

新闻评论是一种政论性的新闻体裁。通过有稿播音的训练，学习者能基本掌握广播有声语言传播的一种基本语体——议论语体的播音主持，为今后播出议论性的文章或主持评论性节目打下基础。议论文在广播电视新闻节目中的呈现形式就是新闻评论。

第一，新闻评论是以议论为主要表达方式，通过摆事实讲道理，直接表达作者的观点和主张的文体，其三要素为论点、论据、论证。

第二，新闻评论是就当前具有普遍意义的新闻事实和重大问题发议论、讲道理，有着鲜明针对性和指导性的一种政论文体，是所有新闻传播工具的各种形式评论的总称，属于论说文的范畴。

评论播音的特点：观点鲜明、逻辑严密、以理服人。评论稿件的分类从不同角度有着多种不同的分法，主要有本台评论、本台评论员评论、本台短评、演播室谈话、记者述评、编后话等。

1. 分析稿件——全方位

特点：新闻评论是一种政论性的新闻体裁，一方面具有政治论文的鲜明特点，即从政治思想的角度以说理为主要手段，对一些重大事件、问题进行分析论述；另一方面具有强烈的新闻性。

对象：重要新闻事件、问题、倾向。

任务：通过对新闻事件或新近出现的问题、动向的分析，直接、明确地发表作者的观点，表明态度，提出解决的办法，起到影响舆论、引导舆论、指导社会生活的作用。

2. 了解内容——抓结构

了解内容就是弄清文章根据什么事实，讲了什么道理，说明了什么看法和主张等，这些可以用归纳提炼自然段大意的方法获取。抓住结构时要注意文章层次间的内在联系，以及各个层次与中心论点的关系，也就是把层次划分放在文章的整体去考虑，即找出论点——层层分析——步步论证——受众留有印象。

3. 弄清主题——抓逻辑

文章的主题：中心论点是文章政治性、思想性的集中体现，是文章全部观点的概括和集中。

弄清主题：找出文章的所有论点，然后在论点中比较，看哪些论点是为一个论点服务的，这个论点就是中心论点，就是主题。

找论点：研究文章结构、表现形式。

有的文章全篇只有一个论点，有的文章全篇有多个论点。要找准主要论点的位置，论点有时是在篇头、中间、结尾，而前注之、后顾之、首尾括之是为中心论点服务。

有些文章的中心论点没有直接表露，需要去总结、归纳。抓逻辑是指对评论的逻辑结构及逻辑方法的分析；分析中心论点与分论点的关系"总纲"；分论点之间的关系包括递进、并列、接续关系；论点与论据的逻辑关系分析；层次内部论点和论据的论证方法的分析；观点与材料的分析。

要按文章思维去分析，勿太死太细。

结合播出实际抓目的。结合实际是指结合社会实际，目的是指宣传目的，也就是播讲目的。可推动情绪上的酝酿，做到有感而播。结合实际，可以借鉴自己身边发生的同稿件相似的事情去感受，如结合平时的积累、观察等。抓目的，是指文章针对什么问题，为什么发表，作用如何。

确定对象抓态度。确定对象要注意两点：首先确定是什么样的对象以及如何与对象交流。对象最好设计成对所播内容有关的、最感兴趣的人，以便于交流。其次，和对象交流，要感到受众在听，随内容深入而产生共鸣，同时反作用于播音员，使之产生强烈的播讲愿望。抓态度，是指播音员对稿件的看法。

4.评论稿件的表达

(1)语言表达的基本要求

① 观点鲜明

第一，全文态度、倾向要十分明确。播音员的态度、感情要与稿件相吻合，并准确表达出来，这一般由语气来体现。

第二，论点部分强调要鲜明得当。中心论点在全文中起提纲挈领的作用。分论点要与中心论点区分开来，力度不能等同于重点段的中心论点，用介于中心论点与普通论点之间的语气。

② 逻辑严密

评论文章的逻辑力量是指文章中心思想相互间的有机联系通过有声语言的准确再现。包括层次、论证，注意条理清楚、重点突出。

a.层次清楚

层次包括：大层次、小层次、句子的相互关系三方面。层次清楚由播音员以停顿和语气转换方式来体现。大层次与小层次转换和停顿要有所区别。一般前者语势大，停顿时间长；后者则相反，在前者基础上采用降平降升的语势。

b.论证有力

要准确表达论点和论据的关系。论证方法有归纳、演绎、例证、反证、引证等，注重摆事实、讲道理，一步步感染受众，使其接受文章的观点。重点要突出，重点段落的确定要用语言表达体现出来。

（2）语言表达中应该注意的问题

评论是说理的，评论播音最重要的特色是以理服人。

① 感情和语气

评论文章要晓之以理、动之以情。随着议论的深入，播音中的情也不断运动，这就形成了"寓情于理"。情的度，要用语气来把握，体现宣传的目的。应运用中肯的、抒情的、亲切的语气，但要随逻辑不断深入，根据播讲目的掌握分寸。

② 逻辑与重音

确定重音要准确，根据文章的逻辑确定重音，重音是否正确则体现了文章逻辑的严密性是高是低，从而又决定分量。要处理好讲道理与节奏的关系，不同的文章有不同的节奏，播音时不能速度过快，要尽量给受众回味和思考的余地。要学习评论的修辞手法，增强说服力和感染力，以理服人，保持大方而又宽广的气度，令人听后信服。

（三）融媒体中的电视新闻播音

1. 电视新闻的构成

电视新闻常见构成形式有五种。

① 口播新闻

它是电视新闻播音员面对观众播报的新闻播出形式。口播新闻是在还未获得图像材料和无法获得图像材料时，快速发布新闻的最简便方式。尽管它不是具有图像特点的典型电视新闻形式，但在报道各种无法捕获图像的突发事件时，口播新闻确有用武之地。

② 图像新闻

图像新闻用拍摄的场景画面展示新闻事件，用摄像机记录新闻事件过程中的真实场景，具有逼真性强、传递信息量大的特点，是具有电视特征的新闻表现方式。

③ 现场报道

它是由电视记者在新闻事件现场进行新闻现场报道，报道的主角是现场的电视记者，由主持人或记者在现场对事件进行描述，通常不再需要后期配音。现场报道可以用记者对已经发生的新闻事件进行讲述，不必花费过多精力去拍摄已不在现场的相关素材，提高了新闻的时效性。

④ 演播室采访

由电视新闻播音员或节目主持人在演播室内对特定人物进行采访，采访过程直接在新闻节目中播放。这种采访多是对专家学者或政府官员的咨询,目的是请他们对一些新闻事件进行解释,帮助观众了解新闻事件的背景、意义。

⑤ 远距离采访

媒体借助现代通信工具,由新闻播音员或节目主持人从演播室实时对身处外地的电视记者、新闻事件当事人或知情人进行采访。这种采访,被采访者没有较长时间准备,具有时间和空间的直观性,屏幕上常常伴有播音员或节目主持人洗耳恭听的形象。对方的身份用字幕或资料回传显示,新闻内容主要依靠对方讲述。

电视新闻的构成形式是随着电视通信技术的发展而产生,电视技术手段的不断发展,电视新闻节目将为受众带来时效性更强、内容更多的表现形式。下面就其中最常用的口播新闻和新闻片配音做详细阐述。

2. 口播新闻

口播新闻是电视新闻播音员在镜头上面对观众播报新闻稿的新闻播音形式,它是电视新闻最早采用的一种播出形式。尽管随着节目制作手段的不断进步,越来越多的新闻采用现场拍摄的图像,但口播新闻仍有其存在价值,许多突发新闻在图像尚未获得或无法获得之时,可以用口播方式及时播出,以提高电视新闻的时效性。有些新闻内容比较抽象,不便使用图像形式表现,就适合于口播。

口播新闻中,播音员面对观众,屏幕上的播音员形象会直接影响观众的感受。播音员的屏幕形象包括形象和态度两部分。

形象主要指面容。口播新闻为了突出主体,播音员的形象集中在面部,多采用上半身或头部特写镜头,面部形象缺陷会暴露得更明显,面部比例不协调或两侧不对称等形象问题在镜头前会被放大。良好的电视播音员形象应当端正、匀称,没有明显缺陷。

播音员的态度体现在面部表情和与观众的视觉接触上。口播新闻中播音员的表情来源于对稿件内容的态度和对观众的认识,以及自我身份定性。三者结合在一起,可以使播音员更准确地把握表情色彩。如果将三者割裂开,播音员的表情会使观众感到不自然,甚至怪异。新闻是向大众提供信息,不是用感情去打动观众。因此,电视新闻播音员的表情不应像演员那样过分强调和夸张,应当遵循"和而不同"的原则,将表情控制在与身份相符的范围内。一开始,就低头看稿,尽管你的声音会传入观众的耳朵,但他们会感觉你并不是在对他们讲,他们只不过是顺便听到而已。只有当播音员抬起头,面对观众,形成视觉接触之后,观众才有了"和我讲话"的感觉,才能参与交流之中。因此,口播新闻必须与观众视觉接触。尽管这种视觉接触并不像生活中那样,双方都能看到对方,但它的作用与生活中的视觉接触类似。观众可以从屏幕上看到播音员,而播音员却并不能从摄像机镜头中看到观众。播音员怎样才能看到自己的观众？要完成与观众的视觉接触的有效方法，是利用眼睛注视的焦点和意念。生活中在与对方交谈时，说话者通常需面向对方同时眼睛要注视对方，注视的焦点一般是在对方脸上，这样才显得诚恳和专注。如果面对谈话对象，但目光散射，没有集中在对方身上，对方就会怀疑你没有在真心与他讲话，起码会感到你有点心不在焉。播音员在镜头前面对远在电视机屏幕前的观众，也应将目光集中在他们脸上，使观众感到播音员是在认真地与自己谈话。播音员要把目光集中在镜头上，同时利用意念想象镜头就是自己的观众。

口播新闻稿时将注视焦点集中于镜头并不像人们想象的那么容易。播音员低头看稿时，眼睛与稿子的距离不过一两尺，抬头注视镜头，距离可能有几米，眼睛的焦距变化很快，一下子很难适应。有的播音员抬头后一下子找不到注视的焦点，会让人感到播音员很不自然；低下头时，焦距变短，眼睛会找不到应该看的地方，常常不知所措。另外，演播室内播音员座位上灯光强烈，摄像机所在位置灯光较暗，眼睛频繁在明暗之间转换注视不容易适应，这就给播音员不断抬头注视观众带来困难。

口播新闻中的播，包含着背的因素，并不是完全照着稿子念。但这种背不是先将其背诵下来，而是依靠敏锐的反应力和良好的记忆力，在备稿熟悉稿件的基础上借助眼睛快速扫描，将稿件中的一些句、段记忆下来，然后脱离稿件，面向观众将内容播出。

口播新闻中低头和抬头是主要的身体动作，由于多采用肩部以上的特写镜头或胸部以上的近景，面部表情和头部动作会清晰地暴露在观众面前。因此，播音员要对下列影响动作和表情的细节格外注意：

（1）抬头和低头角度不要过大。角度大，头的动作幅度大，动作速度慢，会显得很笨拙。稿子可以略微靠前，使头不至于太低。

（2）抬头时应把头抬起，正面对观众，不要抬头向上翻眼看观众，这样的动作不大方。抬头也不要太高。

（3）抬头和低头速度不要过快，也不要过慢。尤其是低头，太快不仅显得匆忙，还给人不知下面内容急着找词的感觉。可利用语句停顿抬头、低头，这样可与语句节奏一致。

（4）抬头和低头应保持表情连贯，不要抬头面对观众笑容满面，也不要低头看稿眉头紧皱，因为观众在你低头时也可以观察到你的表情。

（5）播音员在播口播新闻时，除抬头、低头动作外，还可伴随断句有一定的头部动作，如轻微地点头或向两侧移动，但最好不要有肩部晃动。

播音员目光从一台摄像机转到另一台摄像机的转换过程称为转机。新闻通常使用转机方式播出，导播与播音员之间应有事先约定，也可以由播音员或导播发出信号，提醒对方注意切换。例如，播音员可以用低头看稿发出转机信号，使导播有切换画面的心理准备。

播音员在转机时，应保持表情和语言的连贯，低头动作只是为了转换目光，不要停留较长时间。抬头转向另一摄像机时，目光应有稍许停留，这可方便导播切换更从容些。如果导播还未将画面切换，会使屏幕上还保留原有机位画面，这时画面与声音就靠播音员来协调了。

在直播时，情况可能会变得复杂些。如果每条新闻都采用口播后插入图像新闻的方式，没有两位播音员图像衔接的镜头，两位播音员可以使用一台摄像机，摄像师在播放图像新闻时，将镜头对准另一位播音员。如果两位播音员的画面相互衔接，双方应使用不同的摄像机。由导播在一位播音员播报结束后，将另一位播音员的画面切入。

## 二、融媒体时代的新闻主持

（一）新闻主持

随着我国信息传播业多元化发展趋势的加快，传统媒体遇到了前所未有的机遇和挑战。我们试图通过对新闻主持人节目发展方向的分析，初步探讨我国新闻主持人时代主持人个性的锤炼，呼唤最具竞争潜力的新闻主持人时代早日到来。

1. 新闻节目主持人的定义

新闻节目主持人可引申为在固定的新闻板块中的主播者。他在节目中处于主导地位，参与节目的策划、组织、串联、编辑，是节目演播阶段的指挥者和代言人，具有采、编、播、评的素质，参与制定选题，进行现场采访，善于在错综复杂的大千世界中捕捉新闻，有较强的新闻敏感度，能够深刻地反映最新的有价值的新闻。

2. 新闻节目主持人的地位与作用

我国的广播电视媒体都是以新闻立台的。从某种意义上说，有无新闻节目主持人是衡量一个国家和地区节目主持人是否成熟的重要标志，也是衡量一个新闻传媒是否具备现代意识的标志。

节目主持人，这个广播电视媒介角色在中国起步较晚，但发展很快。广播节目要"声情并茂，悦耳动听"，电视节目要"形神兼备，赏心悦目"。我国的节目主持人历经几代人的共同努力，目前已形成以下几种模式：

（1）播报模式

这种模式属于最简单、最直接的告知。播报模式散见于各类专栏节目和消息类节目中。

这种模式是节目编导按主持人节目的包装方式进行的运作，如以"我"为传播载体，讲究语言的交流感，甚至必要时可以按播音员的个性策划节目、撰写稿件，它是主持人的"地基"。主持人播报并未排斥播音员参与节目的采编环节，主持人播报实际上是一种特殊形式的播音。

(2) 播讲模式

广播电视节目的栏目设立主持人的一个重要目的，是使传播者接近传播对象，更有效地传达节目内容。而主持人的播讲模式无疑体现了这一目的。

播讲模式的播音语势，一般来讲是平稳的，没有大的起落，有如行云流水，一般无须特意强化起伏对比和放慢语速。因为观众是在迅速地"看"，因而需要行云流水似的"流"过，以使画面的运动和语言表达相得益彰。

(3) 串联模式

主持人投入节目的进程会有意想不到的言谈举止，会产生灵气，会创造"新语境"，会有同受众的更亲切的交流。主持人越来越多地从"播"中解脱出来，涉足编导领域，以写好的串联词为主干，穿插活跃气氛，组织现场的即兴发挥，在发问、应对、串联、衔接、评说等节目流程方面，力图调动受众的收听收视情绪，形成良好的互动关系。

(4) 主持模式

当年轻的中国节目主持人沿着告知与评述的态势朝前迈进时，他们不知不觉中已进入了节目主持艺术的大门。广播中的热线直播、电视中的现场连线，为采编播一体化创造了条件；既有利于节目的生动活泼，也有利于广播电视功能的综合开发。主持人有时是有稿播音，有时是提纲加资料的无稿播音，为了增强节目的时效性，主持人大多用直播形式。在整个节目的主持过程中，主持人成为关注的中心，他的议论和态度直接影响着受众。从新闻板块节目编排组合上看，主持人有权根据播出的需要和受众的要求，对一些由编导人员准备好的稿件重新编排或删改，适时插入议论评说或加入自己准备的素材。

(二)融媒体新闻节目主持人的策划和采访

1. 节目策划

(1) 基本概念

广播节目主持人的策划是指节目主持人通过对材料的收集、主题的挖掘、节目的定位、内容的选择、方案的指定及主持人风格等的策划，创新节目的流程，它是一个创造性的积极的思维活动。

策划的若干基本问题：

① 节目名称定位？

② 怎么想到要策划这个节目的？

③ 节目内容属于生活中的哪个范畴？

④ 节目将从哪个角度进行创新？

⑤ 节目形式有什么特点？为什么这样创意？

⑥ 节目能被受众喜爱吗？为什么？

⑦ 节目时长？

⑧ 如何安排播出？

⑨ 需要的内容从哪里来？

⑩ 需要几名主持人？如何配合？

⑪ 设计的片头和宣传语是什么？背景音乐是什么？

⑫ 市场定位是什么？能吸引哪些赞助商？

⑬ 新媒体的互动如何展开和应对？

(2) 创新能力的培养

创造性思维可以注意以下几方面：

① 从相反的方向看问题；

② 向外人征求对自己目标的看法，"他山之石可以攻玉"；

③ 像孩子一样思维；

④ 锻炼联想力，挑出一些词语，锻炼思想。

2. 新闻节目主持人的采访

(1) 采访的定义

采访是新闻从业人员为新闻报道而进行的访问、观察、调查、分析的一种业务活动。

(2) 新闻线索

新闻线索是新闻事实发生的一种信号和征兆，是反映新闻事实的简略轮廓或片段，新闻线索是记者追寻新闻的方向和依据。

(3) 新闻线索的主要来源

① 记者本人的观察和积累；

② 编辑部的报道提示或报道任务；

③ 有关会议、文件、简报或有关政策和领导人讲话等；

④ 来自受众的信息；

⑤ 从其他媒介获得的信息等。

(4) 主持人采访的特点

主持人采访就是将现场采访的过程作为节目呈现给受众。现场采访不仅仅是采集各种素材的过程，同时也是对这些素材同步加工的过程。采访的过程是节目，所以采访要一次完成，没有弥补和重来的可能。

(5) 采访的准备

① 掌握被采访对象的背景情况

包括工作、年龄、学历、成就、影响，尽可能找一些有关的专著、论文、评价来参考。

② 设计提问问题

提问要紧扣主题，简要具体，把大问题化成若干小问题；提问对方熟悉领域的问题；所设计的问题应是受众最关心和最想知道的；把握好提问时的分寸感，也就是对表示事物一定数量和质量的度的把握；为了满足采访的需要，要多设计一些问题，以供挑选；平时注意收集资料，建立起自己的资料库。

③ 采访技巧

寻找与被采访对象的心理沟通点，先有一个共同话题，从而引起话题。

④ 灵活多变的提问方法

第一，直截了当的提问（适用于很健谈的人）；第二，抓住热点提问；第三，一针见血式提问；第四，求教式提问；第五，迂回式提问；第六，发现新鲜点，及时追问。

开放型问题指记者仅提示某一话题或访谈的范围，让采访对象自由发挥、畅所欲言，如"您对这件事有什么看法"等。对于社会经验丰富、善于表达的采访对象，在访问渐入佳境之后，可适当采用开放型问题。

⑤ 恰当地控制场面

既要调节气氛，又要控制时间；注意倾听并及时反应，随时纠正偏离主题的话题，学会概括对方谈话的要点，重复重要的或精彩的观点，补充对方没讲全的问题。按照设定的程序走完。

3. 现场报道

(1) 现场报道的含义

现场报道是主持人或记者在新闻事件发生的现场，一边观察、一边聆听、一边述说、一边评价的一种报道形式。一般采用直播或录播两种报道的形式。

适合于现场报道的题材有：

一是事实引入，新闻事实发生的现场必须具有较强的新闻性；二是场面集中，新闻事实单一而有层次，展开的场面比较集中、明确，便于记者现场观察、采录和读更加巧妙,更贴近大众认知的水平和层次,对社会心理的把握更加精准,能够以一种反叛、无畏、另类的风格展示社会现实的真实图景。

2. 网络互动方式的充分运用

在电视媒体中,节目主持与观众互动的方式主要借助于传统的书信、电话、短信等方式,电视与观众处于信息传播过程的两端,缺乏及时有效的互动方式。在网络时代,去中心化与匿名性是信息传播的基本特征,不仅出现了文字符号、表情图片、邮件消息等异步交流方式,网络聊天室更是拉近了媒体与受众的距离,全方位实现了音画同步、在线交流,将人们的实时参与感真正激发起来。

此外,随着微博、微信等新媒体技术的兴起,人们的信息沟通方式变得丰富起来,实现了社会化网络的发布和共享,每一个人都处于网络化的节点中,同时承担着信息的起点、中介和终点的多重使命,担负起构建媒体生态环境的基本职能。互动方式的多样化是网络主持的最大亮点和特色之一。

网络直播中,用户可以向主播赠送虚拟礼物,而这些礼物往往是用真金白银购买的。对于主播来说,这些礼物可以兑换成现金。此外,主播收入来源还包括商品推广分成、电商变现、产品代言等。而用户在观看表演的过程中,通过赠送虚拟礼物的方式获得了主播由衷的感谢、周围人艳羡的眼光,自尊、虚荣心和情感慰藉得以满足和实现。

3. 原创制作理念的有效推广

在网络时代,人们开始尝试从自媒体等途径获取资讯,对事物作出价值分析和判断。有别于专业电视媒体机构主导的信息、传播,网络节目主持是一种点对点式的网络化传播,品牌效应是大众乐于参与并分享的主要驱动力。那些具有良好口碑的节目更容易得到大众的喜爱。

同时,网络传播主体的多样化特征加速了信息流动的无序性,出现了病毒式的疯狂传播,容易在短时间内制造舆论话题,出现传统媒体难以企及的聚合效应。网络视频使得原来处于新闻制造边缘的受众开始成为新闻信息传播的中坚力量,进而从根本上抢夺并分化受众的注意力,塑造出别具一格的舆论领袖和代言人。

在"娱乐至死"的视觉文化时代,文化产业的界限已经变得十分模糊,音乐、综艺、游戏、演出、讲座等都有着庞大的市场空间。由于网络节目主持的草根特性,很多人仅仅是把网络作为展示个人才艺的舞台,网络节目脱离了传统媒体人严谨、规范的主持风格,增加了欢快、搞笑、娱乐化的导向,逐渐发展成为一种网民集体狂欢的宣泄渠道。

### (三) 网络播音主持的能力培养

融媒体环境下，不存在特定的受众群体，传播的接触面积更广更宽，造成在传播过程中未知因素的增加，平添了许多不确定性，播出时间会被不确定新闻和不确定受众群体的发展势态影响。综合上述因素，网络播音主持必须拓展培养渠道，扩大能力培养范围。

采编能力——在融媒体环境的影响下，要求网络播音主持具备一定的采编能力，因为只有这样才能为所制作的节目进行合理的信息采编，为信息发布的及时性和时效性的增加打下良好基础。

审美水平——网络播音主持审美能力的提高是对融媒体平台上出现的资源质量提高的重要保证。网络播音主持要有发现美的眼睛，更要有说出美的能力。拥有良好的审美能力，就可以掌握相对优质的资源，为融媒体平台填充最新鲜的实时信息。

文学素养——对于网络播音主持这个以有声语言进行信息传输的职业，拥有深厚的文学功底是保证工作良好运作的前提基础。主持人在一个开放的现场网络平台上进行交流，对于主持人的文学功底要求较高，因此文学培养是必不可少的。

专业能力——一位优秀的网络主持人要具备相应的网络使用技能，并且要基本掌握所涉及的所有网络平台的相关内容。

交际能力——在如今开放的网络平台，网络播音主持人和受众群体之间的距离进一步缩小，增强了节目的凝聚力和亲和力。这就要求主持人要有很好的语言沟通能力和交际能力，所以提高主持人的交际水平也是十分必要的。

心理素质——如今的网络平台都是以面向大众为基础的，多数都是以现场直播的形式进行传播，现场运作中经常会出现突发情况。这就要求主持人具有快速的心理转变和换位思考的能力、清晰的思路和过硬的临场应变能力，以更好地保障创作主体的传播质量。

知识积累——作为一名优秀的播音主持人，对知识要有广泛的涉猎，在很多现场突发事件的处理上，要求主持人可及时有效地进行处理，通常称之为"救场"。冷场的现象在节目直播中会对节目质量及收视率造成严重的影响。

道德情操——作为主持人，面对的信息非常广泛，知识来源相对杂乱，更应该具有良好的道德观和分辨是非的能力。

一个节目的发展程度不仅仅取决于节目的内容，也取决于一名好的播音主持人，主持人的形象、言语、态度和综合修养对节目的走向更是至关重要的。但是，培养出一名优秀的播音主持人并非一朝一夕的事，其成长经历也会十分辛苦。为了更好地为社会提供所需人才，主持人自身的努力必不可少，但同样也要对培养方式进行强的交流。传统媒体是按不同的节目内容和受众来设置不同的主持人,虽然谈话内容有时来自现场,甚至不可预测,但每一位主持人基本上是面对一个相对固定的受众群体传达同样的信息。而网络主持人则是一边面对信息的海洋,一边要对形形色色的网民提出的各种问题作出不同的反应,即网络主持人要针对不确定的受众群体作出内容不同的回应。若从主持人与其向受众传播的内容来讲,传统媒体主持人是一对一的服务,而网络主持人则是一对多的服务。若从主持人向受众传播的方式来讲,传统媒体主持人的主要传播方式是大众传播,而网络主持人的主要传播方式则是人际传播。

(4) 舆论引导者兼顾制造者

传统媒体的话语权在主持人手中,网络主持人的话语权在网民手中。传统媒体主持人的节目只能在规定的时间内与被邀请到录制现场的观众进行沟通,即便是现场观众也不可能做到所有人都有表达看法的机会。有时虽然场外观众可以通过打电话或发短信的方式与主持人进行交流,但由于交流的偶然性和时间的限制,能够参与进来的人很少。而在融媒体环境下,传播平台进一步扩大,影响力也更大。网络播音主持除了维护社会和谐进行舆论引导之外,还要在开放式的网络平台上把握舆论的主动权,成为有利于社会和谐发展的舆论制造者。

网络播音主持的培养应立足于网络平台,在融媒体的环境下应提升播音员、主持人的网络运用和及时反应的业务能力。

(二) 从综合能力培养上发展网络播音主持

网络播音主持在融媒体环境下具备一些特点。最大的特点是人际传播和大众传播交融中出现的未知因素的扩大。网络平台的受众具有了从未有过的主动性和不确定性。先前的特定受众群体在网络平台上不复存在,播出时会遇到不确定的受众群体和不确定的新闻事态发展。为此,网络播音主持必须拓宽培养渠道,转变传统观念,在掌握网络相关应用技术的基础上发展综合能力。所以,融媒体环境下对于播音与主持综合能力的培养更加重要。这些能力应该包括:

文学能力。语言文字的运用是基础,因为网上很多时候的交流是以文字为主。在传统媒体和新媒体中,都有以文字为基础的采编任务。主持人在平台上交流有一个重要的交流渠道就是现场网络平台的开放,所以语言文学能力及运用能力是网络播音主持成长的基础。

采编能力。融媒体的播出平台给了很多人自我制作节目的机会,并且能够把自己制作的音视频在融媒体的平台上播出。对于网络播音主持来说,拥有一定的采编能力,可以增强信息发布的时效性和即时性。

审美能力。审美能力是个人所具有的与进行审美活动相关的主观条件和心理能力。审美感受以"视、听"两种感官为主，而在这方面并不是每个人都一样的。先天的条件，以及后天的训练都起着很大的作用。提高网络播音主持人的审美能力对于提高融媒体平台上的节目质量有很大作用。

专业能力。拥有网络相关技术和播音与主持技能是最基本的能力。它能帮助网络播音主持适应在融媒体平台上的所有终端工作，进行资源共享，播出节目。专业能力是对于播音主持人才掌握播音主持业务的要求，播音主持必须经过社会的锻炼。

新闻能力。新闻信息是融媒体平台主要承载的内容。拥有新闻敏感、新闻表达、新闻写作等新闻综合能力是每个播音主持人才所必需的一项能力。

良好的心理素质。心理素质对于面对很多未知因素的主持人很重要。由于播音主持和受众在网络平台上共同处于传播过程中，因此网络播音主持人更要注意心理换位能力的培养。这样有助于增强传播的对象感，激发热情。

此外，网络主持还需要熟练运用多种媒体工具，熟悉融媒体环境，视野开阔、知识面广、思想有深度，有一定的思考能力。网络交流是实时互动，要求主持人对即时出现的各种情况作出最快的反应，并给出足够聪明的解决方案。网友间交流的随意性很强，主持人要随时以友善的姿态接受网友的各式言论，还要掌握同网络和言论相关的法规和政策，以避免尴尬局面的出现。网络播音主持是融媒体环境下播音与主持向纵深发展的重要途径，拓宽了播音主持的方向。

## 第三节　融媒体时代播音与主持艺术的发展与创新

### 一、融媒体时代播音与主持艺术的专业定位

播音与主持艺术专业能够给有关的新闻宣传部门和广播电视媒体提供大量的专业人才，与此同时，也为更多喜欢播音主持专业的学生提供了一些选择的机会。尽管我国每年报考播音主持专业的学生都比较多，但在媒体融合环境下培养过程中还面临不少问题。因此，需要把播音主持专业发展与媒体融合环境统一起来。

(一)播音主持专业受媒体融合环境的影响

媒体融合指的是各种各样的媒介所具有的多功能一体化的一种趋势。媒体融合最为明显的表现在于把传统的媒介，如报刊、电视等融合起来。媒体融合的依托是互联网技术、数字技术，把媒介的组织系统、终端系统、网络系统、内容系统甚至

媒介自身融合起来，表现出多功能、一体化的发展趋势。媒体融合是媒体改革的一种必然趋势，将手机、互联网、电视、广播、报纸等新旧媒体互相融合、互相渗透，为广大群众提供视频、音频、图片、文本等类型异样的媒体信息，让人民群众不再受到时空的制约，随时浏览各种信息资源，并且可以最大限度地共享资源。媒体融合使得媒体运作的格局发生改变，加强了传播的效果，优化了传播结构。

(二) 媒体融合环境下播音主持专业教学的融合策略

由于媒体融合环境下的新闻传播方式和内容的变化，对播音主持专业教学的要求也越来越高。

1. 技能和知识的融合

知识能够外化为技术、内化为技能，技术的提高是以知识作为前提条件的，也是学习知识的最终目的。掌握知识的目的不是为了单纯地占有，而是为了提高各项技能，并且要提高综合素质。在课程教学中，需要把讲解播音主持的知识与运用知识融合起来，强化学生学习到的知识，培养学生的应用技能，以满足播音主持人员参与栏目的编辑、采访、策划等环节的要求。要想学生实现这个目标，就需要从练习有声语言开始，划分不一样的训练篇目、不一样的教学难点和重点，以顺利地对学生讲解知识和训练学生配音、新闻播读、语言表达、吐字发音等专业技能。

2. 跨学科进行融合

播音主持专业的学生需要学习各个方面的知识。因此，在人才的培养上，需要重视学科之间的融合，对学生实施跨学科的培养，应用有关教育资源实施融合性教学。把广播电视新闻、广播电视编导等有关联的专业加以融合，注重学习音视频制作、新闻写作、新闻采访，以及跟新闻媒体有关联的课程；结合学生所学习的广电一线规划内容，跟有关联的学科实施融合性的教学，如体育、艺术、经济、法律、广告等，甚至还需要跟市场营销等专业融合起来，让学生在传播语言方面具有一定的优势，以担任非广播电视等方面的职位。实施双学位为主导或有针对性地采用"自助餐"式的选修课作为学生的辅修课程。

3. 借助网络这个平台，实施网络为基础的播音主持专业教育

媒体融合的动画、图片、文字、视频、音频等多种元素的功能不具有单一性，能够以网络为平台有效地实施多样化的交流互动。这要求发布信息的人员具有应用网络技术的能力和输入文字的能力，除此之外，还需要具有一定的播音主持的技巧。由于受到版权或资金来源的制约，大部分门户网站使用最为普遍的是文字的互动交流，在发布信息的过程中就是文字形式的播报主持，由网站的文字编辑来担任文字主持人就行了。然而，随着视频与音频的日益增多，传统意义上的文字主持人就不

知所措了，视频和音频的播音主持要求达到一定的语言使用规范。

现实生活中，一部分广播电视节目业已开始借助异样的媒体平台传播信息资源。在一部分新闻类节目中，主持人除了需要访谈、播报、咨询外，还需要借助网络、手机短信平台、电话实时跟受众群体实施信息资源的交流互动。播音主持的单一性媒体业已不能够满足媒体融合的发展要求。在媒体融合的背景下，需要对网络的播音主持提出一些要求。

4. 实践和教学的融合

播音主持专业具有很强的实践性，一定要训练学生的实践技能。把校内和校外、实践和教学结合起来，多鼓励学生和社会融合，鼓励并提供条件让学生参加专业技能比赛，通过激烈的竞争激发学生不断地上进。学校要创造条件跟地方的传媒产业合作，在合作中就可以使媒体发现学校培养的人才，促进学生就业，还能够提高地方媒体的社会影响力与收视效果，培养学生的实践能力。播音主持专业要尽可能健全实践基地，学校要建立一些长期的合作友好单位，给学生提供锻炼实践能力的环境，以使学生在真实的环境中去感受社会对人才的真实要求。

在媒体融合的环境下，播音与主持艺术专业需要从思想上认识融媒体，行动上捕捉融媒体，发展上应用融媒体。只有这样，才可以使播音主持专业具有自己的优势与特色，为新闻事业输送更多的专业化的人才。

(三) 播音与主持艺术专业的新定位

播音与主持艺术专业培养具备广播电视新闻传播、语言文学、播音学及艺术、美学等多学科知识与能力的复合型应用语言学高级专门人才。

首先，要改变思想观念，摆脱传统媒体的束缚，定位在融媒体时代。众多院校的播音与主持专业的定位都大同小异，因为各个院校在建设和发展中都和中国传媒大学有着千丝万缕的联系。中国传媒大学是我国开办最早的播音院校，其培养出来的很多人现已成为各地方播音院校的筹建者或建设者。一家独大的影响是后者定位趋于雷同，这种雷同会给很多实力一般的院校在人才培养方面带来很多负面的影响，其中最大的影响莫过于市场竞争力较弱。鉴于此，对于播音与主持艺术专业的定位，首先要考虑解放思想，摆脱单一的广播电视新闻播音传统定位，拓宽专业培养的途径，增强学生专业生存技能。

其次，认同网络平台，发展网络基础上的多平台播音与主持艺术专业。媒体融合的多元素音频、视频、文字、图片、动画在媒体融合的平台上，功能都不再单一，可以利用网络平台的便利进行即时多种形式的互动交流。这就需要信息的发布者除了具备文字的输入和相应的网络技术运用能力之外，还应该具备符合音视频应用规范的播音与主持技巧。多数门户网站由于资源或版权限制，应用最为广泛的是文字的交流互动，在进行信息发布时就是文字形式的播报主持，文字主持人由网站的文字编辑担任即可。但对于越来越多的音频和视频资源的涌现，传统的文字主持人就无暇应对了。不仅仅因为广大受众对于音视频的要求，更主要的是音视频的播音和主持需要符合相应的语言表达应用规范。现实中，一些广播电视节目中已经开始利用不同的媒体平台进行信息的多项传播了。一些新闻节目中，除了主持人进行咨询播报访谈之外，还利用电话、手机短信平台或网络即时和受众进行信息的反馈和互动交流。

最后，巩固专业教育，提供社会教育。播音与主持艺术专业在成立之初的定位就是为广播电视媒体培养播音与主持人才。媒体融合中"自媒体"的出现使得媒体平台更加广大，也使得播音与主持艺术专业人才培养领域更宽广。创造和分享音频、视频、图片和动画的工具越来越普遍地"飞入寻常百姓家"，每个人都可以通过家用媒体设备和终端参与到节目的采编播当中。因此，每个人都有可能利用设备进行音频和视频制作，甚至包括配音、节目主持这些由专职播音员或主持人才能进行的工作。这样，在媒体融合的发展环境中，播音主持的专业教育和社会教育的界限就会越来越模糊。

总之，播音与主持艺术专业应该在媒体融合环境下从观念上接受融媒体、行动上捕捉融媒体、发展上利用融媒体，方能继续保持中国播音与主持艺术专业的特色和优势，为中国特色的新闻事业培养更多更优秀的人才。

**二、融媒体时代播音与主持艺术的创作样态**

（一）现场直播报道的即时编排性

以数字化为基础的新传媒技术的发展，使得信息传播方式日趋便捷，传播速度和资源利用效率提高，增强了电视直播的时效性，增大了信息量。早期的电视新闻现场直播多为一地实况转播，将正在进行的新闻现场的声音和图像信息，结合播音员的讲解，通过电视传送给观众。演播室直播连线通常采用记者事先到达新闻现场采集新闻编辑稿件，经过审核，在演播室直播节目中按照预先稿件内容播出的方式，播音员主持人的播出相对于稿件编辑具有滞后性并且周期较长。现场直播报道中主持人的基本模式是在演播室伴随实况转播进程，与嘉宾互动点评、组织串联，适时引入记者连线报道前方状况，插播专题片介绍相关背景以及实时根据网络新媒体信息解读、反馈等方式。这就需要主持人实时关注把控节目进程、各方话语份额，具备即时编排意识。随着电视直播的发展，实时评论的速度、深度和吸引力成为一个电视新闻媒体树立权威感、扩大影响力的核心竞争点。尤其在重大新闻事件的现场报道中,直播连线从单点报道向多点联动报道发展,增强了新闻传播的立体感、现场感、动态性和时效性。

(二)交互式场域的主流引导性

"场域"理论源于社会学范畴,指人的行动受所在场域中他人行为及诸多因素影响。这里的场域特指在新闻节目播出过程中,由主持人、嘉宾、评论员、多媒体信息等各要素共同构成的新闻演播室环境。在新媒体技术的影响下,新闻演播室由单纯的信息发布中心变成网络枢纽和平台,多重身份的人员、多层次信息在演播室汇聚,他们相互影响,动态发展,实时产生新的信息并由新闻主播主导传播。新闻主持人是这个交互式场域中的把关人和引导者,需要把握引导主流观点的传播,帮助受众辨别信息。新媒体演播室的逐步普及给播音主持形式带来了新变化。

通过全媒体演播厅的大屏画面,主持人可以解读上面的画面、文字、数据,对新闻进行深度加工,与大屏之间形成双向互动;通过演播室兼容设置的网络和多种外来讯号的接入,节目可以对不同类型的背景信息和互动信息进行展示。演播室内容通过多媒体技术平台、演播室多种播报形式,实现新闻资讯在演播室各显示设备、主持人、观众之间进行全方位互动,实现了在有限演播室的传统媒体与新媒体的融合和交互发布,拓宽了观众的参与面,增强了新闻节目的交互性,实现了演播室资源的全媒体共享。今天的全媒体演播室中,主持人将文稿信息、视频信息、网络信息、互动数据信息有效整合,实时编排,报道播出,观众接收到的已经是"融媒体新闻"信息。

融媒体技术时代不仅是对新技术应用的领悟,更多的是传播观念和思维方式的变革。电视新闻传播从单纯内容生产到信息关系平台的搭建,从数字化、网络化运行到虚拟技术大数据的应用,从"点对面"的传统信息传播方式到针对移动服务器进行个人化、碎片化的多渠道网络分发,电视传播的发展已经从最初的开办网站和简单在网络上进行电视新闻节目重播,转变为深层次的观念转变和思维调整。电视新闻数据化的尝试就是在新技术背景下以了解用户、增强服务为出发点的有益探索,也只有在这一基础上构建的内容和样态,才能为当下新闻工作者和主持人提供新的竞争点。

三、融媒体时代播音与主持艺术的创新空间

在传统媒体时代,播音主持经过多年的发展已经有了自身完善的流程和格局,播音主持的运行和管理已经基本规范,播音员和主持人的风格和形式也已经被受众所接受。但是，随着融媒体的快速发展，原有的播音主持行业出现了新的特征，需要其自身加快创新进程，才能更好地适应时代的发展。

(一) 融媒体环境下播音主持的新特征

在探讨融媒体环境下播音主持的新特征之前，有必要先了解融媒体环境下信息传播的新特征。正因为信息传播发生了变化，播音主持才出现了新变化，呈现出新的景象。

融媒体环境下，信息传播的发布者、传播者和接收者都有了变化。在传统媒体时期，信息传播的发布者和传播者都是报纸、广播和电视，接收者为受众，且受众多为被动接收，在选择性上和反馈性上都较差。但在融媒体环境下，信息传播的发布者范围扩大，任何一个受众都可以成为信息的发布者。传播者也不局限于媒体，互联网的出现让信息的传播变得更为便捷，整个互联网及各类在互联网上使用的软件都可以成为传播者。接收者虽然还是受众，但这里的受众范围无限扩大，包括媒体本身都被认为是融媒体环境下的受众，都成为信息传播的接收者。

因此，当信息传播已经出现了新景象的情况下，播音主持也相应地出现了新特征，主要有以下几方面：

1. 播音主持的身份多元化

融媒体环境下，播音主持的身份发生了变化。在传统媒体中，播音员、主持人基本来自播音主持专业出身的人员，或者是在播音主持行业从事多年的人员，他们有着一定的理论基础和实践经验，绝大多数都持有广播电视部门所颁发的从业资格证。随着媒体的发展一方面，出现了"跨界"主持人，即原本身份为学者、教授、歌手、演员等进入播音主持领域，担任节目的播音员、主持人；另一方面，出现了不同领域的播音员、主持人"跨领域"播音主持，即原本为新闻节目主持人去主持体育节目、娱乐节目等。主持人身份的多元化，为节目带来了不一样的风格变化，成为融媒体环境下的一种有益尝试。

2. 播音主持的形式多元化

播音员、主持人在传统的观念中主要是作为串联、衔接节目内容而存在，节目的重心还是在节目内容本身和嘉宾、演员身上。在一般情况下，主持人数量也不会设置太多，这是为了突出节目重心，避免主持人"喧宾夺主"。但在融媒体环境下，主持人的作用得到了加强，主持人更多地参与进节目本身，互动性也更强，能够更好地推动节目的进展。比如在民生新闻节目中，主持人对于民生新闻事件从以客观报道的形式，转变为使自己进入新闻事件中，与事件当事人共同完成新闻发生过程。在娱乐节目中，有时候主持人的数量比嘉宾和演员还要多，整场节目通过主持人之间的不断互动来引领嘉宾完成节目。

3. 播音主持的平台多元化

在传统媒体时期，播音主持的平台是广播和电视。但在融媒体环境下，播音主持有了更多的平台。当前，网络节目已经非常丰富，由大型视频网站制作的网络视频节目也成为播音主持的新平台。同时，视频自拍网站的兴起，也让播音员、主持人能够自行制作视频，自由发挥自身特点，这又为播音主持提供了新的平台。

(二) 融媒体环境下播音主持的创新发展策略

融媒体环境下，播音主持更需要适应新环境和新特征，努力创新发展，才能更好把握机遇，赢得受众青睐。

1. 在自身业务能力上创新发展

融媒体的发展带来了更快的信息传播速度，这也要求播音员、主持人在信息处理上拥有更高的业务能力。尤其在新闻类播音主持上更是如此。对于重大新闻事件，现场直播内容增多，现场连线环节增多，这就需要播音员、主持人能够尽快熟悉新闻时间的来龙去脉，尽快了解新闻现场的环境氛围，尽快捕捉声音图像与相关人群，在最短的时间内做好直播的准备工作。在播报新闻时，要尽量用简洁的语言来描述新闻事件，用口语化的形式来做好现场介绍，同时针对受众最为关心的问题来进行重点说明。

除此之外，跨界主持人越来越频繁地出现也对播音主持的业务能力提出更高要求。如果现有主持人不能尽快提高专业素质、提升文化内涵、扩充眼界视野，那么就可能会被优秀的跨界主持人赶上并超越，现有主持人就会有"下岗"之虞。

2. 在自身风格特征上创新发展

融媒体环境下，网络视频节目得到了飞速发展。如今，各大视频网站大多有自制网络视频节目，并且也都取得了良好的口碑。这既带来了节目的多元发展，也要求播音员主持人在自身风格特征上多元发展。播音员、主持人已经不再满足于单纯的串场功能，而是更多地参与到节目内容中去，这样播音员、主持人的自身风格特征就必须与节目本身相得益彰。根据主持人的风格来选择节目风格和根据节目风格选取合适主持人，这才能够造就二者双赢的局面。当下播音员、主持人既要求能够在宏观上把握国家政策和社会发展大势，也要能够接地气地了解普通受众的思想和生活，还要能够通过自身风格圆满体现节目内容。

3. 充分利用融媒体形式创新发展

传统媒体的优秀电视节目如今基本上都可以在网络上看到，并且使用网络观看的人数呈上升趋势。在网民越来越喜欢通过手机观看视频节目的大趋势下，播音主持也要充分利用融媒体展开创新发展。例如，融媒体的一个重要优势就是互动性，在即时评论、弹幕等互动方式风靡的今天，播音员、主持人也要通过这些方式与受众展开互动。

融媒体环境下，播音主持面临更大的机遇，也要迎接更多的挑战。播音员、主持人要对融媒体环境有着更为清醒和前瞻的认识，早日融入融媒体环境中，这样才能在未来的播音主持发展中立于不败之地。

**四、融媒体时代播音与主持艺术的发展途径**

(一) 明确播音主持原则

在融媒体快速发展的历史时期，媒体被赋予了新的时代特色，媒体资源具有海量化特点，获取资源具有畅通化特点，媒体形式具有多样化特点，受众的选择余地更加宽泛，因而要求融媒体语境下播音主持必须进一步体现自身特色，建立新的原则。要将时代特色作为融媒体语境下播音主持的首要原则，同时还要进一步提升自身的开放性，播音员、主持人要学会与受众进行交流，最大限度地倾听受众对播音主持的意见和建议。改进播音主持栏目及播音主持人的主持风格，不仅体现出对受众的尊重，也能够推动播音主持创新。

(二) 牢固树立开放理念

对于融媒体来说，开放性是其最大的特点。播音主持要想更好地适应融媒体语境，就必须牢固树立开放理念，坚持"以人为本"与"以物为本"相结合，特别是要把市场经济理念引入到播音主持体系当中，将"服务意识"与"商品意识"紧密结合起来，将播音主持当成一种"商品"，着力打造服务品牌，充分了解受众的需求。在融媒体语境下树立开放理念，还必须提升播音主持人的采、编、播能力，使其成为"复合型"主持人，这样能够使播音主持节目更具真实性和情感性。

(三) 着力强化人文精神

人文精神是社会信仰、价值观念、道德情操的集中体现，播音主持人只有具备良好的人文精神，才能与受众形成广泛的"共鸣"，这也是融媒体对播音主持提出的新要求。这就需要播音主持人必须把"三贴近"落实到位，在播音主持的过程中，既要传播信息，更要传播人际。融媒体语境下，播音主持还必须牢固树立"亲民化"的精神，不仅要体现在主持风格上，也要体现在播音主持内容上，要让受众通过播音主持有所感悟、有所思考、有所收获，进而提升受众认知力。

### (四）推动播音主持互动

融媒体的另外一个显著特征就是"互动性",因而在融媒体语境下,播音主持必须高度重视"互动性",加强与受众的全方位互动。这就需要对播音主持栏目进行科学的设计,广泛运用网站、微博、微信等互动平台,加强与受众的交流。这样既能够实现融媒体下播音主持的互动性,也能够使播音主持更具创新性,因而播音主持应当对此进行积极的创新,形成自身的互动模式。要想提高播音主持的互动性,还应当加大与融媒体的合作力度,通过建立多元化的播音主持模式,提升融媒体语境下播音主持的创新性。

# 第五章　数字媒体艺术的审美

## 第一节　数字媒体艺术审美主体

美学家从艺术和观赏者的角度入手，探究艺术世界的视觉审美意义。由于新媒体艺术在审美过程中的交互性，新媒体艺术的审美主体除了作品的欣赏者外，还有作品的创作者，这是新媒体艺术审美主体不同于传统艺术形式的最重要的特性。通过互动，让观众感受艺术之美，也使新媒体艺术中的审美主体与创作者的界限变得模糊，发展为"创造性合作"。

**一、数字媒体艺术的审美特征**

绘画的语言是线条、色彩、构图，影视的语言是镜头、音效、人物，摄影的语言是色彩、构图、对象……在不同的艺术作品里，艺术的语言也不同，就如人们日常交流的语言可能是方言、普通话，也可能是英语或德语，这些语言是被人理解的，那么不同门类的艺术作品的语言也是需要学习和理解才会熟能生巧的。数字媒体艺术作品在语言层方面首先有两个特点：一是比特化；二是动态化。比特化不难理解，计算机将所有视觉化的部分包含在数学逻辑范围之内，数学公式可以帮助我们更客观地看待问题，而非用主观的视觉图像来看。数字字符让所有的媒体形式——声音、图像、文本都包含在数据库中，计算机的出现让学科之间出现了融合交织的状态，这也让新的知识和领域崭露头角。

（一）多维感知下审美维度的提升

数字媒体艺术作品就是在这样一个时间与空间交织的环境里给予受众多重维度的审美体验，受众在作品中不仅是听众、观众，是一个多维的接收者，甚至受众在审美体验过程中会瞬间转换为审美客体的一部分，与作品融为一体。下面从几个感官维度来分析数字媒体艺术作品给受众带来的审美体验。

1. 视觉：感官维度体验

数字媒体艺术作品在视觉上能够带给人的体验是相比原有的传统艺术更加具有

影响力的，它能够通过动态的视觉影像打破传统静止的视觉画面，让人们通过眼睛接受更多元化的信息，从而触发人的大脑皮层，分泌多巴胺，调动人的情绪，让人处于兴奋状态。人的知觉包含着思维与推理，视觉在对事物的感知过程中，不仅是被动接受的，而且带有理性思维和判断推理的成分。这样来说，视觉形象会带有主观赋予现实物体形状的趋势，那么数字媒体所创造出来的艺术作品，相较于原来的传统艺术，就具有更加丰富多元的表现形式与手段，呈现出来的画面也更生动和精致，人们在通过眼睛看到数字媒体艺术作品的过程中，能够有更多的主动权去赋予作品意义。在此过程中，由于数字媒介是比特化的产物，创作的自由度比较大，那么在一些小小的"窗口"中能够编写几乎所有的艺术效果，丰富的形式让接收者体验到比较强烈的视觉冲击。

2. 听觉：听觉维度体验

数字媒体艺术作品的声音设计也同样会跟交互属性分割不开，在比较传统的数字媒体艺术作品中，比如纯粹的影像作品，声音设计基于原有的设计思维，在如今的许多商业场景应用中，就会出现一个新的词语叫 VJ 和声音可视化表演。在许多的音乐现场表演中，会有这样一个 VJ 艺术家，运用数字媒介手段让影像与声音产生交互。池田亮司是新媒体声响艺术家的代表人物，他在日本电子音乐创作方面有不小的成就，但他不是纯粹做音乐创作，而是运用新媒介来与声音做一些互动，从而创作出比较有意思的新媒体声响作品。他在以电脑程序做音乐的艺术家群中，是最简约化的代表，运用简单的节奏和从生活中采集到的声音作为创作元素，采用 MAX/MSP、PSD 等软件进行声响作品创作。这或许是数字媒介给艺术家带来的好处，数字信号的天然优势就是带有跨媒介的属性，而这种跨媒介属性让艺术家能够更加自由地创作，并且可以极大程度地丰富艺术的表现能力。

3. 嗅觉：嗅觉维度体验

嗅觉作为五感之一，相对于视觉和听觉来说显得没那么重要，处于次要的位置上，但作为人类重要的五感之一，对于审美体验来说同样是非常重要的。数字媒体艺术重视受众在作品里的参与度，嗅觉作为抽象层面的一种感觉，程序员在编写代码的过程中可以通过传感器控制释放气味的开关，让味道在某种状态下被激发，从而增强环境的氛围感。

嗅觉能够引起感觉情绪的变化，当适当的气味弥漫在环境当中，会刺激大脑皮层的兴奋度，从而调节身体的新陈代谢，让人感到身体独有的变化；嗅觉受到相应刺激可以唤醒记忆和情感，这一特点能够运用在艺术交互作品之中，丰富受众体验。在某一作者的作品设计中，她将感应装置放在画卷前方，当观众探头去嗅画卷的芳香时，水雾会从下方升起，并且配合音乐与画面共同来营造北宋历史文化的氛围。

实际上，嗅觉一直是相对被忽视的一个感觉体验，在艺术创作中往往重视视觉上的设计，但嗅觉是能够唤醒人们的记忆和情绪的一个关键因素，嗅觉往往比视觉更能让人们产生沉浸体验的感触。在艺术作品氛围中，一种独特的味道就能够瞬间将人拉回到某一脑海里出现的场景中，唤起重要的人生感触。

4. 触觉：触觉维度体验

在人体的五种感觉中，触觉与其他感觉相比，与我们身体的接触面更广，人体全身上下都是触觉信号的接收器。尽管如此，人类的触觉能够传递的信息是有限的，通常触觉传递的信息只有视觉信息的1%。不过，触觉给人类带来的情感体验又是不可或缺的。如果没有它的存在，我们在日常生活中与现实物体互动的过程将变得索然无味。

(二) 沉浸式多维体验：情景交融

在纷繁多彩的数字艺术涌现的大环境下，人们已经看过或参与了或多或少的数字艺术作品，它带给人们的震撼感是极为强烈的。无论是一些舞台的设计应用，还是一些大型商业会展、建筑楼投影秀等，数字艺术正在现实世界里构建着流光溢彩的奇幻虚拟世界，并且能够让人们实时地肉眼可见地去观赏它的美丽。而数字艺术最为重要的特点就是其庞杂的视觉效果和灵活多元化的动态内容，以及可以省时省力地穿梭于大型活动之中，能够构建其情景交融的体验空间，让受众体验到沉浸的感觉，同时数字空间中的多维艺术元素设计也能够让受众所在氛围环境极具意境，达到情景合一、情境统一的效果。

情感是来自受众主观上的情绪心情，景是由外界所构建的客观环境，透过数字媒体艺术的技术手段能够创造心灵沉浸的基础条件，比如VR、AR、交互传感等技术可以促成人在观赏作品的过程中达到沉浸体验的前提，而最重要的是作品的内容，数字艺术的沉浸通过作品想要传达的主题结合适当的科技技术能够改变参与者的时间感，从而在心中产生心流，达到沉浸的效果。

数字空间艺术比较重视空间的氛围感和整体意境，在诸多的数字空间展览中，投影动画都运用了类似星空、云雾、水滴等抽象模糊的形象来进行氛围营造，同时在音乐设计上倾向于情绪化音乐，这样的空间有利于观众更好地沉浸体验。

(三) 声画多感联觉：意境塑造

数字媒体艺术所打造的是在一个时空范围内的审美范畴，基于多方面的数字技术手段设计创造情景，打造一个惟妙惟肖、动静结合、和谐自然的时空环境。新媒体艺术作品在氛围感的营造上有着独特优势，因为传统艺术作品调动受众的审美体验，也许只能够从某单一方面进行引导，比如传统绘画利用线条美、色彩美等视觉元素来进行受众的审美体验情绪调动。

数字媒体艺术的独有审美特征能够给受众带来多维度的审美感知的提升，可以分别从人的五感来提升。

**二、数字媒体艺术审美特征对于创作的启发**

（一）氛围感的营造：时空造境

新媒体艺术作品归根到底是作为造型性出现的，无论是呈现为三维空间的多感艺术（teamlab为例），还是突破传统艺术时空概念的装置艺术作品，都是以一定空间与时间作为存在基础，以一定的数字媒介和客观物体为元素，共同组成数字媒体造型艺术。这类造型艺术不仅具有美术造型作用，同时由于媒介属性，还能与受众产生交互关联。与之不一样的是，随着数字媒体技术的发展，诸多传统艺术借助数字艺术穿上了数字化的"外衣"，这类数字艺术实际仅仅只是在已有的传统艺术形式上加上了数字化的转化，而给受众带来的审美体验与其原有的艺术形式有着巨大联系。沉浸性、交互性、多感体验等方面都是数字媒体艺术的优势，因此，数字媒体艺术应用于舞台、影视、园林等，它有着自身独特魅力，其数字媒介构成的时空关系与现实氛围成为数字媒体艺术独树一帜的作品基础。

新媒体艺术作品在氛围感的营造上有着独特优势，因为传统艺术作品调动受众的审美体验，也许只能够从某单一方面进行引导，如传统绘画利用线条美、色彩美等视觉元素来进行受众的审美体验情绪调动。因此，从数字媒体艺术的审美特征来看，其能够给予未来数字媒体艺术创作一些启发。

1. 时间与空间的叠织环境

在时间艺术、空间艺术和时空艺术的概念中，音乐、文学被归为时间艺术，绘画、雕塑等则被归为空间艺术。时空的艺术包含了戏剧电影、舞蹈等，而如今的新媒体艺术也属于这一门类，因为它既存在于一段时间之中，随着时间流逝而进行演绎，同时需要一定空间、一些媒介和装置来进行呈现。数字媒体艺术是时空的艺术，这种时空不仅是物理意义上的，同时也是在虚拟空间里存在的"时空"。屏幕里的影像随时间流逝而播放，屏幕作为物理空间里存在的物体，因此它是时空状态下的，而屏幕里正在播放的影像也具有时间性和空间性，媒介内部存在虚拟时空。无论在物理意义上还是在虚拟的数字世界的意义上，数字媒体作品都是时空的艺术。

在电影艺术出现之后，我们发现电影可以归类为时间和空间的艺术，戏剧也是一样，它们都是以故事叙事为核心的艺术，会在时间上展开叙述，同时又需要相应的客观物体元素出现在以空间为基础的环境中。在摄影机出现之前,许多艺术家都在各自的艺术创作中探讨和追寻过"时间"的概念。比如印象派画家莫奈的作品《日出·印象》《干草垛》等油画,都或多或少地体现了一天的时间变化。

  在明确时空艺术概念的前提下,数字媒体艺术作品在氛围感的营造上是占有优势的。在比较大型的艺术作品展示中,艺术馆自身就带有一定的空间设计,让其中呈现的艺术作品具有神圣感。空间设计会让观众身临其境地感受到作品的氛围,数字媒体作品无论是屏幕里的数字艺术还是与交互装置、投影装置、灯光装置等相互组合而成的作品,由于都运用多维度的元素来进行设计,作品相较单一维度的作品来说更具有说服力,更容易让观众进入到作品的内容之中。

  2. 数字艺术的造境:合乎自然

  其中,数字媒体艺术作品能够在时空场域中构建一种意境。比如在综艺节目《国家宝藏》中,舞台的设计就运用了半透明 LED 屏幕,通过绘声绘色的影像世界让舞台呈现出流动的千里江山图,配合舞台的戏剧表演,让观众更能体悟到角色的情绪,理解故事背景,以及品味到绘画作品的美。而这种新媒体艺术所呈现出来的意境是比较特别的,从声音、视觉、触觉等多方位来营造现场的氛围感。

  有关意境的学说,在我国清末比较有深远影响的观点来自王国维,王国维的境界观点包含了许多内容,其中最为重要的有三点:一是造境与写境;二是有我之境与无我之境;三是隔与不隔。王国维在《人间词话》中以意境为最高评判准则,批评了古代文人的诗词,造境即是理想、写境即为现实,一些优秀诗人所写的作品中营造出的氛围感能够表达出诗人本心的理想所在,而写境则是刻画出客观现实的一些自然物境。王国维认为好的创作者能够将两者融于其中,合二为一,营造出合乎自然的意境,能够让读者体悟到理想和内心的写照。

  在造境这一块内容中,数字媒体艺术能够比较完整和多元化地将对象进行呈现,并且赋予丰富多彩的增色元素。在第二十四届北京冬季奥林匹克运动会中,开场有一块高耸的 LED 屏幕,在铺垫重要内容的开场动画中,一滴水墨自上而下晕染开来,在即将达到地面的时候,上面流下湍急的河流,逐渐铺满全场的地面,非常震撼壮观。设计师在运用数字技术造境的过程中,采用了中国尤为典型的传统艺术元素——水墨,用水墨和河流相结合,体现了中国的传统大气之美。河流的奔涌而来表现的是现实生活中奔腾不息的江河湖海,李白有诗句"黄河之水天上来,奔流到海不复回",此诗意境与冬奥会开幕式此景的意境十分贴合。王国维在《人间词话》中评价诗词的意境,"大诗人所造之境,必合乎自然,所写之境,亦必邻于理想故也",这句阐述了他对于文学大家的最高评价。优秀的诗人写的内容是贴近于客观现实,而又富有自身的想象力的。那么,在冬奥会的动态屏幕所呈现的"黄河之水天上来",既是实实在在地反映了现实中的水的流动形态,极具张力和冲击力,又经过数字设计师的美化和创造,在动态表现上,更富有生机和动感,让舞台的效果呈现得如此震撼与精美。

3. 数字艺术的写境:邻于理想

数字媒体艺术作品,它不仅具有极强的时间性、流动感,而且往往占用一定的实体空间,构建起一个突破物理身体局限的虚拟空间,其化身可在其间自由驰骋,这种突出的时空特性也是由其体验设计的性质所决定的。当空间和时间元素、人的行为和事件结合在一起的时候,空间变成了场所,体验的多样性是叙事数字媒体艺术家在写境过程中,依循现实而进行的一定程度上的创作和超越,能够借助数字艺术最大程度发挥其优势,创作理想化的作品。

有我之境和无我之境也是在境界基础上的阐述,作品能够呈现有我的境界便是有境界,创作者将自身理想和情感放进作品并能准确表现出来,即是有我之境。而若是模仿沿袭,没有切身的经验体会,就不能在作品里面呈现出意境,也就不能被受众所感知,即无我之境。隔与不隔,实际上是以"境界"为基准衡量受众欣赏创作者的感受的结论。当读者能够从作品中读懂作者真切的感情并产生共鸣,那就是不隔,反之因为沿袭或故作雕饰而呈现的作品,让人难以感受到真切感情的,那就是隔。而这一点,也能够借用来看待和赏析数字媒体艺术的作品。

综上,数字媒体艺术独特的审美特征可以带给艺术创作一些启发,数字媒体艺术能够在时间与空间里自由穿行。所以,时空的概念可以被看作是一个容器,能够让富有想象力的创作手段贯行其中。同时,在艺术创作的过程中,结合"意境"的观点,在利用数字媒体艺术营造氛围感的过程中,能够融合自然情境,并且能够加入创作者无尽的自由想象,创作出优秀的数字媒体艺术作品,营造令人满意的氛围效果。

(二)虚拟感的创建:对于受众情感的唤醒

数字化世界相较物理世界来说是虚拟的,柏拉图"模仿的模仿""影子的影子"的论调跟如今数字化虚拟空间有着相似之处,柏拉图将画中的世界比喻为虚拟空间,画家在画中描绘的物理物件已经是诗意化的再造,是融入了画家的心境所创作的,与现实有着一定差别。虚拟感是数字媒体艺术所具备的独特审美特征之一,虚拟感能够让本不能够实现在现实中的一些感受,通过虚拟手段进行创造,进而带给受众全新的身心体验。

如今的数字化世界同样适用于柏拉图的观点,数字化世界里创作的也许是对于物理世界的一比一复刻,也许是艺术家融入了自己的想象力结合现实基础而创作的虚拟作品。这两者的不同之处在于，数字化科技能够真正地一比一还原物理世界，比如工程师建造高楼大厦，在数字软件里的设计图纸完全与现实最终建造的一致，它的比例、建材、设计内容都能够精准还原出来。这不同于一个优秀的画家去还原刻画现实对象，这是由于机器和人有着本质的差别。机器的运行本质基于数学、物理等科学学科，而人类是有血有肉的精神存在。数学、物理和化学都是自然学科，接近于宇宙真理的存在，是探索绝对真理的学科，而人类的实践与创造是基于精神信仰的，生物都是有情感的存在，人们在创造数字化作品的过程中能够准确复刻现实世界，同时也能够借助数字化手段进行情感的表达。只是虚拟的数字化世界里的存在单位是比特，而物理现实世界的物件存在是可以被触碰感知的原子，比如桌子是木头制作的，它的内部往最小了说便是原子，这是物理学科的常识。在发展不到几十年的计算机学科中，比特的概念便是数字化世界里的最小单位，任何能够看到的数字图像、视频、屏幕中呈现的文字等内容都是计算机背后运用数字逻辑来转换为视觉化的内容，从而让工具变得可视化、可利用度更高，更便捷也更容易理解。

虚拟感能否唤起受众的情感？这个问题是一直被探讨的，就如柏拉图所说的画家画现实的椅子一样，在画中表现的内容同样是"虚拟的"，对于现实来说是不真实的，那么不真实的东西能够传达感情和温度吗？实践表明这个答案是肯定的，大部分艺术作品是为了表达和传递情感的。数字化所创作的情与景是能够唤起受众的实际情感的，这种情感类似于对于幻想的、虚拟感知的一种情感追求，能够引起受众的共鸣，提供相应的情绪价值。

1. 空间沉浸——数字技术手段打造物理条件

媒介技术不仅延伸了人的眼睛，让视觉感官更加敏感，也延伸了人的耳朵，让听觉更加敏锐。在数字化媒介的艺术创作环境下，多姿多彩的艺术形式让人们应接不暇，感官上不断地被刺激和吸引。相较于原有的传统艺术，在感受维度上，的确拓宽了人们的审美感知。

2. 感官沉浸——多维效果激发感官兴奋

在感官沉浸这一层次中，也正如上述案例中一样，通过在虚拟空间中的行动，能够让人们挣脱现实束缚，徜徉在虚拟环境中，感官沉浸的开启不同于传统艺术中的视听感知体验，它能够打造真实世界的刺激体验。数字媒体艺术在利用多维度、多层次技术方面有着巨大优势，它善于利用多维空间与丰富的视听效果打造沉浸式的体验内容。在多感化的时空环境当中，多维效果激发受众的感官兴奋，从而实现受众的感官沉浸，达到愉悦的高峰体验。

3. 情感沉浸——交互体验引发精神共鸣

最后是情感沉浸，通过数字空间给予观众物理上的沉浸条件，让受众一步步唤起情感沉浸。交互属性是情感交互的基础，通过人与机器之间的信息传递与反馈过程，让受众沉浸在艺术作品的氛围之中。能够与参与者交互的艺术作品有着很大的自由度，是一个独特的双向交流平台，其意义在于人与机器、受众与创作者的集体思维交融的智慧。斯宾塞的"游戏说"讲到艺术起源于游戏，人们有过剩的精力去游戏，这是人的本能和冲动。在现代社会的手机电脑游戏中，人们也同样是在虚拟世界里化身为"虚拟身份"，以数字人的角色徜徉在数字游戏世界里。游戏实际上是强交互的媒体，每一段 NPC 的对话，每一个任务的发布和完成，每一条剧情的走向都与玩家的选择有关联。在这样的强交互作用下，玩家容易在虚拟世界里产生精神上的共鸣。这也是为什么早年计算机网游刚刚盛行的时候，那么多对网络游戏认知不全面的孩子容易染上"网瘾"，因为数字技术打造的虚拟世界能够引发人们心灵上的强烈快感，满足了人的心理需求，更是完成了很多玩家在现实世界中难以实现的事情，这让他们很有成就感。数字人身份在虚拟世界中自由行走，这些"身份"在网络上进行交流对话，收获的也是虚拟人物背后的真实灵魂交流，只是通过数字手段的加持，让人们更易相信"数字身份"所呈现出来的样子。那么，玩家在游戏中获得的不仅是超越现实世界的掌控感，同时还有对新的"数字身份"的认同与满足感。这些感受都是由虚拟的数字世界所给予的，可见强交互的数字体验能够深刻影响人们的心灵世界。

综上，数字媒体艺术通过对虚拟感的创建，能够透过多层次的沉浸方式，让受众得到较好的沉浸体验。在数字媒体艺术的创作中，能够利用虚拟这一属性打造人们在日常生活所不能体会到的虚幻体验。

## 第二节　数字媒体艺术审美客体

审美客体在传统艺术中，一般指的是引起人美感的客观对象，如雄伟壮丽的山川、繁茂的森林，在它们被人欣赏时即为审美客体。审美客体是客观存在的，具有满足主体所需要的审美价值。新媒体艺术作品作为审美客体，区别于传统艺术形态，它给予观众的感知通常是全方位、多视角的。

利用大量现代科技作为支撑的新媒体艺术，在表现形式方面呈现出丰富多元的形态，包括时空的表现形态、抽象表现形式、律动的表现形式、超现实超理性的表现形式、拼贴重组的表现形式等。这些不同的艺术表现形态构成的审美客体在情感上感动审美主体，让观众利用这些外在的符号和标志体验作品蕴含的情感。

## 一、数字媒体艺术语境下受众审美的特征

(一)趋于碎片式的审美沉浸

在电子科技的时代下,我们生活的大街小巷、城市公共交通(地铁、公交、出租车)与各种建筑空间(公司、学校、商场)里,到处都被各色纸质与移动媒体的碎片化广告所占领。手机微信、微博、抖音等各种社交娱乐软件,每天都会更新让人看不完的新内容,在这个信息共享与爆炸的时代里,媒体信息正以惊人的速度进行更新迭代。在高强度高压力的社会生存环境下,人们没有多余的精力和时间去细看每一则内容,导致在媒体信息传播的过程中时效性与概括性成为第一要义。然而,无论是文化、新闻还是艺术信息的传播往往是欲速则不达的,并非越快越好,自媒体的自由发展促使网络媒体中的信息如昙花一现,转瞬即逝。信息传递的速度快效率低、传播的效果与其高速运行更新的制度成反比,最终使媒体信息的传播掉入内部无意义、低效率的漩涡之中。这样的网络媒体文化与信息传播的特征,为受众趋于碎片式的审美沉浸倾向,提供了技术前提与社会背景基础。

审美沉浸是一种身临其境的艺术审美体验,是数字媒体艺术美学的实践与研究范畴。艺术家选择媒体技术作为媒介创造出一个虚拟的审美场域,是艺术家隐匿于现实世界之外,利用媒体技术呈现的一个幻想片段。数字媒体艺术语境下受众所呈现的趋于碎片式的审美特征,是网络媒体技术与文化催生的一种虚拟的形式审美体验,通过在虚拟碎片空间中的沉浸式感官审美体验,来完成艺术观念的传达。

(二)趋于快餐式的审美快感

近年来,随着科学技术的突飞猛进,社会运转模式也似乎像被装了发条似的,开启了高速运转的时代。人们在忙于工作之余,已然没有多余精力去关注其他方面的信息,如艺术欣赏与文学阅读,人们开始忽略或者淡化精神生活的质量问题。在自媒体盛行的时代里,媒体信息发行成本与门槛过低,导致网络上的信息烦琐杂乱、过剩以及价值降低等一系列信息滥觞的现象,使媒体面临着信息传播数量上升、质量下降的困境。追求便捷、直接与廉价的审美快感,需要思考与细品的内容会被搁置甚至遗弃,导致当代网络媒体文化出现了快餐化现象。而受众在社会的艺术审美活动中,也受到社会文化背景的影响,对于技术带来的便捷与直接的审美快感有着一定的期待。数字媒体艺术的审美体验方式是通过技术引导受众进入审美场域并完成互动的一种沉浸审美体验。降低了受众的内在审美素养,艺术的赏析与参与方式变得更直接和便捷。这是一种相对来说雅俗共赏的艺术形式,对于当代网络文化下

追求的快餐式体验快感，有一定的契合度，即难度和成本的降低，这也是数字媒体艺术备受大众欢迎的原因之一，具有很强的传播能力及巨大的市场经济价值。但一味地迎合快餐式的审美快感，也必然导致艺术出现审美偏差的问题，艺术美感与内涵被忽视，低俗审美盛行。长期地沉溺和追求于快餐式的审美快感，也会使人们的专注力下降，难以投入思考，最终导致审美疲劳与审美空洞，陷入无意义、无内涵的漩涡，随波逐流。巨大的便利下同时也具有很强的迷惑性，正如技术对于艺术的双重性。如何把握平衡二者之间的关系，是每一位数字媒体艺术创作者所不可忽视的问题。

（三）趋于主动参与的审美自由

数字科技时代下各类信息形式繁荣发展百花齐放，各种技术设备与虚拟网络平台相继出现，如微信、QQ、微博、Facebook、抖音等一系列日常社交娱乐软件。而使用者只需在这些平台上注册账号，即可在相应平台获取各类想要的信息。并且还可以在平台上发布自己所有拥有的信息，可同时作为信息的发布者和获取者。在互联网平台上，每个人都可以根据自己的审美趋向、爱好来搜索和发布各自心仪的内容，这样的网络媒体环境为媒体自由提供了前提。

受众在对数字媒体艺术作品进行审美体验时，可在与作品互动的过程之中或之后，根据个人意志对作品产生独到的理解。受众在艺术审美活动中的自由是艺术长期发展的良性结果，在面对感兴趣的艺术形式时，可多加关注、赏析甚至参与，而对于不感兴趣的艺术形式也可保持尊重，不干扰和阻碍其发展。审美自由也将艺术的创作与形式推向更广阔的空间与更和谐的模式，是艺术家与受众共同期待的一个良性互动状态。在科技进步的背景下，艺术的创作媒介种类也正在不断地更新与拓展，艺术与科技融合的形式越来越丰富，使艺术创作方式变得更加开放与自由，受众的审美形式更加多元的同时也提供了主动参与的选择。相对于传统艺术来说，数字艺术的审美体验更加自由与轻松，但数字媒体艺术语境下的审美自由也是在技术的引导和互动规则的约束下提供的部分自由的选择。在技术媒介带来的感官快感中，也应保持思辨、坚持反思审美自由的表象与内核的关系。

## 二、数字媒体创作客体的大众化与参与性

作为创作所反映和表现的对象，数字媒体艺术的创作客体具有一些独特的性质。

（一）大众化

数字媒体艺术的普及降低了艺术创作所需要的技巧和硬件条件的门槛，因而数

字媒体艺术创作行为也就更多地在普通大众的生活中发生。这一过程也使艺术创作所关注的对象发生了改变，也就是说，艺术创作的客体内容发生了转变。

在数字媒体艺术的创作过程中，由于艺术创作的总体成本，如技术投入、材料投入等得到大大降低，艺术家在选择创作的对象，即创作客体时也就有了更大的自由和随意度。过去，由于涉及知识、经济等多方面的因素，艺术创作作为一种"奢侈"的事情，主要是精英阶层的文化活动，这种活动所表现和反映的内容也多代表社会主流意识形态和价值观念，而普通大众虽然也关注日常生活，但由于社会资源的限制，较难把大量人力和物力投入创作，这就造成艺术创作客体内容的局限化。而创作的随意性几乎体现在数字媒体艺术的各个方面，生存于网络媒体的数字媒体艺术作品在创作中往往并不遵循典型的方法和流程。例如，一个爱好者可以在完全不需要剧本、分镜头脚本的情况下，独立创作一部10分钟的三维动画，并且通过网络获取数百万的观众，而这部作品中所讲述的故事很有可能是一个平时生活中几乎被忽略的小小闪光点。

(二) 抽象性

数字媒体艺术在表达和描述抽象性的创作客体时有着先天的便利，特别是在视觉艺术领域，各种反映抽象美的数字媒体艺术作品大量出现，这不仅创造了一系列新的风格，还拓展了视觉艺术的内涵。

从计算机的视角来看，数字媒体艺术作品内容的创作过程可以理解为一个"计算和排序"的过程，即通过一定的手段将计算机中的基本信息单位以特定方式和次序进行运算、排列和组合，大量的0和1组成了巨大的数列，而这些数列承载着作品的信息和内容。数字媒体艺术的这一物质构成模式决定了它与传统艺术形式的不同，它改变的只是计算机中基本信息单位的排列，而非宏观物质的物理化学性质。正是如此，数字媒体艺术的创作也就比其他艺术创作拥有更大的自由度和随意性。而对于一些具有抽象意味的事物，如数学表达式等，数字媒体艺术更是具有强大和高度自动化的表现能力。

比较具有代表性的是有一段时间非常流行的"分形艺术"，计算机根据特定的表达式以数学的方法自动绘制出抽象的画面，这些画面往往十分美丽，具有复杂的内部规律、变化多端的色彩以及无穷无尽的微小细节，而人们只要对表达式稍加修改，画面又会呈现出完全不同的效果。分形艺术实际上是对数学美这种抽象客体的具象表达。在计算机出现之前，人们虽然能够意识到这种特殊的美的存在，却很难通过直观的方法在艺术创作中对其进行表现。而计算机的使用让人们能够轻易地使这种美跃然纸上，为更多人所欣赏，虽然一般人并不会深究图形中所蕴含的深刻规律，但也会被这种透着神秘与诡异的画面深深吸引。

另一个常见的具有抽象特征的作品类别是影视包装,如电视节目的片头等,这类作品中往往并不使用真实素材或元素,而是大量运用很多抽象的几何形状(如点、线、面等)和光影效果进行视觉传达。这类作品的创作客体一般是一些理念式的东西,如节目的定位、概念等,创作者通过抽象物体的运动、变形、节奏等,往往可以更好地诠释这些概念的内容,而独特的画面风格和虚拟的运动空间也能够给观众留下深刻的印象,并激发他们对节目内容的联想。

计算机强大的运算能力是一个强有力的保证,各种函数和运算方式使创作者能够将抽象的理念转变为实实在在的画面。例如,通过编程,计算机可以自动实现音乐视觉化效果,通过程序判断音乐的节奏、音量的大小以及音高等数学参数,再通过将这些参数引入不同种类的运算,最后呈现出一幅幅动感、绚丽,与音乐紧紧相扣的画面。而如果完全使用传统的艺术工艺,这种创作过程将消耗创作者巨大的精力。

(三)参与性

互动是一部分数字媒体艺术作品的特征,如网络多媒体艺术、游戏艺术、装置艺术等,这些作品必须通过观赏者的加入才能够正常地被欣赏和展示。在互动作品中,由于人的行为与作品的内容有着密不可分的关系,在创作这样的作品时,就必须考虑并预测参与者面对该作品时可能会表现出的行为模式,然后根据这些行为模式对交互模块进行设计。在这一过程中,参与者的行为模式被反映到作品的设计和创作中。换句话说,被预测的行为也被固化成创作客体不可或缺的一部分。例如,在一个游戏之中,创作者除了构建游戏本身的图像、音乐、情节、算法等要素外,还要考虑玩家在面对这个游戏时的反应,以及他的注意力在哪里?他会如何操作?界面是否会造成误解?有没有没考虑周全的漏洞?这些问题的答案都会成为作品所表现出的内容的一部分,即创作所反映的客观世界的一部分。

"用户界面设计"正是描述互动作品中交互模块的设计工作。为了将作品和观赏者之间互动时可能产生的障碍减至最小,创作者必须深入考虑观赏者的真实体验,并通过考察心理学、用户知识层次、用户习惯、社会标准等各方面的因素,尽可能地让作品达到"易用""好用"的要求。一个优秀的用户界面设计,可以让观赏者在不经过大量说明的情况下,较容易地摸索出操作的途径和方法。

## 第三节 数字媒体艺术审美原理

### 一、数字媒体艺术的艺术观念

数字媒体艺术与后现代主义敢于表达、追求创新、代表大众意识的思想有所相承，适应了消费时代的社会审美节奏和碎片化的信息接收方式，体现了艺术生产在当前社会背景下的变化与转型。其群体性创作、可复制化和网络化传播的特征，满足了日常生活审美化的需求，为处在不同社会阶层和领域的人提供了雅俗共赏的艺术审美对象和审美维度。数字媒体艺术在赛博空间创造的是一个数字化的、艺术化的景观社会，借助三维虚拟、数字交互、网络等技术，这种景观变得可观可感、真假难辨，人类在精神层面上得以实现数字化生存和艺术化诗意栖居。

#### （一）日常生活审美化的凸显

日常生活审美化命题是在信息社会诞生的，后现代主义的兴起和数字技术手段的出现为日常生活审美化提供了观念与硬件上的必要条件。一方面，后现代主义艺术追求革命与创新的理念，使大众敢于表达自己的艺术渴求，普通生活内容成了艺术审美对象，雅与俗的距离逐渐消失，艺术与日常生活的边界变得模糊。同时，社会大众的艺术意识逐渐觉醒，表达自我的诉求开始膨胀。而另一个重要因素，即数字化信息时代的到来，使得大众传播媒介开始发展与成熟，人与人的交流日益紧密，信息消费成为日常生活的重要组成部分，艺术也在这样的大众传播浪潮中逐渐抛去了高贵的传统身份，变为精神性日常消费对象而走进商品市场流通领域。在大众传播、市场经济与全民娱乐时代中诞生和发展起来的数字媒体艺术离不开日常生活审美化的文化艺术语境，日常生活审美化在数字媒体艺术理念中的地位日渐凸显。

1. 艺术与日常生活相互渗透，艺术界限日渐模糊

后现代文化生产已经融入商品生产的总体过程中，商品化进入文化领域，意味着艺术作品正在成为商品。审美化的意义在于打破了艺术（审美）与日常生活的界限：审美活动已经超出所谓纯艺术或文学的范围而渗透到大众的日常生活中。占据大众文化生活中心的已经不是传统的经典文学艺术门类，而是一些新兴的泛艺术（审美）现象。如广告、流行歌曲、时装、电视连续剧乃至环境设计、城市规划、居室装修等。艺术活动的场所也已经远远逸出与大众的日常生活严重隔离的高雅艺术场馆，深入到大众的日常生活空间（如城市广场、购物中心、超级市场、街心花园）。随着人们生活水平的提高，审美要求也在提高，过去只能在博物馆参观的艺术品已成为人们日常生活的点缀，一些日常生活用的商业产品也在以更加艺术化的形式满足人

们的需求，而以网络多媒体、数字游戏、虚拟现实等为主要艺术样式的数字媒体艺术更是与日常生活紧密相连，艺术与日常生活不断相互渗透，艺术的边界不断泛化乃至模糊。艺术在向生活靠拢的同时，生活本身也在向艺术转化，未来"日常生活审美化"理念会在数字媒体艺术发展中更加凸显。

2. 大众属性与市场属性的时代审美诉求

日常生活审美化与社会结构观念、社会经济基础的发展密不可分。日常生活审美化的一个关键因素，就是作为主体的人得到了自由，社会民主与个人意识觉醒促进了文化艺术被需求的市场空间的形成，并激发了不同类型社会个体的表达与创意的冲动。艺术的繁荣与普世离不开社会生产力的解放，从工业时代到信息时代，技术的出现改变了传统的生产工具和生产方式，解放了作为生产主体的人的创造力，并为上层艺术内容的构建提供了条件。经济市场交换的对象，从实体性的物质逐步扩散到人的意识所能反映的各类有形、无形的产品中去，文化艺术则以其内在品质成为附加值最高的商业产品。在文化产业中，文化产品的生产将众多的艺术形式或艺术品吸纳进来，赋予商品以艺术的附加值，对于日常生活主体的大众来说，在他们的日常生活领域，生活似乎被赋予了众多的艺术色彩及其艺术民主化的审美普世感，在文化产品的媒介化和文化产业的推动下，形成了当代社会独特的审美化的文化景观。

数字媒体艺术正是以群体化制作、网络化传播、大众化消费为特征的艺术形态，是基于大众传播基础的能够增添交互、虚拟、体验等更丰富审美经验的开放性艺术产品，以满足个体感官期待、消除物与人的距离为独特优势。从创作流程来看，数字媒体艺术是开放的，它击碎了艺术创作的门槛与边界，具有非个体化、非封闭性的结构，任何社会个体都能够在不同程度上参与、修改作品，改变艺术叙事的结果。从创作内容的提供上来看，以网民为先锋军的个体提供者日益增多，通过微博、博客、论坛、社交网络等自媒体渠道上传的数字内容正成为自娱自乐时代的重要内容来源，以修改、恶搞、拼贴为特征的娱乐化诉求，进一步导致了权威、精英艺术的消解。数字媒体艺术所表现出来的种种倾向正反映了受众希望贴近生活、贴近实际、贴近娱乐消遣的心理。在数字媒体时代，人人都是创作者，人人都是参与者，人人都是审美者，由日常化主体制作出来的必然是日常化价值倾向的审美客体。

3. 技术符号化与审美符号化的消费性重叠

所谓艺术符号，也就是表现形式，它并不完全等同于我们所熟悉的那种符号，因为它并不传达某种超出它自身的意义，因而我们不能说它包含着某种意义。它所包含的真正的东西是一种意味，因此，仅仅是从一种特殊的和衍化的意义上来说，我们才称它为一种符号。从当前艺术市场的现状来看，概念性的符号化审美消费成了艺术消费需求的重要组成部分,受众接收的是符号化信息、符号化元素和符号化艺术传达。在碎片化信息消费和无限量内容爆满的时代,这种符号化的审美正符合大众在众多艺术内容中抓取关键词的信息提取策略和艺术消费方式。

数字媒体艺术的基本语言符号,本身就是以0与1的比特形式存在的数字符号系统,而数字媒体艺术的快速发展与换代正体现为一种创造性、超越性的精神符号,其自身符号式的构成与时代符号化的艺术表达、消费形态相对应和协调,可以说构建了一个存在于虚拟空间的意义世界。符号的审美消费或对艺术符号的消费美学,与数字媒体技术符号表达的特性和优势相结合,呈现具有叠加效果的审美观感和市场价值,既实现了审美供求的对接,又强化了未来数字媒体艺术创意挥洒的符号化空间。

4. 雅俗共赏的多元审美维度

日常生活审美化使美的事物随时可见、随处可赏,艺术与生活的距离出现了前所未有的贴近,高雅艺术与通俗艺术之间的距离消散了。在艺术消费市场中,大众审美活动各取所需、各赏所爱,无论是哪种艺术形式,或处于哪种艺术水平的作品,都有审美主体从其中获得美的愉悦,"各美其美"真正得以实现。美学已经渗透到经济、政治、文化及日常生活当中,以至于丧失其自主性和特殊性。艺术形式已经扩散渗透到了一切商品和客体当中,以至于从现在起所有的东西都成了一种美学符号。尽管有人认为这最终导致了审美的麻痹和审美判断的丧失,但需要看到,艺术从精英殿堂走向大众,艺术创作合力于民、艺术灵感来源于民,正使艺术的社会美育功能不断扩大。从未有一个时代像当前一样,每个人都如此关注自己的精神生活,关注自己的独特个性、生活质量和艺术享受。艺术原本就是可被所有人所需要的,这种需要在日常生活审美化的社会语境下被重视和满足了。

数字媒体艺术充分继承了众多行业领域的智慧成果,从群体创作的复杂过程到各类美学观点的自由抒发,其艺术形态与层次的极大丰富满足了日常化、个体化、多元化的审美需求。

(二)景观社会的数字化衍生

大众传播时代的景观社会,离不开媒介所扮演的符号中介角色,以视听颠覆、震惊体验为审美期待的大众乐于沉溺在大众媒介所打造的景观中,也作为传播主体营造着自己的景观。虽然人们都知道景观社会是人为创造的,却仍然沉迷其中,遗忘了自己的本真社会的存在。因此,欣赏实景的时间远不如合影留念的时间,身临其境的"韵味"式的体验被影像诉求的视听"震惊"所替代,一切"理念""梦幻"在此通通被视听快感占据。在数字化时代,所有的信息和数字媒体艺术作品都由比特化的符号构成，可以说文化与艺术的传播是从概念构想到虚拟呈现的景观描述过程。而审美接受是通过数字化媒介认识、体验并同构化虚拟景观的行为。数字媒体艺术所打造的数字化、虚拟化、艺术化的景观是具有实体的、相对封闭的、元素有限的传统艺术形态所无法企及的，它借助媒介景观已形成的覆盖力量，将人类的数字化生存审美化，并将大众的艺术体验景观化，从而打造了一种不同以往的全感官、可沉浸、重体验的数字化媒介景观世界。

1. 数字景观及沉浸式体验

多媒体和新媒体技术入主影像市场，使比特技术成为新媒介界面上的精灵。社会的表征形式不再单以传统读文而存在，而主要是以直接强调视觉感官需要的读图方式运行，新媒介积极编码出共通的（共同识别）文化和社会符码，造就社会新景观，一定意义上讲，媒介构织着社会，抑或说社会媒介化。如果说由影视等传统大众媒体形成的媒介景观是由固化视频信息流交织而成的景观构架，那么数字媒体艺术营建的景观世界则是包含了由计算机程序实时生成、受众可以参与其中的声、光、色彩、图像的动态综合景观。这种景观具有强大的视觉景象与时空体验的建构能力，是一种能够承载受众主体思维，进行块茎化蔓延的动态景观。数字媒体艺术的魅力，在于它能够借助数字技术、运用数字媒体艺术创作思维，打造一种虚实相生、亦幻亦真的数字景观，如借助数字媒体艺术在电影《阿凡达》中呈现的潘多拉星球，它实现了人类想象在景观世界中的自由视觉建构。

与传统艺术所创造的媒介景观不同，在数字媒体艺术营造的景观世界中，景观不再仅仅是审美主体凝神观照的客体存在，审美主体通过人机交互方式与审美客体深度融合，审美主体通过对数字媒介的操控行为可以控制由程序生成的视觉景观，甚至可以将自己的主观意念投射在景观之中，审美主体的行为与意识本身构成了景观中的重要内容。这种景观是可供参与和体验的，有着交互叙事和为审美主体提供沉浸式体验的强大能力。在网络游戏中，创作者会提供游戏的基本形态、元素、人物、场景和情节前提。大众需要做的就是走进这个数字景观，在交互叙事中主动推进故事情节的发展，运用虚拟想象去认识、体验其中的乐趣，这种沉浸式的体验方式使人与数字景观交互并融为一体。

2. 虚拟景观的诗意栖居

数字媒体艺术作品为大众审美提供了虚拟景观，无论是在数字游戏、网络多媒体、虚拟现实、装置艺术等数字媒体艺术形态中，还是在充分吸纳了数字媒体艺术元素的数字影视中，都呈现了一个"象"，一个在赛博空间具有叙事意义却又无法触摸的虚拟之"象"。这种"象"既是数字化生存的环境，又是数字化生存的内容，它呈现出各式各样、五彩缤纷的图景，引人入胜、令人遐思，对其想象、同构、模拟、沉浸的过程，使人们获得了超验式、高峰式的美的体验，实现了精神的畅游和心灵的疏解，进而达到了某种意义上的宁歇。

当代大众艺术消费出现冲击式、颠覆式的诉求，与日趋增加的生活压力和缺少空间的生活环境不无关系，人们渴望能够在现实挤压的窘迫状态下，获得超然、洒脱、自由、奔腾的心灵疏放。数字媒体艺术营造的虚拟景观，为大众渴望超脱现实的需求提供了空间。这也解释了为什么越来越多的人深深迷恋网络中的虚拟世界，或在数字游戏中体验追求娱乐化的精神快感。鲍德里亚所说的"人们已经把虚拟当作实在，把幻觉当作现实，把拟像当作实情，把现象当作本质"的时代已然到来了，大众乐于遨游其中，不辨虚实、不究义理，而是随着情感的流动自在而居。从艺术创作与表达的角度来看，数字媒体艺术营造了虚拟的现实诗意，就如数字纪录片《敦煌》中，用数字媒体艺术所创作的模拟莫高窟隐隐散发着光辉，其表达的意境已不仅限于壁画与彩塑的实体艺术所呈现的，而反映了每一个伟大或渺小的人，对理想、对生命虔诚的超越。数字媒体艺术的多元与自由，为每一个渴望审美、渴望精神体验的个体创造了这样一个世界，它是颠覆与超验的，又是内化与宁歇的，它是数字与技术的，又是艺术与诗意的，它反映了人作为具有主观能动性和创造性的生命，对理想、梦幻和美的终极追求。

（三）复制媒介和艺术"灵韵"的消失

在今天的数字技术时代，艺术的观念也已经变化，艺术不再以"原创""独特性"为标准。如果说机械复制时代，由于技术限制，复制品和原作之间还存在差别，使得原作还具有一定的"权威性"，那么数字媒体艺术具有的无限复制、无损耗、瞬时传播、可编辑的特性更是彻底颠覆了艺术的"灵韵"，不仅原作和复制品真假难辨，甚至在创作艺术之初就根本不存在原作和复制品的区别，艺术创作的目的就是复制并无限传播。如通过网络发布的作品，在线的任何人都可以在自己的设备上同时看到甚至实时参与，原作即是复制品，本真性不复存在。另外，在计算机创作平台上，数字技术提供了大量的创作软件和预设选项，如绘画软件、动画软件、自动合成软件，同时各种源码库、开源程序也开放给爱好者使用和修改。因此，没有美术基础和技术背景的人也可以进行数字媒体艺术创作。也就是说，艺术作品的原创性被菜单、选项消解，独特性被开源的开放精神取代，原作和复制品的对立被彻底消除。

除了独特性，艺术的"灵韵"还有神圣性的特征。艺术起源于某种礼仪，不论是巫术礼仪，还是宗教礼仪，艺术的"灵韵"与它的礼仪功能不可分割，它让人崇敬和膜拜。而随着机械复制时代的到来，原始礼仪膜拜瓦解，艺术只有展示价值，而不一定能得到尊重。"就像原始时代的艺术作品通过对其膜拜价值的绝对推崇首先成了一种巫术工具一样,现在艺术作品通过对其展示价值的推崇而成为一种具有全新功能的创造物,在这种全新功能中,我们意识到了这种创造物的存在。"过去,古典绘画作品的作者往往被称为大师或天才,他们拥有极高的声誉,他们创作的作品被后人顶礼膜拜。而机械复制时代,任何人都可以用相机拍摄照片,展示给他人。古典音乐作品追求流芳百世,而机械复制时代的电影追求票房收入,常以娱乐大众、提供消遣为目的。

(四)后现代主义艺术观念在数字媒体艺术中的延续

后现代主义诞生于20世纪五六十年代,麦克卢汉认为是电子媒介决定了这一时期的文化特征和艺术类型,而本雅明则认为是印刷媒介和电子媒介共同的"复制"特性促成了后现代主义艺术的特征。可以说,后现代主义是对现代主义的继承和反叛:一方面,后现代主义的思潮在现代主义历史分期内就已经开始衍生,如达达主义;另一方面,后现代性借由对现代性的反省而产生,在现代性的拒斥中,寻找新的生存方式。在后现代时期,理性思想开始向其对立面转化,艺术观念走向了非理性。后现代主义的流派众多,艺术媒介材料几乎无所不包。艺术形式不断创新,表达的内容和思想也百无禁忌。另外,现代主义虽然让艺术走下神坛,但其本质上是追求原创性和精英意识的,而后现代主义对于权威性的反叛,使得精英和大众的界限逐渐模糊。

消费社会引发了超真实、超美学等美学问题。在消费社会中,艺术的一个走向是开始大众化、时尚化,追求流行、通俗而非永恒与美。媒介信息技术的普及极大地丰富了社会物质生活与精神生活,这些拥有强大"复制"功能的媒介技术促使艺术的本质、价值和功能发生了根本性变化,艺术逐渐从社会小众的神圣膜拜走向了大众的日常生活。数字技术的发展是促使后现代主义得以持续发展的一个重要科技背景,它极大削减了知识的获取成本,并削平了艺术创作的门槛,数字技术可替代艺术家完成的工作越来越多,艺术品价格也越来越低,从而促使艺术逐渐走向大众化。后现代主义艺术观念在数字媒体艺术中主要体现在以下几个方面:

1. "震惊式"体验

后现代主义艺术特征在数字媒体艺术中的延续,主要体现在"震惊式"体验和作品的不确定性、未完成性。本雅明认为,机械复制技术直接导致了古典艺术"灵韵"的衰落,艺术"灵韵"已被"震惊式"体验取代。数字媒体艺术和后现代主义艺术相似,都是对传统艺术的崇高及理性主义的颠覆,艺术接受由美感转为快感,审美欲求从韵味转向高峰体验。尽管现代主义拥护者批评其为"扁平化""无深度",然而感官愉悦越来越被重新重视,"震惊式"体验确实是当今艺术的重要特征。当代的数字媒体艺术以其全新的主客体交互方式、多感官的多媒体表现形式、沉浸式的观赏方式彰显了更强烈的"震惊式"体验。数字媒体艺术的互动性给予观众充分的自主权和控制感，以观者为优先，提供给观者更多的联想力，这种非线性的思考过程改变了以往的视觉经验，使观众能在操控的快感中感受到更具冲击力的震惊体验乃至达到"令人感到极度兴奋、心醉神迷的短暂时刻"的艺术高峰体验。具有互动性和沉浸感的数字媒体艺术更容易触发艺术欣赏者的高峰体验。感官上的刺激、感官享受的高保真度（完美视觉和听觉享受）以及互动性是产生高峰体验的三种重要的决定因素。

2. 不确定性与未完成性

不确定性是基于后现代消解逻各斯中心主义的大背景而呈现的一种新意识。在美学思想的影响下，后现代主义作家、艺术家不再对自己的作品负有阐释的责任，他们甚至反对任何阐释，创作时不拘规范和教条，常常使用复制与挪用的创作手段，要求读者（观者）主动介入，将权威性交给读者（观者）而自行隐退或消失。盛行于20世纪60年代的偶发艺术则使人的行为过程被重视。传统艺术一般都会有一个较为固定的情节和结局，是一个封闭的系统。而网络游戏等数字媒体艺术形态却能够提供给游戏者不同的自主选择权，众多玩家在网络游戏的开放式结构中不知道下一个出现的敌人会是谁，不知道自己所扮演的虚拟角色在接下来的游戏场景中会有怎样的命运。游戏玩家在这种不确定性与未完成性构架的艺术生态中，能获得源源不断的新奇感与满足感。

3. 拼贴与戏仿

"拼贴"一词源于法文coller（胶黏，to stick），在英文中它是动词也是名词，意为：作拼贴，即将纸张、布片或其他材料贴在一个二维的平面上，创作出一件拼贴作品。戏仿，又称谐仿，是在自己的作品中对其他作品进行借用，以达到调侃、嘲讽、游戏甚至致敬的目的，属二次创作的一种。戏仿的对象通常都是大众耳熟能详的作品。在后现代主义里，时常使用拼贴与戏仿的手段。而数字媒体艺术的互动与再生性则沿承了这种艺术手段，使作品创作趋于混搭。受众批评变得娱乐，对精英的挑战、对权威的质疑、对经典的解构，使数字媒体艺术真正成为属于大众的艺术形态。在数字媒体艺术的很多CG影像作品中，经常会把严肃的老照片重构画面，并重新赋予喜剧、批判的色彩。一些应用数字媒体艺术的舞台表演中，真实的角色和虚拟的动画人物同台演出，在其画面表现上可能同时具备了现实和虚拟、仿真和夸张、写实与抽象等不同甚至相对立的风格。还有一些网站在视觉表现上也常采用拼贴手法。拼贴在一定程度上也体现了现代人的精神状态，将不同的东西任意地混搭、融于一体。

## 二、数字媒体艺术的审美价值取向

所谓价值，是指在实践活动中具有特定属性的客体对于主体需要的满足或效应，即客体对于主体的意义。而审美价值是针对客体对主体的审美需要而言的，是客体满足主体审美需要的一种特定价值。通俗地说，物品有用或无用，属于物品的"使用价值"；人的言行是否符合道德规范，可以称作"道德价值"；艺术作品能否给人审美上的享受，则称作"审美价值"。在想象、瞬息的直觉和赋有形式的知觉中所固有的价值，叫作审美价值。它们主要在自然界和各种生物中被发现，但也常常在人类所创作的作品、语言所唤起的形象及声音的领域中被发现。审美价值是一种带有普遍意义的价值属性，它的呈现虽然离不开个人经验，但它的存在又是对众多主体而言的。它有某种客观规定性。因此，审美价值是客观的。审美价值在数字媒体艺术的艺术价值中占有极其重要的地位，从审美价值的角度来考察数字媒体艺术，不仅可以帮助理解数字媒体艺术的本质所在，而且可以更好地了解创作优秀数字媒体艺术作品的规律。

艺术的审美价值系统是不断发展变动的，具有动态性，它会随着社会环境、技术水平、观念思潮的发展而变化。如西方古典主义时期，人们认为艺术的审美价值主要在于给人以教育与愉快，实现真善美的和谐统一；而19世纪中期以来的现代时期，非理性主义、个人主义成了审美思想的基础。同样，数字媒体艺术本身的审美价值也处于不断的变动之中。自数字媒体艺术诞生之初，由单纯的技术制作，到追求视觉震撼，到后来的注重艺术与科学的结合，再到其情感性、艺术性的不断加强，审美价值也经历了一个由单一到多元、由肤浅到深刻的过程。

### （一）审美主体的交互性取向

在传统的审美活动中，主体性哲学影响下的美学与文学理论都强调审美和文学的主体性。无论是康德、黑格尔，还是席勒、青年时期的马克思，都把审美看作是人的本质的表现，是主体对客体征服的产物。主体性审美方式是一种二元对立的"主体—客体"模式或者"主体—中介客体"模式。在艺术活动中，这种模式分化为"作者—作品"的创作关系与"读者（观众）—作品"的欣赏关系。在这种关系中，作者和读者的交流几乎为零，作者处于绝对的主导地位，读者只能被动地接受。虽然接受美学的兴起极大提高了读者在审美活动中的地位，强调艺术作品只有在经过接受主体的欣赏和参与后才真正转化为艺术，但在这个审美过程中，接受主体并不一定实际创造出艺术作品，审美经验仅存在于接受主体的意识中，读者主要承担的仍然是欣赏和解读的任务。总的说来，传统艺术采用的是主体性审美方式，是一种

"只读艺术"。

随着技术的发展，哲学由主体性转型到交互主体性。主体间共同性的根据在于生存本身，生存不是在主客二分的基础上主体构造、征服客体，而是主体间的共在，是自我主体与对象主体间的交往、对话。与主体性中的"主体—客体"模式不同，交互主体性超出了主体与客体关系的模式，进入了主体与主体关系的模式，即"主体—主体"模式或"主体—中介—主体"模式。就单纯的主体与客体的关系而言，主体所面对的是客体，其本人也被视为客体；而在多主体的关系中，它们所面对的既有主体之间的关系，也有主体与客体间的关系。具体到艺术活动中，形成"作者—读者（观众）"或"作者—作品—读者（观众）"模式，它消除了主客体之间的对立和隔绝，通过作为主体的作者和作为主体的观众之间的相互关系和相互作用构造出交互性的审美世界。

在以计算机技术和网络技术为核心的数字媒体艺术中，各种形态的数据信息可以迅速高效地传递和交流，作者、作品和观众之间的沟通不再是难事。观众不只是以被动的态度欣赏，也可以尽情表达自己的想法，与作者探讨、互动交流甚至合作，交互主体性便得以体现。相对于传统的"只读艺术"来说，数字媒体艺术可以被称为"可读写艺术"。其中，观众是主体，文本是潜在的主体，作者是不在场的主体，主体间达成完全平等、共存和交流的关系。因此，观众与数字媒体艺术作品可以进行交流，观众与作者之间可以交流，观众与观众之间也可以交流。以数字媒体艺术的典型代表数字游戏为例，它提供逼真的临场感和高度的可交互性，使观众直接参与到艺术中，欣赏的过程即是创作的过程。如果说单机游戏是观众与作品或观众与作者间的交流，那么网络游戏则兼具观众与作品、观众与作者以及观众与观众之间的交流。

（二）审美客体虚拟化取向

数字媒体艺术的虚拟与传统艺术有着本质的不同，数字媒体艺术存在于计算机赛博空间之中，这个空间中的一切信息都是用数值来表示、计算和编译的。艺术家可以不再受有形物质世界的限制，它的虚拟是一种"现实"的、能够临场的虚拟。在数字媒体艺术中，人们沉浸在"审美幻境"之中，但无论看起来多么栩栩如生的画面，甚至可触摸感知的对象，都是由计算机数字处理的结果，我们看上去真实的世界已不再是对现实的记录。数字媒体艺术彻底颠覆了传统审美，进入到"虚拟"的审美客体领域之中。

虚拟的英文是 Virtual，它具有两层含义：一方面，它表示对象的不存在、非真实；另一方面，它又表示其效果与真的一样、在实际功能上是等同的。虚拟一般可以分为"虚拟知觉上的体验"和"虚拟情境"两种类型。在数字媒体艺术中,知觉感官上虚拟的真实性所能达到的极致是虚拟现实技术。虚拟现实(Virtual Reality)也称灵境技术或人工环境,是利用电脑模拟产生一个三度空间的虚拟世界的技术,提供使用者关于视觉、听觉、触觉等感官的模拟,让使用者如同身临其境一般,可以及时、没有限制地观察三度空间内的事物。它不仅可以是对现有世界的模仿,还可以创造现实中不存在的事物,它创造的多重感官可感知的世界使人感到身临其境的沉浸感,达到可以以假乱真的地步。在一些虚拟现实作品中,通过立体护目镜、音响、眼球跟踪装置、超声波头部跟踪器、摄录像设备、大屏幕彩色投影机、头盔、传感器、数据手套等设备的辅助来增强感官的真实性,观赏者仿佛真正置身于作品所创造的这个空间内,并与环境产生互动。而虚拟情境是指在网络等媒体中对日常情境、社会化关系的虚拟,它不依赖于感官认识上的模拟,而强调抽象符号活动带来的社会情境与社会关系的真实感,如聊天室、论坛、社交网络、微博等。第一代网络游戏——MUD也是以虚拟情境为主的典型数字媒体艺术形态。MUD是一种支持多人在线进行的纯文字游戏,它是最早具备网络游戏特征的电子游戏。在这种游戏中,没有声音和图像,并不在虚拟知觉上花费功夫,而是设定一个虚拟环境,由游戏玩家通过输入文字的方式活动其中,与其他玩家以预先设定的情境进行互动。

随着三维互联网技术的发展,出现了很多三维虚拟社区平台,例如"冀展网"三维虚拟展会平台、"虚拟紫禁城"三维游览平台等网络应用,这类数字媒体艺术采用三维互联网技术对用户自身形象、场景及社交关系进行三维数字化模仿,既提供逼真的虚拟感观体验,也强调用户间的互动与交往。电影《黑客帝国》描述了这种虚拟的真实性的终极状态——虚拟世界变成了比现实世界更真实的世界,即不知是庄周梦蝶还是蝶梦庄周的状态。也许虚拟现实的实质完全不在于技术,而是体现在艺术,或许是在最优秀的艺术中,虚拟现实不是用来控制、逃避、娱乐或交流的,它的全部使命就是为了改变和重塑我们的现实意识——这些便是杰出的艺术作品所尝试表达的东西,也是隐藏在虚拟现实背后的东西。

(三)审美群体的草根化取向

在古典艺术中。艺术是少数人的特权,它反映着"精英阶层"的审美趣味,与大众、与日常生活之间距离遥远。由于人们不可能随时随地占有、感受艺术,且时间和空间决定了它的不可完全接近性,于是欣赏时总是怀着膜拜的心情,欣赏者与作品始终保持着距离,造成了审美上的距离感。瑞士心理学家、语言学家布诺就主张在审美中必须保持一定的"距离",强调审美活动和现实活动的区别。到文艺复兴时期,虽然艺术逐渐从宗教中摆脱出来,但欣赏者对艺术的膜拜心理和艺术的神圣感却始终存在。

"大众"是相对于"精英"而言的,当古典艺术被现代艺术所反叛,现代艺术推翻了一切"经典""权威",但仍然走着精英文化路线,现代艺术家把观众群体分为精英与大众两类,认为大众不能理解他们的艺术。进入20世纪五六十年代,西方社会发生转向,进入后现代时期。随着大众传播媒介的普及,大众在高效获得复制信息的同时,对艺术的崇敬感也逐渐消失,艺术逐渐成为面向大众的日常物品,并越来越符合大众的审美趣味。艺术走向大众的这种趋势,不仅创造了为大众接受、反映时代的艺术作品,并且充分利用大众媒介进行宣传。在机械复制的后现代时期,虽然文化排斥、垄断或高度封闭的现象有所改变,但由于技术、媒介条件的限制,大众媒体提供的空间仍然非常有限,并不真正是所有人都有机会接触到艺术而且能够成为艺术家。

而数字媒体艺术数字化创作工具使艺术创作的技术门槛大大降低,更多人有机会参与并实现艺术之梦。数字媒体艺术于20世纪50年代开始兴起,早期作品因为需要大型计算机才能处理,不易被大众接受。但随着20世纪80年代以来个人电脑的普及,不仅没有技术背景的艺术家能够轻易使用数字创作工具进行创作,而且非专业的一般大众也可以参与艺术创作,并乐在其中。传统艺术家往往需要十几年甚至几十年的时间才能通晓一门艺术技艺,今天在电脑上使用鼠标和各类软件就可以初步完成一些简单的创作,甚至没有任何美术基础的人也可以在数字时代挥洒笔墨,进行创作。面向大众发布作品也不再是一件困难的事情,在渠道丰富、成本低廉的今天,互联网的全球普及能以比以往任何一种方式都更快、更经济、更直观、更有效的方式把信息传播开来,全世界都有可能看到自己的艺术作品。过去搭建一个网站需要电脑技术、域名空间的支持,如今这些都可以由BSP(博客服务托管商)免费提供。加上互联网具有匿名的特性,创作者的隐私受到保护,使艺术表达更加自由。互联网的精神是开放、自由、平等、分享,因此没有时间界限和地域界限,没有专业或业余之分,数字媒体艺术的创作和分享是受到鼓励的。从涂鸦作品到数字化拼贴,从"恶搞"视频到3D动画,从Flash网站到游戏,无须介怀形式或水平,总会有兴趣相投的观众和爱好者。浏览一下像Youtube、Flickr以及deviantART这样的网站,就能发现大众惊人的创作热情和创作力。

很多数字媒体艺术作品中常常体现出一种游戏性和娱乐性,艺术家并不以崇高彰显作品价值,不刻意追求作品深度,而更倾向于创意和灵感,使作品充满了随意性和趣味性。例如,深受大众喜爱的各种网络卡通虚拟形象,如"兔斯基""悠嘻猴""绿豆蛙""张小盒"等,这些卡通形象最初由不知名的草根艺术家个性化创作,因获得欢迎而由网友自发地通过QQ表情、Flash动画、游戏等方式迅速传播而大红大紫。它们面向的群体绝非传统艺术定位的"精英",而恰恰是因为满足了大众审美需求和趣味得以在大众中依靠人际口碑传播。如"张小盒"这个形象紧紧抓住"刚工作两三年、有着各种烦扰的上班族"人群,占领了开心网、校内网、若邻网等大学生聚集的网站。这些作品无不以大众化的草根视角切入,让大家在轻松的气氛中产生共鸣,受到大众的广泛欢迎。数字媒体艺术自身具有强大的社会包容性,它能同时成为社会精英和大众进行艺术创作与思想表达的载体,其草根化作品的大量涌现生动反映了当代社会文化多元化的特征,并在文化去中心化的发展趋势中彰显出雅俗共赏、百花齐放的勃勃生机。

### 三、数字媒体艺术影响下的社会审美转向

数字媒体艺术从20世纪90年代发展至今,在经历了媒介技术融合、市场消费检验和受众观念认同的初步发展之后,正在向更加成熟的阶段迈进。对于数字技术与艺术的关系,社会认知从最早的数字技术是艺术创造的技术工具,已逐步转变为数字技术与数字媒介是艺术的文本构成形式、艺术表现方法和美学体验途径。关于技术美学的热议与研究,也重归学界的视野,对技术为艺术创作提供的无限可能、技术体系在自我完善的发展过程中所呈现的审美属性,已有越来越多的人加以重视和期待。正是技术美学,激发了创作者的想象力,将这一切化为可视性的艺术想象力的美。以数字技术为骨骼的数字媒体艺术,正在以艺术的血肉积蓄能量,成为时代审美的领跑者。

在明晰了数字媒体艺术的艺术观念和审美价值取向的特征后,进一步认识其引发的社会审美变化,具有十分重要的意义。首先,从艺术研究的系统性来看,对一门艺术的研究绝不仅限于艺术作品本体,还要考量其在社会视域下、文化系统中的艺术功能。其次,从艺术生产的全链条来看,对艺术作品的关注不仅要包括其生产方式、传播过程,探讨其创作美学,还要涵盖这一艺术形式引发的大众审美反映及其对艺术创作带来的反作用,即研究其接受美学。数字媒体艺术独特的审美特征已对社会审美的习惯、内容、方式带来了诸多冲击,继而引发了当代社会审美期待、审美方式、审美经验、审美结果等多方面的转向,对其审美接受的研究是十分必要的。

(一)审美期待转向

传统艺术的审美期待是隽永、静观、留存和意蕴的,而数字媒体艺术带来的审美期待则是颠覆、参与、冲击、幻想和全感官的。在传统艺术的鉴赏中,审美者期待欣赏的是社会认同最多、专业评价最高的艺术作品,因而经典、传世、名家是作

品价值的标签。此外，审美者期冀获得恒久的、萦绕于心的审美感受，并借此达到身心的愉悦和精神的升华。在快速消费的信息时代，数字媒体艺术的多元性、多变性带来的视听，使审美者不断受到声、光、电的刺激。人们一方面无时无刻不在接受海量数字信息，另一方面却又对比特构成的虚拟空间产生审美疲劳，因而，对于数字媒体艺术，审美者期待获得越来越大的感官冲击和刺激。如对数字游戏的欣赏，除了专业研究人员和爱好者，绝大部分消费者不会再三、反复地对其进行玩味和复读，而是在此次消费结束的瞬间就产生对下一个数字作品的期待。这种颠覆性的审美期待迫使数字媒体艺术作品不断制造出光怪陆离的虚拟世界，且不得不在技术手段和艺术创意上进行追赶。

1. 审美期待的形式

传统艺术欣赏，可允许预知性的审美期待，具体能延伸至对艺术品内容的想象和审美心理感受的先行激发。由于传统艺术作品的内容具有独立、完整、稳定的特征，其艺术内涵也相对固定，审美者可期待的空间是在整个作品艺术内涵框架内的个体差异，即包括理解程度不同引发的纵向差异和理解角度不同引发的横向差异。数字媒体艺术的审美期待，则具有不可预知性、寄予临场性、体验欲求性的特征。所谓不可预知性，是指具体艺术内容除了亲自参与、体验外，不能从外界获得完整、准确的了解，因而相应的期待更多的是在情感上的酝酿和时间、方式上的准备，对于艺术内容的预计是容易失真且意义有限的；所谓寄予临场性，与不可预知性相似，指数字媒体艺术作品的内容是开放、可修改和可再生的，不同时空状态下、不同参与主体都会引发艺术作品内容的相应变化，因而艺术文本本身具有多变性，对其意义的理解仅限于当时当地当人，是临场体验性的审美结果生成，也就导致了审美期待只能指向审美实践，寄予临场感受的瞬间体验；所谓体验欲求性，是指数字媒体艺术的审美期待无法进行内容预习，也难以预置情感状态，因而这种期待与其说是心理机制的提前调适，不如说是对体验的选择诉求和愿望表达，审美体验的整个过程都是为了实现这种参与的兴致和满足好奇的动机。

2. 审美期待的结果

有审美期待，自然有期待之后的实际审美结果。在传统艺术作品的审美过程中，由于前期审美期待是可具象化、可形式化的，因而能够较为清晰地与实际审美体验进行对比，并形成易于感受的自我认知。审美期待与审美结果的关系，一种是期待与所见相符，在此情况下，欣赏者可强化审美期待并深化审美经验，产生物我契合的审美愉悦；另一种则是期待与所见不相符，审美者将更具思辨性地对艺术品进行观察和考量，要么调整情感并进行认知纠正，要么予以反思、提出质疑或付诸艺术批评。当然，在实际审美经验中，审美期待的结果并不是非此即彼的极端两分，而可以是不同程度或不同方面的微观差异。但无论是相符还是不相符，审美期待与审美结果的关系本身，已经可以作为审美经验的积累而对后续审美、再欣赏产生直接的影响。由于数字媒体艺术的审美期待难以有实质性的内容依托和情感，审美体验的结果为所见即所得，是一种满足式体验和既得式体验。接触作品实体之前的体验诉求，是模糊化、选择化和情绪化的，不能直接产生可供自我比较的内容。因此，其审美期待的结果是艺术作品能否满足以及在何等程度上满足消费者先前渴望的期待心理。与传统艺术审美结果的内容性相比，数字媒体艺术的审美结果更趋向形式的层面。

3. 审美期待的内容

传统艺术审美期待的内容，多指向艺术具体应用的层面，一方面是对艺术品的形态、构成、元素等的构想，另一方面是对艺术感受隽永、静观、留存、意蕴的遐思。数字媒体艺术在期待的具体形态上是模糊的，因而只能略同于后一方面，即在审美幻想方面留有空间，数字媒体审美期待更重要的不同之处在于颠覆、参与、冲击、幻想和全感官的心理向往，这种感官体验层面的明确指向，规定其审美期待的内容是诉求性、表层性的。传统艺术蕴含着深刻的、耐人寻味的艺术韵味，营造的是一种"诗意的栖息"的艺术境界。需要受众仔细地品味、认真地琢磨、慢慢地品尝、全身心地感受，从中感悟浓郁的审美情趣，获得深沉的审美愉悦。高科技下的现代艺术更多地利用声、光、电、音、线、形所制造的声画冲击力和音响氛围，给受众的视觉和听觉带来巨大的心理震撼，而这种震撼却是短暂的、瞬间的，是听过就算的，不给人的心灵留下任何痕迹，只是一场光电的盛宴、音响的狂欢，可以说韵味全无。人只是图一时的感情宣泄，难有情感的思想存留。

娱乐化快感，是当代审美期待的另一个重要内容。传统艺术欣赏更多的是讲究心灵沉淀与精神陶冶，注重形而上的思维层面。现阶段的艺术消费却由于市场价值标准的影响和对艺术消费者的迎合，更加注重身体感官的愉悦效应。人们期望从现实的功利压力中解放出来，满足欲望释放的快感，追逐、体验当下的视听冲击，这使其更愿意自动沉溺于数字媒体艺术创造的虚幻性空间。审美者对陌生化、异构化、幻象化的超现实艺术景观的向往，使其不断期待艺术元素的重构与技术手段的突破。传统艺术作品较为单一的形式与内容，已不能满足这种对快感的追求。数字媒体艺术的审美意义在于：首先，它将众多媒体的艺术元素有机整合，产生每一独立媒体所不能单独具有的新的意义；其次，它将不同媒体及其造型和传播机制的应用功能有机整合，产生更为强大的综合艺术功能；最后，它改变了艺术存在的环境模式，并将导致观众审美意识的深刻变革。

## (二) 审美方式转向

数字媒体艺术不仅带来了艺术作品形式的变革，也引发了审美方式的转向。

### 1. 消解了审美距离

审美距离理论认为审美主体在欣赏艺术作品的过程中应当保持适当的距离，这种距离既足以脱离功利，又足以实现对艺术作品的了解和欣赏，距离要求被视为"审美知觉"的主要特征之一。美和实际人生有一个距离，要体现实物本身的美，需把它摆在适当的距离。如果距离过远，则会导致艺术作品难以被理解且缺少兴味；如果距离太近，艺术作品则容易过于功利化而无法摆脱日常生活引发的实际想象。艺术的魅力，就是通过适度陌生化的手段使艺术作品生成脱离生活常态的美感，使欣赏者的情感处于纯粹的欣赏体验当中。审美距离在传统艺术欣赏中的适用，与传统艺术作品独立自在、孤立绝缘的美学形态是密不可分的，静态艺术如绘画、雕塑、书法等，其美学内涵是自给自足的，即使是动态艺术如戏曲、歌舞等，也同样具有内在相对封闭的结构形式，欣赏者只能以旁观、静悟的审美方式予以体会，而不能插入其中，否则将打断艺术作品自身的完整性和审美理解过程的连续性。

亲临现场、沉浸体验、全息感受，是数字媒体艺术审美的主要特征。这种用数字技术包装出来的，能创造虚拟现实世界的新艺术形式仿佛有一种魔力，就是将观众的身心拉入作品的数字空间中来，对于逼真的数字影像和充满艺术魅力的另一世界，人们不再需要保持传统的审美距离，而渴望能够将思维与虚拟世界的节奏同步，去感悟、体会这种未知的魅力，甚至忘记自然现实的存在。随着超越肉眼辨识范围的高分辨率拍摄技术，以及4D、5D和全景电影为代表的特效视觉技术的日趋成熟，全息式的模拟空间为数字媒体艺术的表现提供了更为专业的设备和场所。再加之亦真亦幻的虚拟视听设计，观众想要刻意保持与艺术作品的距离，也会变得非常困难。观众和作品的虚拟共存，促使心理隔阂以及人与作品的距离消失，在虚拟的"存在"范围内，所有认知机制都会受到影响。在虚拟环境中，观众的审美距离受到了威胁。数字媒体艺术影响下的审美，已从过去的物我两立、凝神静观，发展为物我一体、虚拟交融，审美距离被消解。

### 2. 消解了审美主客体的二元对立

艺术理论中对审美主客体的讨论历来是审美研究的重要方面，对于审美主客体二者之间的关系，二者在审美中孰轻孰重，可谓众说纷纭。如果将审美定性为一种认知活动，对审美主客体的划分则是从认知主体和认知对象的角度来进行把握的。关于美和美感孰为第一性的论争，无论是客观论、主观论、还是主客观统一论，都没能从两分性的视角中超脱出来，这一方面是由于传统艺术制作与鉴赏的各自分立的本体特征，另一方面，是艺术观念的保守所致。所谓美感经验，其实是在聚精会神之中，我的情趣与物的情趣往复回流而已。这种往复回流，还是在审美注意的特定环境中，物的情趣、人的情趣在已各自成型的情况下进行的有限的心神契合，是自发理解、自我定义的理解和认知。对于传统的主客体两分审美模式，已有学者认为这种无功利性的认知模式限制了美的共融感受、消除了两者的内部交流。"欣赏者与艺术品之间建立起一种积极的感知结合，两者之间的亲密联系在欣赏者和作品之间发展出一种连续性"，"它需要身心的投入，把身体的感知与包涵了记忆与意义的一种想象有意识地结合起来，因而在欣赏者和艺术品之间形成一种感知的连续性，总之，它需要人的全部的投入"。这种对于审美活动的理解反映了沉浸式、全身心投入式的审美观念，尽管仍未彻底突破主客两立的束缚，但已表现出了艺术发展需要进一步解放人的本质力量的时代诉求，艺术欣赏主客体的进一步模糊，是没有自我与对象的区分存乎其间的，说它是审美的，正是就有机体与环境相互合作以构成一种经验的程度而言的，在其中，两者各自消失，完全结合在一起。

数字媒体艺术的审美是截然不同的，数字技术创造的艺术条件使任何观念都能成为可能。由于数字媒体艺术具有很强的互动性与参与性，其作品的再生空间是以往任何艺术类型所不能比拟的，作者乃至审美者都可以在作品初稿完成后对其进行修改和补充，使一件作品的增值空间和重构空间几乎接近无限，因而打破了审美主客体的界限。从这一意义上理解，传统审美主客体划分的从一而终在数字媒体艺术审美活动中被取消，与其说人们欣赏的是审美客体，不如称之为审美对象。一方面，审美的主客关系变得只存在于某一时段内，创作者和欣赏者的角色可随时转化；另一方面，当代艺术审美的目标物已从艺术品本身扩散开来，大众审美、参与、修改甚至围观的行为都可以成为被欣赏的对象，进而产生美学意义，审美活动中主与客、此与彼的边界被进一步模糊。此外，一件数字虚拟艺术作品，由于其所呈现的虚拟世界在表现形态上是脱离现实世界实物原型的，所以对其的解读比以往的艺术形态更需个体脑力的运转和抽象思维的发散。对于超出日常审美经验的数字虚拟世界的结构和规则的理解，一部分是由作品设计者预先规定的，而另一部分则是由审美者自行想象和填充的。尤其是具有强互动性的数字媒体艺术作品，包括数字游戏、数字互动装置等，其文本空间呈现开放结构，进而引发意义生成的不确定性，观赏者的动作或选择将直接决定作品结果呈现的形态。可以说，审美者自身已成为实现数字媒体艺术内容生成的一部分。其角色由被动和静止变为主动和参与，变为有机、有意义、有持续性的审美存在。数字媒体艺术欣赏中审美主客体的二分消解，不是思维、情感层面上的，而是实实在在可被实践应用和检验的物理、技术层面上的。

### 3. 消解了审美认知的线性顺序

在传统艺术的鉴赏中，受众审美心理的完整性需要由发生条件、构成要素和运行机制多方面有机组成才能实现。首先，要有审美发生条件，即需要以非功利性的审美态度形成审美注意，为艺术鉴赏活动做好审美准备。然后，要满足诸多的审美构成要素，包括对审美对象的感知、情感、想象和理解，欣赏者只有具备上述心理要素且经过这一顺序的心理过程，才能使审美主客体的关系由陌生转向熟悉、由疏离转向紧密，从而实现艺术接受，达到美的认知和精神的交融。接着，还需一系列的审美运行机制使艺术欣赏达到理想的效果，从审美情感的激发，到审美能量的释放，再到审美愉悦的享受，审美的认知、理解、共鸣过程是循序渐进的，且逐个阶段予以释放和深化的。这种审美机制表现出自发的内在性、内化性，容易受到审美主体自身条件的限制，效果因人而异。数字媒体艺术的审美则呈现出不同的特征。既不需要自发地形成审美注意、进行情感酝酿，也突破了审美心理循序渐进的线性过程。数字媒体艺术的欣赏者只需进行选择，而选择之后的感官震撼和心理体验，则是欣赏者所不能自主控制也不需要自主控制的。

在这样的数字媒体艺术欣赏活动中，审美的逐步酝酿过程直接被冲击、惊奇、震撼所取代，受众有可能一开始就到达了审美的高峰体验。此时，审美认知与情感激发是同时产生的，观赏者的心理感受过程与作品展示过程是同步的，且紧密联系在一起。观赏者为了连续理解后续艺术文本，必须时刻保持注意力高度集中的状态，审美情感也迅速跟随数字媒体艺术作品的节奏升温并全面激发。在数字媒体艺术的审美中，欣赏者与作品的关系不再是移情于物或寄情于物，而是物我交融、物我一体，人的心灵被数字媒体艺术的美学景观深深吸引并自觉通过联想将自己沉浸其中。数字媒体艺术带来的审美体验，不是线性的，而是场性的，是全面、全息、全景式的。欣赏者对艺术内容的理解从反复揣摩的经验性审美，变为临场感受的体验性审美，仿佛一脚踏进一个魔力场，只需放开身心去体验其中的目不暇接和亦幻亦真。

### （三）审美经验转向

数字媒体艺术在艺术观念、美学形态和表现手法上的独立特征，使这门艺术所能带来的美感体验与传统艺术相比有了质的变化，数字媒体艺术的审美经验是趋向短暂、广泛、多元和临场性特征的。

### 1. 审美经验趋于瞬时化

数字媒体艺术在审美方面不同于传统艺术的是：前者更注重浅层次的心理愉悦和自我满足，更注重关注情感化的所谓个性选择与貌似无意识的所谓契合，数字媒体艺术追求生理快感的体验却并不强求深层的精神愉悦和灵魂净化，它也不再追求

## 第五章　数字媒体艺术的审美

传统的意境悠远和耐人寻味，而是关注当下身体的快活反应。尽管上述对数字媒体艺术审美的定位仅限于浅层体验的观点失之偏颇，但对数字媒体艺术审美的当下性、快感性和随机性的认识却是具有普遍意义的。数字媒体艺术审美经验趋于瞬时化的表现，是从传统艺术鉴赏中的久留的意蕴、韵味，转变为信息消费过程里的暂时性冲击和在场式亢奋。

媒介形态转变是促使审美经验瞬间化的技术因素。已成为数字消费重要平台的数字移动终端，在播出条件上就客观要求数字作品进行体量压缩，如手机、pad、移动公共视频设备等移动终端，体积小、屏幕小、具有存储定额，而信息接收又具有流动性、随机性和碎片性的特点。再加之观赏状态的移动性和观赏环境的公共性，因此，作品制作时必须考虑强化艺术内容的主体特征和增强视觉表现，多运用特景、近景等手法，制作出便于播放的艺术作品，以满足受众在移动状态下进行短时艺术消费的需求。相应地，此类数字媒体艺术作品本身也呈现出瞬时播出、展示的特点，对其审美也相应是瞬时性的。此外，由于社会生存压力等造成的大众审美时间有限，使其要求能够更直接、快捷、集中地接受艺术信息、进行艺术欣赏，对于冗长、拖沓、节奏缓慢的作品，消费者可以直接选择放弃，这也促使数字媒体艺术作品制作时更加注重浓缩精华和鲜活表达。可以说，终端传播影响下的数字媒体艺术作品的精简化、短小化、概念化与当代审美群体的快餐式消费习惯是相互影响和相互推动的。

在场式体验与沉浸式体验是审美经验趋于瞬时化的程序因素。数字媒体艺术作品的参与和互动是获得审美体验的必要环节和重要形式。这种审美方式的转变，使美感体验与参与、互动的行为紧密相关，只有进行选择或融入作品当中，才能了解艺术作品的全部内容和设计理念，旁观者是无法获得完整、准确、深层的审美理解的。这种在场、沉浸的审美要求，使审美经验以与作品展示同步的状态出现，在参与、互动未开始之前，审美感受无从谈起，而在结束之后，审美感受也随之失去了依托和来源。也就是说，审美经验只有在作品内容的开放和闭合的区间内才是真实、完整和有意义的。如网络游戏，玩家只通过游戏简介是不能获得真实体验的，只有随着游戏设定的关卡逐步进行体验，才能完成整部游戏的叙事，并获得精神愉悦，而在游戏结束之后，玩家再进行审美感悟也是没有依托和根基的，真正的审美经验只存在于参与游戏的过程当中，其他的感受只是类似于幻觉或记忆延存的碎片。由于数字媒体艺术作品展示的时长是有限的，因而由其而生的审美经验也存在相应时长，传统艺术审美中久存的余韵和反复回味的心理过程在参与性、交互性的数字媒体艺术审美中被冲散了。

信息爆炸和快餐文化是审美经验趋于瞬时化的环境因素。数字技术打造了社会信息互通的关键桥梁,也引发了受众可接收信息数量、类型和方式的急剧膨胀。在信息价值被极大重视的今天,高效率利用媒介资源,广泛获取所需内容,成为快餐式文化艺术消费的主要模式。现代性的本质特征在于体验外在世界,而现代性体验的最突出的特征是偶然性、碎片性和不确定性。要把握这种现代性体验,应借助于对现代生活的敏锐感觉,去努力捕捉那些片断性的、稍纵即逝的瞬间,并从中发现现代生活的审美内蕴。一方面,信息爆炸带来的文化艺术内容几近无限,社会大众可接触、可选择的艺术消费对象越来越多,平均分配给每一次、每一类艺术欣赏活动的时间被大大挤压,被多样性体验诉求替代的单次、单类艺术审美经验趋于瞬时化。另一方面,在碎片化文化语境、偶发性艺术消费和片断性审美感悟的背景下,受众对艺术作品的态度是速食的,对审美活动的成本投入也多了前期评估的环节,变得更加精细、明确。艺术消费的过程中,审美者在审美时长、欣赏方式和信息捕捉上会不断调整,以满足自身信息需求的最大化效果,因而在审美方式上同样趋于瞬时化。

娱乐化的审美目的也对瞬时化的审美经验存在影响。尽管娱乐性可以被理解为人类精神活动本能的自然反映,但人们对新鲜事物的好奇,以及层出不穷的数字作品对审美者快速消费的吸引和推动,都加速了追求娱乐体验的审美心态的养成。随着数字媒体艺术作品生产速度的持续加快,以及艺术消费市场对受众审美期待的迎合,人们对待一件艺术品的态度很难再像过去一样是屏息静观地珍视了。数字媒体艺术作品不仅可供多次消费,还可供修改和文本再生,数字媒体艺术传达终端,尤其是以 iPad、Kindle、智能手机为代表的移动新媒体的出现,使艺术信息的消费变得随时随地且随情随意。视觉冲击的感受和心灵触动的一时体验,难以内化为深层的精神感悟,个体的审美经验因而呈现出愈加泛化的状态和趋势。

2. 审美经验趋于散化

信息消费时代带来了两个社会认知形式的转变。一个是信息量的急剧膨胀和传递自由。另一个就是阅读注意力被分化。随着信息传递技术和媒介终端的不断研发和提高,当今社会的信息交流已经变为所有人对所有人的传播。互联网、多媒体、自媒体等信息平台的内容数量呈几何倍数剧增,而个人的信息获取和解读的绝对时长却没有改变,这就导致了单个信息的解读时间被压缩,甚至有越来越多的信息被放弃或遗漏。此外,随着以微博、轻博客为代表的小容量信息传播方式的日益流行,碎片式社会话语形态正被越来越多的人所采用,人们期待关注更多的事件、领域,参与更多的话题,却因时间有限而只能给每类信息分配少量的时间,以致对信息的解读容易限于表层内容。当代社会艺术的审美认知也和碎片化、快餐化、分散化的社会信息消费模式相似,就是审美经验趋于散化。一方面,数字化艺术作品的形态日趋多样，数字影视、数字游戏、数字多媒体广播、数字网络作品等内容载体不间断地提供多层次的艺术消费内容。另一方面，媒介终端日趋多样，移动的、地面的、综合性的各类数字媒体功能日趋强大、便捷，一个消费者甚至可同时携带多种数字信息接收和存储装置以满足不同情景的艺术消费需求，再加上审美者希望了解更多、体验更多、参与更多的心理诉求和数字化欣赏趋于瞬间性、一次性的在场体验，数字媒体艺术的审美很难长时间地专注于一个领域或一种类别，人们有限的审美时间和精力被分散于多个方面，以致单次的艺术体悟很少深刻化和系统化。数字媒体艺术信息的碎片、多元形式和颠覆性效果，使欣赏者的审美焦点不自觉地被分散了。

数字媒体艺术审美趋于散化的原因是多方面的。首先，是艺术信息接触条件的不同。文化艺术发展到今天，已经与传统时代的审美与传达方式产生了截然不同的变化。任何信息的交流，都不能脱离媒介与大众传播。信息化成为人类生存方式的直接影响就是所有信息载体对传播渠道的依赖，孤立绝缘既不是当代艺术审美的主要方式，也不是艺术文化作品伫立于世的生存状态。媒介化的成熟度、媒介形态与信息内容的匹配性，都将成为融入文化艺术作品生命、决定艺术类别存在时长和影响范围的重要因素。传统艺术，其存在的社会传播环境是区域性、单线性的，人际传播和群体传播是主要的信息传达方式，人们难以了解和想象在自身所熟悉环境、渠道之外的艺术作品，也就无法产生多样化的选择可能。计算机和互联网的出现为信息社会的大众传播奠定了基础。数字媒体艺术借助自身独有的媒介属性，发挥了扩大艺术传播效应的独特作用，即通过可供连续交互、能容纳庞大数据的多样化网络平台，最大限度地为大众进行艺术欣赏提供便捷、可达、流畅的媒介渠道，使人们获取艺术作品和信息的方式、数量从有限趋近无限。

其次，是艺术欣赏和消费的目的不同所致。传统的艺术欣赏，主要目的在于获得美感，更多地以精英文化意识形态出现的艺术作品，促使普通大众由于欣赏机会难得而格外珍视艺术内容及个人经验的内化，审美经验多用于自身文化修养与精神境界的提高。大众化信息消费时代的艺术欣赏，已经从单纯的美的欣赏拓展到更多方面，多种媒体和互联网络构成信息交互平台，使个人的话语表达诉求增强、人与人的传播日趋密切，信息消费成为社会消费的重要组成部分，而信息占有量、信息话语权对于个人价值的体现也变得愈发重要。因此，当今社会的艺术欣赏目的可包含获得话题、体验、消遣等多重因素，现场参与、追随潮流、丰富感受等心理诉求都可在数字媒体艺术的多元内容和形式中得以满足。对审美本体价值注意力的淡化，使得人们对审美经验的总结、内化与反思变得具有选择性，个体对艺术作品的使用可因时而异、因需而异。同时，艺术生产市场迎合小众化、分众化需求的制作和营销模式进一步促进了这种艺术作品消费和大众审美经验的分散化趋势，像电视剧

《渴望》上映时万人空巷的艺术欣赏场面一去不返了。时代风尚影响下，人们的艺术价值观念发生了变化，即时的审美需求、装饰心理、个性意识取代期盼永恒的艺术信念成为艺术消费的目的。因此，艺术在流通环节出现分流，匠人和大师在不同平台上接受公众的选择，也接受历史的注目礼。

最后，作品生命市场周期的缩短影响审美活动的时长。从作品本身来说，过去艺术创作多由个体完成，因而制作周期长、流通范围窄、接受大众检验的时间要经过多年乃至数代。艺术家进行艺术创作的目的也不是进入市场流通领域以获取经济利益或宣传效应，主要是个人兴趣使然和专长所在。因此，艺术创作的美学目的更加明显，艺术品的价值衡量标准以经典、传世为主。而数字媒体艺术的诞生环境与市场经济和信息消费密不可分，除了艺术美的追求，参与市场竞争、获得传播价值和经济价值也是重要的生产因素。市场竞争因素的加入，促使数字媒体艺术生产周期加快，艺术观念的推进和相关技术的更新换代具有内在性和自发性，数字媒体艺术作品的形态迅速成熟且日趋多样，而超越经典、自我颠覆的价值诉求为许多数字技术迷和艺术创造者所推崇。这种背景下的数字媒体艺术的具体作品被持续消费和大众记忆的周期越来越短，不同作品的竞争乃至同一制作团队的自我进步都让艺术品的市场生命变得短时，与其相对应的审美活动周期也缩短了。

3. 审美经验的积累性被消解

传统艺术的审美需要审美者与审美对象有文化、艺术或思想上的共鸣，这就要求艺术经验的积累和延续。在审美前期，认知与情感的准备有助于更为深刻、准确地理解作品，欣赏者的审美期待可促进审美活动发生时艺术情感的爆发和更为丰富的艺术感知的获得。如欣赏国画，审美者只有在了解这一画作的作者的经历、绘画风格、用笔特点等的基础上，才能细品画作的用心之处与独特逸致，妙悟其中之趣。在审美后期，此次审美活动产生的审美经验将直接积累于今后相关的其他审美活动当中，符合审美期待的美感经验将得到进一步的加强、深化，而与审美期待不符合的部分，欣赏者会进行反思并予以修正或批判。因此，传统艺术鉴赏的审美经验是线性积累的，这种积累直接、持续且能够经受多次验证与重复，根本原因在于传统艺术类型在整体形态和创作方式上的一致。

数字媒体艺术的审美经验则全然不同。与其相关的技术在飞速地更新换代，普通审美者在技法、材质层面上的经验积累由于太易过时而显得意义不大。对于数字媒体艺术内容，因为作品的表现方式不受客观物质的局限，导致艺术形态、叙事风格、表现手法、画面语言千变万化、特点各异。追求个体与创新的艺术特征，使数字媒体艺术作品以革新和颠覆为目标，使得审美者在欣赏到数字媒体艺术作品之前难以预计欣赏内容的具体形态，而欣赏之后的美感认知又难以延续到下一次审美活动中，这就使得审美经验的积累性被消解。具体来说，首先是作品内容的虚拟性。虚拟性是数字媒体艺术的重要特征，它使艺术作品的内容可实现超现实、超自然、超概念的极大自由。可以说，虚拟景观不再是客观事物艺术化的常规呈现，而是基于人类理想的全新创新世界。对于这种存在于创作者思维中的虚拟景观，审美者在没有接触到具体作品之前是无法进行预测和感受的，在欣赏结束后，也不能将其简单套用于其他创作者的作品，或同一创作者的不同作品上。其次，是作品类别的多样性。数字媒体艺术作品想要在激烈的市场竞争中获得公众认可和盈利空间，必须具有自身独特的设计流程、技术特点和表现形态，作品的类别是千姿百态的，甚至同一类别当中的不同作品也姿态各异。例如，同是数字二维动画游戏作品，《植物大战僵尸》《洛克王国》的关卡设置、竞技模式和游戏体验是完全不同的，创作者不断创新，审美者不断试新，重复性审美经验呈减少的趋势。最后，是作品生命的短期化。具体的数字媒体艺术作品，甚至是一个类别的数字媒体艺术形态，都会随着技术的更新换代和艺术观念的不断创新逐渐落伍，甚至淡出公众的视线，这种作品生命周期的缩短使审美者前期积累的经验很可能失去用武之地。相比而言，消费者更热衷于体验新的艺术形式而不再囿于某一特定经验的深入探索和发掘。审美者在进行艺术审美之前难以预测所见、所听、所感的具体信息，而在审美之后，此次的美感经验对于多变的数字媒体艺术来说又十分有限，只限于此作品、此场景而无法更大范围地辐射到其未来审美活动的认知，审美经验的线性积累被消解，而鉴于数字媒体艺术的综合性特征，单次审美所获得的经验积累的广度和多元度被扩大了。

总之，数字媒体艺术的未来发展形态和对社会审美的影响，尽管目前难以准确地评估和预测，但无疑是广泛而深远的。认识和研究这种影响，对于更好地把握数字媒体艺术的本质，趋利避害地发扬数字媒体艺术的创新价值，具有重要的意义。对这种社会审美转型的研究，应当在跨学科的视角下，更加系统、深入且贴近社会审美实践。此外，加强学术理论的相关建构，也将对社会大众科学地了解这门新兴艺术形态，以及数字媒体艺术家更自如地进行艺术创作，起到积极的借鉴作用。

## 第四节　数字媒体艺术与影视动画

### 一、影视动画媒体艺术制作原理

随着计算机技术的飞速发展，以数字技术为制作手段的影视特效、视频编辑、动画等数字影视动画不断进入人们的视野。数字影视动画在软件、多媒体、网络和通信等信息技术集成的基础上，实现传统影视创作的数字化。图像处理技术、视频处理技术、多媒体技术、CG技术、非线性编辑特效技术以及计算机硬件设备的快速发展，不但改变了传统影视制作的流程，而且引导着最新科技、娱乐和社会价值的传播。影视动画制作原本就具有分工合作、灵活多变的模式，既可以由独立动画人制作，也可以由动画团队共同完成，数字化技术的存储、传输、交互和生成的便捷，允许动画项目团队变得足够庞大，范围涉及足够广泛，有良好的分工合作。不同动画制作人之间的交流和碰撞，不仅提升了工作效率，而且能使独立动画人或中小型团队承担之前不可能完成的大型、高端制作。

技术的发展使影视动画创作的形式具有多样化，从数字画板、数字笔刷、数字扫描与动作、表情捕捉到数字合成、数字生成、数字渲染，催生了动画创作与视觉制作中思维模式和工作流程的变革。相比传统的逐帧手绘或定格动画，其控制得更为精确，如前期可以精确到动态分镜、镜头时间长度与节奏、角色动画关键帧、背景音乐与配音等细节都能精确设计到位，从而提高中后期具体实施制作的效率，还能大大降低错误发生概率。媒体平台提供了多种媒体技术间融合应用的可能，不同类型的技术越来越多地在动画中被尝试和探索，如：使用游戏引擎来制作动画，基于感应技术的体感实时动画和基于交互界面的交互动画；应用立体技术来制作的立体动画；艺术化渲染、分布式渲染和云渲染基于动画的应用；音乐驱动动画和基于手绘的建模动画等。同时，技术的发展也催生了动画传播与审美方式的多样化。移动媒体作为媒体近几年的主力代表，其自身的特点是能够迎合人们休闲娱乐时间碎片化的倾向，随时随地互动性的思想表达和信息获取的需要，这提供了影视动画生存和发展的空间。以移动媒体为播放平台的动画短片，越来越趋向大众化。手机、平板计算机和移动电视的迅速普及都推动了影视动画的发展，与传统动画相比，媒体影视动画更具有多样化。

由数字系统构成的三维空间（3D技术）更适合表现虚拟的仿真视觉形式。这也是数字影视所涉及的主要技术之一，研究内容主要包括光照明模型、绘制算法、加速算法等。随着各类绘制算法、三维实时绘制技术、硬件可编程技术软件的发展，计算机很容易建立一个物体的三维立体模型，贴上相应的"材质"，布置好"灯光"和摄影机，规定好动作的运动方式和视觉角度，就能够产生三维动画。三维动画模型物体的各个面都是通过计算机得到的，动画制作者无须画出物体在旋转和翻滚时的各个角度，可以制作复杂逼真的大规模场景和特效。现在，三维制作已经在影视、军事、医疗、商业等多领域得到广泛的应用。

计算机动画制作过程需要许多专业的数字专家和传统造型艺术专家协同工作。梦工厂制作的《埃及王子》中运用了大量的计算机特效，全片有1192个镜头，其中有1180个是由计算机加工而成，总共编写了100个以上的特效程序，可谓将当时的计算机特效发挥至极致。摩西分开红海那一段，虽然只有短短7分钟，但由16位画师花了3年心血才得以完成。粒子运动软件中的粒子特效为波涛汹涌的海洋和飞溅的浪花烘托出壮观的场面，使得水中走廊既逼真又离奇。这是动画中首次出现超高真实度的水。据报道，当完成分红海这个镜头时，由于海水过于真实，动画师不得不将其进行调整，以求与其他画面的和谐。技术机制与艺术设想的完美结合才使得整部影片的视觉效果如此气势恢宏、动人心魄。当影片完成后，梦工厂的动画人员掌握的是动画艺术创作的新思维与新技能。他们认识到新技术的发展在给动画艺术创作带来全新视野的同时也改变着某些对动画的成见。数字动画能够将一切想象的事物逼真再现为一种类似现实的状态。

**二、影视动画媒体的艺术性与技术应用**

（一）影视动画媒体的艺术性

媒体艺术从萌芽并经历不断发展演变至今，仍然是一种十分年轻并持续发展的新兴媒体形式，社会的变化、生活的变化、时代的变化、人类思维方法与交流方式、思想观念和审美倾向的变化等共同向媒体艺术提出不断变化的要求。影视动画基于计算机数字化制作形式而产生，随着计算机技术的迅猛发展，三维动漫艺术用最真实的色彩、最细腻的动作讲述着一个个有趣而动人的故事。其区别于传统二维动画，是一种全新的动画创作手段。它在计算机的虚拟世界中创造出模拟仿真效果。三维影视动画艺术带给人们的是超乎想象的惊喜、从未体验过的欣赏愉悦、被不断激发的创作灵感，更多的则是留给人们对艺术对生活的思考。

计算机动画创作的前期工作和传统动画工序一样，需要做的第一件事就是搜集资料，体验故事中的风土人情，考证历史并从中获得资料和创作灵感。导演和设计师还需要参考相应的绘画作品，从中确定适合的美术风格，有时候还需要从纪录片或电影中体验剧情。

从中期来看，三维动画的制作和传统平面动画有了明显的区别。三维动画技术本质是由计算机生成的内部虚拟空间来进行创作的。计算机处理作为绘画的工具之外，还要运用其强大的计算能力"算"出结果。三维动画技术是人脑与计算机共同的产物，绘画的时候，透视和投影技术往往取决于经验和作者的主观性，而三维动画艺术的本质是还原一个真实的空间，在制作上因为透视和投影技术由人工到自动化的转移，大大提高了动画创作的效率。此外，物体的运动是遵循一定的运动规律的，如果由计算机通过计算来完成，就会使得运动更加自然而逼真，随着技术的不断革新，动作捕捉、三维扫描等新技术又为三维动画带来全新的突破。从后期合成输出来看，通常需要结合三维和二维技术来完成。至于选择哪一种手段，是动画创作者需要权衡的问题。这种权衡的依据就是看怎么样更快更好地表现动画。

从视觉表现形式上来看，平面动画源于手绘，线条和色彩都受到工作效率的制约。在工业生产的条件下，为了追求商业效率最大化，必然都是用最简洁的线条和少数的颜色来完成。而三维动画则完全不同，它可以表现华丽的、饱和而丰富的色彩，光影效果更是标准，三维技术还可以实现平面动画的效果。

总而言之，影视动画媒体艺术与传统美学认识和审美评价标准和方法不同。媒体艺术是一种"超越艺术的艺术"，其实质是对原有的传统观念的革新，是一种全新的艺术形态，在观念、表现内容、表现形式以及借助的艺术媒介等方面，都与传统艺术有着本质的区别，但它与其他门类的现代艺术存在密不可分的关联。

(二) 影视动画媒体技术应用

在三维技术和网络技术广泛应用的今天，动画作为技术、艺术及媒介语言更深地渗透于人们精神生活的方方面面。动画的娱乐性、传播性和模拟事物变化等功能，在医学、教育、军事、娱乐等诸多领域越来越广泛地发挥着它不可替代的作用。而且随着科技的高速发展和各种类型的动画形式的不断成熟，许多动画形式的实用短片，如广告、游戏、教学片等相继兴起，成为人们生活中的一部分，推动了社会经济和文化生活的发展。

1. 广告类影视动画制作

广告类影视动画制作篇幅较短，可以分为电视广告和电影广告两类。电视广告时间长度一般为5~30秒，电影广告一般为1~3分钟。这种短篇的制作形式给动画艺术家提供了一个展示才华的机会。他们将自己探索的新风格、技术语言及音效通过广告呈现给大众。在欧洲，动画从20世纪20年代开始为电影制作广告。这种动画有很高的艺术质量，同时影响了动画技术本身。电视动画广告片在拍摄阶段采用计算机扫描上色及合成音乐，最后做成播放带；电影动画广告片则是用底片拍摄，经冲印、拷贝（工作带）剪辑后，再结合光学声带，经过计算机处理，使整部影片的色调能够统一，冲印有声彩色B拷贝后就可以在电影院播出了。电影动画广告片虽然可以详细表达商品的内容，但因为制作费比较高，而观众数量有限，目前它的市场并不乐观。但也有大型企业以电影规格拍摄动画广告片，再利用计算机剪辑成电视播出版本，其目的是同时在电影及电视中播放。

电视动画广告片是目前很受厂商喜爱的一种商品的促销手法。它的特点是画面生动活泼，多次播放观众也不觉得厌烦，既有夸张、轻松的娱乐效果，又可以灵活地表达商品的特点，电视这种媒体放大了动画作为文化传播媒介的功能与作用。使用三维动画制作能够突出商品的特殊立体效果，可以吸引观众产生购买动机，达到推广产品的目的，目前使用这种方式制作广告的厂商很多。近几年来，很多高科技产品都是以三维动画结合实景明星的演出方式来推销商品，如计算机、手机、电视、药品等产品，一般来说效果都不错。电视动画广告片给观众的第一个印象是画面活泼、颜色鲜艳，一方面它可以很直接地把产品呈现在观众眼前，使观众印象深刻，并产生购买的欲望。但另一方面，好的动画片广告必须充分掌握商品的特色及市场的动向，表现手法要有创意及新鲜感才能打动观众的心。拍摄技法粗糙、画面凌乱、毫无创意的动画广告片，不但不会得到观众的喜爱，反而会遭到市场的淘汰。动画不仅为商业广告提供了产品展示、片头文字特效等，而且许多卡通形象由于那富有动感且十分可爱的亲和力而成为众多广告的代言者。

2. 知识普及类动画片制作

利用动画来传达环保、交通、教育等公益主题的影片，一般会涉及三个方面：一是在公益动画片制作过程中，应该以简洁明快的方式表达影片主题，如果能够配合创新的造型及动听的音乐或歌曲，就能加深观众的印象，引起共鸣，达到公共政策宣传的最大效果；二是在多媒体课件中，动画教育课件的应用既直观又生动，同时能有效调动学生的学习兴趣，动画语言可以生动形象地传授知识，从而达到较好的学习效果；三是在科研领域的运用，科研者为了实现"想象"中的抽象理论，对动画的模拟功能情有独钟。动画可以模拟物理、化学、医学等辅助进行科学实验，还可以创造性地还原自然界不易捕捉的现象，比如表现球的弹跳、水流的波动、台风的路线等。

3. 电子游戏类影视动画制作

电子游戏是通过电子设备，如计算机、游戏机、手机进行的一种娱乐方式，其在视觉上呈现为交互性动画。数字动画技术是电子游戏制作的重要手段，游戏中的动画内容的直接显示，又是动画交互技术本身，人们可以通过手柄、键盘甚至摄像头等光学输入设备实现交互，实现实时控制动画的效果。每个游戏在推广的时候也会做一个游戏短片动画，作为游戏的附属物，主要在游戏发行的前期上市，用以推广游戏的销售。这类游戏短片动画多采用先进的动画图像技术，作品虽短小，但场面宏大，制作精良，紧张刺激，画面极具冲击力，是受年轻一代关注的动画类型。网络多媒体、手机、平板计算机等电子产品的出现为动画应用提供了更多的展示平台，也充分体现了动画技术与时俱进的特性。越来越多的动画制作者选择 Flash 等比较简单的软件作为他们进入动画领域的工具。Flash 能够满足业余动画爱好者制作专业级动画的愿望，支持多种格式的多媒体文件置入，拥有强大的交互功能。这些都体现了动画平民化、普及化方面的优势。

4.影视特效类动画制作

电影与电视的特效制作使得动画的效果展现优势发挥到了极致，如爆炸、下雨、光效、撞车、变形、虚幻场景或者模拟超现实角色等动画特技的运用，使影片制作将不受环境、季节、危险等因素的影响。对现在的影视动画的制作来说，所有不切实际的、不存在的事物都可以通过计算机技术来实现，如《超人》在城市的高楼中自如穿梭飞跃等世界末日景象的表现。现阶段，很多的电视台也争相使用影视特效技术来革新节目的播放，创造虚拟的角色动画，制作近乎完美的栏目主持人、企业吉祥物等。通过采用先进的数码动画技术制作出的动画形象逼真且可以进行各种动作及形式的变换，将是未来影视媒体的新宠。

# 第六章　新媒体环境下的影视艺术

## 第一节　影视艺术的传播

### 一、影视艺术传播的科技分析

(一)数字化：影视艺术创作和传播的一场革命

在人类历史上，艺术形式不断发展，艺术的载体形式也不断变化。20世纪以前，纸质载体艺术、雕塑艺术、舞台艺术等占统治地位。进入20世纪以后，电影、广播、电视、唱片等电子视听艺术逐渐发展壮大，最后成为艺术载体形式的主流。自20世纪70年代开始，数字技术逐步与影视艺术联姻，数字技术在影视业中的应用越来越广泛，现在已经日趋成熟。随着数字技术的迅速发展以及应用领域的扩大，以数字技术为载体的影视艺术逐渐成为主流。数字化给影视艺术带来了深刻的变革。以数字技术、光纤技术和软件技术为基础的信息技术的发展，彻底革新了传统电视和电影传播技术，使电视和电影进入多功能、多层次的数字化时代，不仅为影视艺术的创作提供了广阔的天地，而且使影视艺术的传播如虎添翼。

模拟电视的本质是波形复制。模拟信号是由连续的电信号来表示声音和图像的变化。由于在处理信号和传输信号的过程中，难以避免失真和干扰因素，使得图像、声音质量不断下降。处理的环节越多，质量下降就越大。而且模拟电视8MMZ带宽只传输一套节目，资源耗费，对终端不可控，发送端不知道有多少个接收端，不知道接收质量，对接收端无法管理；模拟电视的节目内容不便于存储和检索。而数字技术电视的本质是信息再生。数字信号是由0和1两个数值表示图像和声音的变化。数字技术使影视传播抗干扰，质量损失小。只要恢复的信息没有出错，接收端就能准确地还原出和发送端一样质量的图像和声音。数字技术使影视传输效率大大提高，节省了资源。数字技术大大提高了传输、存储的速度和容量，特别是码率压缩技术的进步，极大地提高了传播的效率。数字技术使影视艺术更便于存储、检索和共享，可控到户，易于精确管理，提供个性化优质服务。数字化是一场技术革命，使影视艺术的传统创作方式、制作方式和传播方式都发生巨大变革，为影视艺术拓展了更广阔的发展空间。

1. 数字化为影视艺术制作提供了全新的手段

数字技术的应用涉及影视艺术制作生产的各个领域和阶段。在影视艺术制作的各个环节，数字技术为影视艺术提供了新的创作空间。数字技术的应用大大提高了影视艺术制作的速度、效率和灵活性，极大地丰富了影视艺术制作的手段，使影视艺术制作手段发生革命性变化。计算机能够以其独特的制作方式对音像进行加工处理，可以通过计算机对前期拍摄中的各种镜头进行修饰、加工、调整、合成等处理，从而实现创作者的创意。数字化能把真实人物与电脑数字影像巧妙结合，其部分特效画面依靠实景、模型、电子模型和特殊化妆来实现，部分镜头采用计算机软件制作，然后与实拍画面结合。

数字化给影视艺术制作所带来的革命性变化现在还仅仅是开始，今后还会有更大的意想不到的变化。这种制作上的数字化革命将直接影响到影视艺术创作、传播和接受，也将极大地影响影视艺术本体。

2. 数字化丰富了影视艺术表现手法

影视艺术是一种在时间域和空间域上同时展开，给人以欣赏快感的艺术。与戏剧、舞蹈等舞台艺术和绘画艺术等相比，影视艺术更给人以壮观的时空感受。这也是电影艺术的本质特点之一。而计算机生成的数字影像更是强化了影视艺术所具有的时空效果。数字化使影视艺术由记录现实、再现现实发展到创造现实、虚拟现实。数字技术无所不能的虚拟现实与仿真未来的能力为影视艺术创造了更加壮观的时空视觉效果。数字化更新了影视艺术语言，造就了新的影视时空。数字化更新了灯光照明、服装化妆、布景道具、色彩组合等重要的视觉表现元素，引领了新的叙事形式，呈现了新的观影欣赏方式。数字技术真切地传达人的情感和心灵感受，为导演的叙事增加了表现手段，能使故事更加饱满、更加生动。数字技术可以运用特效制造夸张的情节和超现实的视听效果，可以根据叙事需要，在四维时空中自由延伸、缩放和切换，冲破了传统影视叙事方式的时空局限，丰富了影视时空展示模式，给蒙太奇结构以新的含义。数字技术已经渗透到影视艺术作品风格的表现中，改变我们传统的影视审美价值标准。数字影像已使人类视觉艺术在经历了写真、拟真、创真的阶段后，达到了超真实的境界。数字技术催生了影视艺术的新式样。数字技术通过富于想象力和逼真的特技效果扩展影视的表现空间和表现能力，创造出奇特的视听奇观和虚拟现实。在影视创作中广泛采用三维动画、非线性编辑、数字合成技术、虚拟技术等各种数字技术，给观众带来了崭新的视听体验，也使影视艺术的性质、表现力和美学意义等传统影视艺术学理论受到历史性的挑战。

3. 数字化把影视艺术传播带入新时代

数字化正在迅速变革着影视艺术的载体形式和传输手段。数字化给影视艺术传播带来了一场深刻的革命，极大地提高了传播质量，拓展了传播的范围，增加了传播的容量，扩大了服务的领域。电影的发行和放映可以不再以机械的方式进行，它可以以比特流的形式通过光缆或卫星将一部影片直接传到各省市的各地区接收点，下载到硬盘后再拿到各地放映。现在用数字电影放映，不仅大大降低了成本，而且可以无限制地复制而不失真，从而大大提高了放映质量。电影的数字化传播不仅改变了电影的加工制作方式，而且改变了电影传播的经营模式，现在的数字电影可以直接从北京的电影公司发到各地的影院，不需要经过各省市县等多层次的行政化管理的公司，减少了许多中间环节，大大提高了传播效率和经营效益。数字电影减少许多中间复制、发行环节，全国几乎可以同时放映一部新电影，大大提高了时效性。数字化带来了大众视频消费时代，带来了观赏上的全新形式，也改变着观众的观影习惯。数字电视网络里可以装载海量的电影、电视剧和各种影视专题片，观众随时可以随心所欲地点播所需的影视节目。这种传播上的革命反过来影响着影视艺术的生产，人们可以针对不同的观众群生产不同的影视艺术作品。

(二) 顺应数字化、网络化潮流，推动影视艺术科技进步

科技进步为影视艺术创作插上想象的翅膀，为影视艺术传播插上飞翔的翅膀。媒介材料的属性对艺术创作和传播具有先天的决定作用。现代科技进步为影视艺术创作提供了新的表现手段，拓展了影视艺术传播的渠道，使观众的接收方式多样化、便捷化，这些都极大地影响着影视艺术的创作形式和美学形态。科学技术的发展给文艺的表达提供了前所未有的可能，自觉地推动影视科技进步，自觉推动现代科技在影视艺术创作、生产、传播和接收中的应用，即努力改造、提升影视艺术生产和传播的科技环境，从而推动影视艺术的进一步繁荣发展。

当前，影视艺术生产和传播正在数字化、网络化的道路上快速发展。数字化、网络化极大地改变着影视艺术传播的技术生态、市场生态和文化生态，也改变着影视艺术本体的演变和发展。

然而，在推动影视艺术生产、传播的数字化和网络化发展过程中也遇到了一些困难和问题，有线电视传播和网络影视传播的整合也受到了多种因素的制约。比如，受资金、设备等的制约，影视艺术制作正在走向数字化的旅途中，还没有完全实现数字化，以往百年来生产的经典影视作品也没有实现数字化转换，这也影响着影视艺术的数字化传播。就影视艺术业发展的内部因素而言，最主要的增长因素一是科技创新、二是艺术创新。加快科技在影视艺术业中的推广应用，不断加大影视艺术

业中的科技含量，是当前促进影视艺术业繁荣的关键因素之一。就当前来说，最主要的是要加快影视制作、生产、传输和接收各个环节的数字化进程，加快发展有线数字电视用户，拓宽互联网带宽，以建设"家庭宽带娱乐中心"为结合点，加快广电网络传播与互联网络传播一体化整合发展，从而进一步提升影视艺术传播的质和量，扩大影视艺术传播的面。

1. 积极推广以数字技术为重点的高新技术，推动影视艺术产业跨越式发展

目前，数字技术、网络技术、信息技术等科学技术的突飞猛进，使影视业发生着巨大变化，呈现出日新月异的发展态势。从非线性电视摄录编辑设备到卫星电视技术、有线数字电视技术、高清电视技术 JPTV 技术、家庭宽带娱乐中心技术等的发展，带来了整个影视业从制作方式到行业结构的变化，形成滚动型、螺旋形科技上升趋势。数字化、网络化对影视的功能性质、业务范围、组织结构、运行机制、管理模式、消费观念等各方面都造成了巨大的冲击，是影视业全面发展的强大推动力。影视艺术市场的较量很大程度上是高新技术推广应用水平的较量。没有高新技术的推广应用，就谈不上把影视艺术产业做强做大。数字化、网络化是当前影视艺术业面临的最好的发展机遇，也是影视艺术业实现跨越式发展的关键。要在影视艺术创作、生产、存储、检索、传输和接收等各个环节中积极推广应用高新技术，加快数字化进程。影视艺术的传播最终都会走向完全的数字化，必须在制作、生产和存储的源头抓好数字化。如逐步扩大数字电影的拍摄比例，加快原有胶片电影数字化转换进程，加快电视艺术作品拍摄、存储设备的数字化更新，等等。应大力推动"光纤入户"等技术、设备、网络的更新换代，为建设"家庭宽带娱乐中心"、实现影视艺术传播网络化创造良好的物质条件。总之，应该大力推进以数字技术为重点的高科技在影视艺术创作、生产、存储、检索、传播和接纳等环节的应用。这是增强影视艺术表现力、提高影视艺术水平的需要，也是发展高清晰影视节目，促进影视艺术的高质量传播、分众化传播、多样化传播和便捷化接收的需要。

2. 积极推进科技创新，推动影视科技和影视设备产业的跨越式发展

艺术创新是影视艺术作品的灵魂，没有艺术创新就没有真正的影视艺术。而科技创新是影视艺术创新和影视艺术传播效果提升的基础条件。长期以来，我国影视技术落后于西方发达国家，都是跟在西方发达国家的后面亦步亦趋。改革开放以来，我国影视业有了长足的发展，但影视技术、设备等仍是长期跟在他们后面跑。其结果，一是长期受制于人；二是长期影响影视艺术产业发展；三是长期制约影视设备产业的发展。我国的影视设备长期依赖日本、德国等发达国家，严重窒息了民族影视设备业的发展。一方面，要学习、追赶世界影视科技发展；另一方面，应有自主创新意识和赶超意识，加大科研投入，积极发展民族影视设备产业。改革开放多年

来的实践证明，核心技术是不可能通过引进解决的。

3. 正确把握影视艺术制作和传播设备更新的节奏

为了加快影视产业的发展，我们必须紧抓技术和设备的更新。首先，是要把握科技发展的大方向。技术设备更新必须正确把握科技发展的大趋势，否则设备技术更新后不久就可能惨遭淘汰。其次，是要注意适当的超前。现在影视科技发展迅速，技术、设备更新不断。我们不能一味步人家的后尘，而要在更新时适当超前。也就是说，要尽可能地运用最新的技术和设备进行更新。三是要注意把握节奏。影视技术、设备一经更新，就尽可能地多使用一段时间，不能一有新技术、新设备又急着更新。

## 二、影视艺术传播的文化分析

### (一) 影视艺术传播现代化与影视艺术大众化趋势

影视艺术从一开始就是大众文化、大众文艺。这是因为，影视媒介以其声画影像的直观性、生动性，最易被大众接受和欢迎。但影视艺术的大众化程度从来没有现在这么高，从来没有现在这么普及。这与影视艺术传播方式的现代化直接有关。

1. 影视艺术大众化主要特征

大众文化主要指有别于精英文化的以满足大众娱乐和消遣为主的消费文化，目前它主要通过影视、网络等大众传媒来传播。随着大众文化的兴盛和深度模式的消解，以深度、抽象、严肃为特征的精英文化逐步向平面直观的大众文化转型；以娱乐消遣、消费营利为目的的影视艺术日益成为大众文化的主体。随着影视艺术传播手段的现代化，影视艺术商业化趋势越来越明显，原有的高雅文化与通俗文化，甚至艺术与非艺术的界限趋于模糊。当下，文化越来越成为一种公众享受、消费的产品，大众文化也就是公共文化、消费文化。于是，以影视艺术为代表的通俗化走向，既加速了当代文化产业的迅速发展，又使当代审美文化的商品化趋势更加突显。

纵观影视艺术发展现状，其大众化趋势表现为以下几个主要特征：

一是"快餐式"影视艺术作品成为主流。大众影视艺术作品不像经典艺术作品那样，蕴涵着无穷无尽的符号意义，负载着与时俱进的社会本质和人生真谛，它仅仅作为一次性文化消费品满足大众娱乐消遣的需要，然后也许就可能被扔进文化垃圾箱。大众影视艺术作为一种文化商品，还可以更为贴切地比喻为"文化快餐"。大众文化的这一特点在影视艺术中表现得尤其明显，由于大众影视艺术不具有经典性，很难设想它能像经典影视艺术作品那样反复不断地被回味。大众影视艺术发展成为一种"快餐文化"，表明现代大众影视艺术在审美形态和审美内涵上已经与传统的经典影视艺术产生了质的区别。对于大众影视艺术来说，其心理机制就是使观众在新奇和欲望的表达、刺激过程中，得到自我安慰和自我满足。这种大众化艺术通过取消深度模式而消解了精英文化特有的启蒙意识，从而不再对社会和人生价值取向进行严肃的审视和深刻的探索。大众影视艺术作为一种快餐文化，实际上主要是一种无深度的平面化娱乐方式。由于它消解了作为文化精华的启蒙主题和意义深度，不再具有精英文化的沉重和焦虑，虽然也能给不同层次的观众带来愉悦，虽然不少作品也有其一定的主题思想和教化功能，但最主要的是一种游戏消遣或感官刺激。

二是"娱乐化"影视艺术作品成为主流。娱乐化已经成为当代世界普遍性的文化现象。广播电视娱乐性节目剧增；电视剧盛行戏说风；所谓的商业电影也明显地与所谓的艺术电影分道扬镳，越来越"娱乐化"；报纸明显地扩大了都市性、消闲性；网络游戏迅速兴盛；娱乐化正在向文化的各个领域渗透。

三是"类型化"影视艺术作品成为主流。大众化有其两大特点：一是数量庞大；二是注重共同属性。大众化使影视艺术完全纳入商业化运行轨道。为了迎合最大受众群的口味，保证最大限度的市场份额，影视艺术作品日益朝类型化方向发展。影视艺术大众化是导致影视风格类型化的重要原因。当前，无论从国内还是国外的影视艺术作品来看，类型化程度都已非常严重。

四是"英雄情结"和"明星效应"成为影视艺术审美的普遍现象。在当前影视艺术大众化的趋势中，影视作品往往通过表现英雄情结或超人情结，引起观众的兴趣。无论是哪种角色，都带有鲜明的英雄情结。他们往往具有卓越的智慧、胆魄、才干等英雄品格。即使是反映现代生活题材的大众影视艺术也往往蕴涵着浓厚的英雄情结，如教师、警察、医生等主人公，也往往具有英雄人物的人格力量和出色才能。而这些英雄情结正是大众理想的化身。

2. 影视艺术大众化简析

现在，理论界对于影视艺术大众化的负面评论多于正面评论，忧虑多于欣喜。不过，影视艺术大众化也有着非常重要的积极意义，对此也必须客观地评价和充分地肯定。大众化是影视艺术"与时俱进"的结果。大众化趋势使影视艺术更加贴近当代受众，更能为当代受众所接受，极大地普及了影视艺术，更多地满足了不断增强的当代受众欣赏影视艺术的审美需求和娱乐需求。影视艺术大众化促进了影视艺术的类型、样式、风格等的多样化发展，极大地丰富了影视艺术。大众化构成了影视艺术产业化发展的重要基础，大大促进了影视艺术的生产和传播，壮大了影视艺术产业。

人们最为担心的是由于艺术上的粗糙和审美价值取向不当的娱乐化，使大众化影视艺术走向低俗化、庸俗化。娱乐活动本是人类审美活动的一种形式，它可以愉悦身心，消除疲劳，给人以美感享受；但没有审美内涵的娱乐，却会消磨人的意志，使人远离崇高，出现审美麻木。

影视艺术大众化还带来一个意想不到的后果：主体性的消解。大众影视文化作为大众文化的主体，对受众形成了强大的冲击波。这种文化冲击集中体现在影视艺术所负载的大众文化对受众主体性的消解。生活在大众传播时代的受众，日益被大众影视文化所包围和同化。这些影视信息所传达的单一化、类型化文化思维，越来越使受众放弃自身的独立见解，认同影视蕴涵的大众文化。而这种大众文化实际上只是操纵影视传媒的文化商的经济利益的集中表达。

（二）影视艺术传播现代化与影视艺术审美取向多元化

影视艺术传播是艺术的传播，而非一般的新闻信息传播。影视传播方式的现代化，如数字有线电视网络的发展等，使影视艺术传播有可能迎合受众的多元化审美需求，而受众多元化的审美需求反过来又对影视艺术的原创、制作、传播者提出更新更高的审美上的多元化要求。

1.影视艺术审美取向多元化趋势

审美价值取向多元化已经成为当下审美文化的一种发展趋势和不争事实。大众文化、流行艺术等越来越呈开放型，越来越朝多元化、零散化方向发展，以至解构崇高、游戏人生、戏说历史等审美取向多元化现象已随处可见。现代高科技为影视艺术传播开辟了广阔的道路，从而为审美文化多元化提供了坚实的物质载体，极大地丰富、发展了审美的表达样式，先进技术为各门传统艺术带来了新的创作材料和创作方式，带来了远远超过以往审美文化的新的门类和体裁。现代高科技为影视艺术传播提供了许多崭新的渠道、方式和手段，满足受众不同层次、不同需求的审美形式。科技的发展和我国改革开放的政策，推动了跨地区、跨国界、跨文化的广泛文化交流，大量的海外影视艺术产品涌入，极大地丰富了影视文化市场，促进了影视审美文化的多样性，也催生着人们审美取向的多元化。"好莱坞"高技术背后的强势文化无疑已经影响着中国受众的审美价值观，西方各种影视审美观和审美评价体系直接对中国本土影视艺术及其审美流向形成了冲击。

当下审美文化发展的另一个明显特征是影视视听文化成为审美文化的主流。人们在精神文化生活的审美消费中，除了阅读和观赏传统的艺术门类外，更多的人将审美的眼光投向影视艺术、卡拉OK、电子游戏、广告艺术、时装模特表演等诸如此类的视听文化享乐上。视听文化是指以视听因素特别是影像因素为主导因素的文化。"视觉文化是指文化脱离了以语言为中心的理性主义形态，日益转向以形象为中心，特别是以影像为中心的感性主义形态。视觉文化不但标志着一种文化形态的转变和形成，而且意味着人类思维方式的一种转换。"与视听文化成为文化主流的实际相适应，形成了经由形象媒介特别是影像媒介为主的新的文化传播形态：视听文化传播。

随着影视制作技术和传播技术的不断进步，还诞生了许多新的艺术样式。电视剧就是电视科技发展的全新艺术样式。电视剧本身的类型逐渐丰富，演化出情爱片、武打片、战争片、侦探片、历史片等，种类繁多，风格各异。

这些不同门类、不同样式、不同题材、不同风格等的影视艺术作品，为人们提供了丰富的影视文化，满足了人们不同的审美情趣。审美取向日益多元化和视听文化成为审美文化主流的发展趋势，不断向影视业提出新的要求，也不断为影视业的发展提供新的空间。人们审美取向的多元化发展要求影视业提供尽可能丰富的审美文化品种，满足不同的审美文化需求。

2. 在审美取向多元化总趋势下，影视艺术呈现类型化倾向

一方面，随着影视传播手段和方式的多样化，影视文化传播越来越广泛，审美取向日趋多元化，影视视听文化日益成为审美文化主流。另一方面，在经济、文化全球化趋势的影响下，当前世界影视文化已经完全进入商业化运作轨道。改革开放中的中国影视文化既受全球影视业商业化的影响，也受国内改革，特别是业内改革的影响，也越来越商业化。商业化一方面为影视业的快速发展提供了内在的不竭动力，为影视艺术生产的多样化提供了动力源，促进了影视艺术产品的多元化发展；但另一方面，主要以利润为中心的影视业又呈现出抑制影视文化多样化发展的类型化倾向。在影视审美取向多元化的总体发展趋势下，受制于收视率、票房收入的影视文化又呈现出类型化等不良倾向。这又在一定程度上阻碍影视艺术的多样化发展，特别是阻碍影视高雅艺术的发展，抑制着影视艺术的质量提升和多样化繁荣，影响着影视文化的社会功能的健康发挥。

观众审美取向的多样性决定了影视艺术生产的多样化。这既是大众审美文化丰富性的要求，也是影视作为一种艺术审美形态的要求。艺术的审美价值首先在于鲜明生动的个性化。影视艺术作为一种审美形态，只有具备鲜明独特的个性特征，才能获得真正的美学价值。那些真正称得上经典的影视艺术作品都是独特的、个性化的，而不是格式化的。然而，影视艺术的商业化、市场化要求一切影视艺术作品将收视率、票房收入作为影视艺术生产的标准和追求目标；为了逃避市场竞争风险，影视艺术的生产商和经销商往往会推出大量类型化的节目，以保证商业利益。影视艺术的市场实践证明，只有满足数量最大的一类受众群的需求，才能获得最大的收视率和经济效益。类型化的影视艺术作品可以有效地避免创新所致的商业风险，避开文化市场竞争中的不利因素。影视艺术的形式创新和内容创新都意味着承担很大

的风险,所以不少影视艺术作品倾向于模仿过去的成功作品,以保证收视率和经济效益。这使得影视制片人反复雇佣票房收入和收视率高的导演,反复使用相似的主题和题材,使得影视艺术的创作类型逐渐趋于中心化。正因为此,好莱坞生产的电影几乎完全按照若干成功作品模式进行类型化制作,并扩展成一种全球性的影视生产模式。好莱坞最常见、最基本的模式是:英雄人物以超然于世的个人奋斗去获得友情、爱情和崇敬。这个模式不知被套用了多少遍。

3. 审美取向多元化发展的利弊分析

借助现代科技进步,影视艺术传播发展迅猛,从而促进了影视艺术审美取向的多元化发展,进而促进了我国影视艺术业的发展:一是极大地丰富了影视艺术的种类和样式,促进了影视艺术的空前繁荣;二是促进了京剧、越剧、相声、歌舞等传统艺术的广泛传播,使其在现代化条件下获得了新生;三是相应地促进了影视艺术的创作、生产和传播,推动了影视产业的不断壮大;四是从各个层面满足了广大受众审美取向多元化的需求。

但这也带来一些新问题。如影视艺术在多元化发展的同时,也日趋商业化,而影视艺术的商业化趋势又使影视艺术趋向新的类型化。在商业利益的诱惑下,性与暴力在当今影视艺术作品中频频联袂登场。不容忽视的是,性与暴力展现的内容与包装的形式也越来越层出不穷。

### 三、中国影视艺术在产业化进程中的对策与出路

面对生存和发展的严峻形势,中国影视艺术一方面要加快产业化发展步伐,努力做大做强,实现影视艺术产销两旺、持续繁荣;另一方面,又要坚守民族文化精神,弘扬普世人文精神,坚持崇高的艺术追求,引导受众的审美情趣。

发展影视艺术产业,既要发挥市场对影视艺术资源的合理配置的杠杆作用,又要清醒地认识到市场并不能解决影视艺术发展的一切问题,因为文化产业中的"市场失灵"问题可能比其他经济领域更为严重;既要遵循市场经济的一般规律,又要尊重影视艺术发展的特性和内在规律,做到市场调节与政府调控有机结合,使影视艺术产业的发展最大限度地满足人民群众的精神文化需要,并为人的全面自由发展创造条件。

发展影视艺术产业,要有强大的动力机制。就目前我国影视艺术产业现状来看,改革推动力、科技促进力、人才创造力、艺术创新力、商业运作力、政府调控力是构成影视艺术产业化发展的主要动力源。也就是说,影视艺术产业化发展,一要靠改革推动,二要靠科技促进,三要靠人才集聚,四要靠艺术创新,五要靠商业运作,六要靠政府调控。

改革是影视艺术产业活力的源泉，贯穿于影视艺术产业发展的各个方面。改革出机制，改革出人才，改革出活力，改革出创新力，改革出行政力。通过改革，可以建立影视艺术创作、生产和传播的市场化运作机制，可以营造有利于影视艺术人才成长、冒尖和施展才干的环境，可以促进影视艺术精品的生产、流通和消费，可以提高政府机关的监控能力和服务能力。

### （一）建立、完善面向市场的运作机制

以数字化为代表的高新技术浪潮迅速改变着影视艺术的生产方式和传播方式，使影视艺术生产、传播主体必须按照社会化大生产的规律进行结构调整、资源重组、合理分工，制作、播出、传输、分配各个环节和用户连接成为一个整体，形成联系紧密的服务系统和产业链，传统的影视艺术经营机制已经不能适应这种变化，必须建立适应高科技条件下影视艺术产业链的新经营机制，保证各个环节权责分明、利益明晰，保持公正、公平、规范的运行秩序。

我国传统影视艺术管理主要着眼于政治功能和事业功能，很少考虑产业经营问题。而在当前市场经济环境下，这种经营管理方式受到严重冲击和挑战，影视艺术生产、传播主体不得不考虑它们的产业功能。经营创收已成为影视艺术业的重要任务。道理很简单，只有抓好产业经营、市场开发，不断增强经济实力，才能为事业发展打下雄厚的物质基础，才能在激烈的竞争中立足生存和快速发展。

市场化运作机制是人类社会至今最有效的资源配置机制，它调节各种生产要素的合理流通和配置，对资本资源、人才资源等生产要素的流通和配置起基础性调节作用。可以说，市场化运作机制是人尽其才、物尽其用的机制。建立市场化运作机制，能够调动社会各方面的积极性，吸收各种社会资本，投入影视艺术创作、生产和传播，从而促进影视艺术产业的跨越式发展。

建立市场化运作机制，不光有利于影视艺术产业主体的做强做大，而且对影视艺术本体也会产生重大积极作用。比如，有利于影视艺术作品的"三贴近"。这是因为，建立市场运作机制，就是面向市场，按市场需求来决定影视艺术产品的创作、生产和传播。从总体上讲，所谓市场需求，就是人民大众的精神文化需求。在市场经济的语境里，所有经济运行主体都必须了解市场、掌握市场，有道是"顾客就是上帝"。对于影视艺术产业的运行主体来说，了解、掌握"消费者偏好"，就是了解、掌握群众对影视艺术的真正的需求。市场化运作机制的本质是以"赢利"为主要目标，这在客观上要求运行主体以大众需求为导向，真正贴近大众生活，迎合大众欣赏习惯。这在客观上也是对那种一味迎合领导口味的行为或"权力审美""政治审美"现象的否定。

### (二)建立、完善充满活力的创新机制

在电影艺术生产主体很少、作品很少的情况下,你生产什么影片,影院就放什么影片,观众就得看什么影片。在电视剧刚兴起的20世纪80年代,你拍什么电视剧,电视台就得播放什么电视剧,观众就得看什么电视剧。那时影视艺术的生产主体比较少,影视艺术作品比较少,电影放映主体和电视剧播放主体以及观众都没有多大的选择权。

在"短缺经济"时代,影视艺术生产完全处于"卖方市场"。虽然由于当时的电影放映院线和电视台等影视艺术传播机构都是国营事业单位,计划经济时代的种种束缚使得影视艺术市场发育很不充分,影视艺术生产的回报也不是很高,但影视剧生产几乎是没有什么风险的,只要你有影视艺术生产、传播的投资机会(当时建一个电影制片厂要报国务院审批,影视艺术生产、传播的主体资格是非常严的,因而影视艺术生产、传播的"机会"只有那些为数不多的政府特许的单位享有),一般都能赚钱。现在的情况有了很大变化。现代传媒科技的发展,使得影视艺术创作、生产的效率大大提高,使影视艺术传播渠道越来越多样、越来越便捷,传播质量也越来越高。这与过去市场短缺严重、缺乏竞争对手、消费者不成熟的情况相比,现在的单个项目投资总量大大扩大,投资风险增大,相应的回报也更高。影视艺术产品的生产不再有20世纪80年代那样的机遇了。在"深度机会"时代,影视艺术制作业、传播业主体的发展要依靠自身的能力去发现、开拓和利用机会。而要依靠自身能力去发现、开拓和利用机会,最重要的是要具有创新的活力,没有创新的活力就没有竞争力。

影视艺术产业其实包括影视艺术内容产业、制作产业、传播产业、后影视产业、影视艺术设备产业等,其核心产业是内容产业。内容产业是创意产业,或者叫创造力产业。影视艺术产业可以分解为创作、生产、集成与流通、消费等各个环节,也可以说是各个产业。影视艺术产业的创新包括制作生产技术创新、传播渠道创新、传播方式创新,也包括经营模式创新等。不过,其核心还是影视艺术的内容创新。内容创新包括影视艺术表现手法创新、艺术作品题材创新、作品思想内涵创新等。影视艺术产业的发展,最重要的就是要形成内容创新的有效机制。内容创新是主体,是所有创新的集中体现。科技推动力、人才创造力等都集中体现在影视艺术的内容创新力上。

影视艺术创新的关键是创作、生产和传播思想性、艺术性兼备的影视艺术精品力作。以"创品牌,出精品"为重点的精品工程是影视艺术产业发展的关键。影视艺术优秀品牌和精品力作是影视文化的核心和灵魂,代表着时代和民族的文化水准

和精神境界。"品牌效应"在任何经济领域都是非常重要的。名导演、名演员、名制作公司在影视艺术产业发展中有着举足轻重的作用。

## 第二节　新媒体背景下影视艺术现象

### 一、影视文化传播新平台

新媒体媒介形式的不断多样化很大程度上影响和改变了人们的生活方式和生活空间，并使原有的传播方式、商业模式等不断地发生转变。同时，无论是政治、经济、文化、社会还是道德方面，都在新的媒体媒介形式的强烈作用下，发生着全方位的变革。近年来，随着手机功能的增加以及移动互联通信技术的发展，以手机移动媒体为代表的新媒体充当起了高速推进大众文化传播的先锋力量。人们手中的移动电话已经不仅仅拥有通讯和单一的上网功能，如今，用户已经可以用手机收看电视，观看专门为手机用户提供的微电影作品等。新媒体的发展打破了影视文化原有的传播形态。那么，怎样适应这样的时代背景，在利用新媒体实现盈利模式的同时，更加关注到影视文化在新媒体平台上的传播，便成为我们值得思考的问题。

影视文化泛指以电影、电视方式所进行的全部文化创造，即体现为电影、电视全部的存在形态。影视文化传播是将影视看作一种文化，使用传播学的方法将这种文化进行有效的传播，倡导将健康的影视文化有效传播给观众，从而构建观众与电影制作者的良性沟通与互动，是沟通电影制作者与电影受众的重要桥梁。

以5G手机为代表的新媒体时代的到来超越了传统意义上的大众文化消费阶段，它所搭建的信息平台使人类进入了一个新的文化传播时代，各种文化以立体的符号形式存在，为大众提供了分享不同层次影视文化的机会。同时，手机媒体所拥有的非中心化、平台化、多元互动化等特点使得大众的话语权得以回归，拥有了"互动对话"的平台，为影视文化传播营造了一个双向传播的空间。

手机电影是影视文化传播在手机媒体平台上实现的一个具体形式。它作为新媒体时代影视文化传播的新势力，也是一个非常典型的元素。手机电影将更多地承担起影视文化传播的重任。

当然，每个新鲜事物有其独有的优越性，同时也因快速的发展产生一些弊端。探求影视文化在手机媒体平台上传播的新途径，要结合好影视文化传播以及手机媒体平台各自的传播特点，充分利用其传播优势的同时，分析避免手机媒体平台的一些缺点，才能更好地达到影视文化传播的目的。

从影视文化传播的特点来看，有五个方面的文化特征，即群众性、时代性、民族性、国际性、商业性。其中，群众性、时代性与手机媒体的传播特征不谋而合，而商业性也是手机媒体传播中所追求的重要目标。同时，体现影视文化的民族性，使其展现出国际性的魅力，也可在手机媒体传播中得以实现。

另一方面，从手机媒体传播在现阶段具有的优势和缺陷来看，首先是手机媒体传播具有互动性的特点，用户通过对手机的使用，从手机上获得信息，又可以通过手机反馈新的接收效果，以及提供自己个人拥有的相关资源。影视文化传播要求的群众性根基在此得以体现。

在移动互联技术的发展支持下，手机媒体传播还具有信息量大的特点。信息的来源面很广，这满足了受众对信息的渴求，但也导致一定的负面效果。基于信息量大的这个特点，满足了不同来源、不同内容或不同形式的多种影视作品被上传到传播平台上来，使得观众观赏到了更加丰富、更具融汇性的影视资源，有助于影视文化的传播。同时，手机媒体依托技术优势，在传播上拥有了形式多样化的特点。用户可以在线观看或下载观看平台上提供的影视作品，也可以自己上传视频与他人分享，这就打破了以往影视作品仅仅依托电视或影院的单向传播方式。更重要的是，这样的形式使观众的观赏变成了"随时随地"，受众只要拥有手机，便可以在任何时间任何地点使用手机媒体欣赏影视作品。

当然，手机媒体由于其传播技术和手段的独特性，也产生了一些缺点。

手机媒体所提供的信息量很庞大，信息来源广，这也导致垃圾信息的成分较多。在影视作品方面，平台上所呈现的不一定都是较成熟或优秀的作品，也掺杂了一些非主流的影片资源。又由于手机媒体中信息的进入门槛较低，导致很多信息的不可靠。同时，在快速发展的过程中，手机媒体对信息的筛选功能还未创建成熟。来自各方面、各种形式的信息融汇到一起，把关的缺失导致信息内容较为复杂。

手机媒体传播的这些缺点影响到了它所承载的文化传播的使命。这一点从现在的"泛文化"现象中就可以看出。泛文化，在此可理解为创作的作品或从事的传播活动的内涵、形式或意义都被生硬地贴上文化的标签，从而使广义的文化走向更加庸俗甚至恶俗。

手机媒体平台上所呈现的影视资源，是来自经营者经过挑选之后呈现到上面的影视作品，同时更多的是没有经过筛选的来自各方提供的所谓的影视资源，而其中便包括了大量的伪电影、伪纪录片，即将普通的随意的视频混淆到电影艺术之中，视频、录像变成了"泛电影"，严重影响到了影视文化的品质和地位。

门槛低、把关缺失正是容易导致在新媒体传播中促成泛文化现象的危险元素。面对这种文化传播危机，在手机媒体的发展中，更加不能一味地追求商业利益。如果只看眼前利益而不关注文化发展，必然导致新媒体发展走向文化缺失。这种恶性循环不但影响了影视文化的良性传播，同样也会影响新媒体发展的远期利益。

通过对手机媒体的传播形式进行分析，并结合影视文化的传播特点，便可以依托这些关键问题来帮助影视文化利用好以手机媒体为代表的新媒体传播平台来更好地实现传播效果。同时，要利用好手机媒体中产生的新鲜事物，使其更好地承担传播影视文化的任务。

以手机电影为例，手机电影是影视文化传播的新形式，是传统艺术传播与时代发展结合的新产物，手机电影也拥有它自身的艺术与技术特征。

手机电影的影片长度一般在3到5分钟，当然，有的会分很多集，每集很短，但仍然成为电影而不是短片或电视剧，因为它使用胶片拍摄，而且和电影一样，遵循故事的完整性。这种新颖的形态必然会促成更多对影视创作感兴趣的创作者的创作热情，对于创作成本和耗时有了一定的让步，让影视艺术的门槛有所降低。同时，这种新颖的呈现形式也会更好地激起受众的观赏兴趣。

在接收方式方面，手机电影具有随时观赏的便携式特点。通过手机的在线观看或下载观看，影视作品的传播得以更加方便随意，具有乐趣。虽然一定程度上分流了影院的观众，但从长远上看，它不但没有分流观众，反而吸引了更多的观众。观众能以更丰富的形式接受影视文化，利于影视文化的传播。

手机电影具有电影的商业意识，不盲目追求商业利益，但很好的盈利模式是文化传播的坚实后盾，影视作品的创作需要资金的投入，将优秀的影视作品投放到手机电影平台上，用户通过付费观看和下载回馈商业利益，创作者将收益再投入新的作品创作之中，这样的良性循环是媒体发展和文化传播得以发展的保障。所以，只要努力保证影视创作的品质，便可以赢得商业利益，而这个利益是长远的、可持续的。反之，如果只关注盈利而忽视创作品质，虽然可以迅速获得收益，但对于长期发展却非常不利。

可见，传媒人所要关注的，不仅仅是手机媒体的盈利问题，更重要的是影视文化传播效应。手机电影进入市场，依靠影片本身盈利并不是手机电影投资的最终目的，手机电影制作的最终目的应是通过新媒体实现电影短片的后产品开发，使影视文化实现更加全方位的传播，形成更多种的传播途径。

由此，影视文化要想在手机媒体时代更好地传播，要求媒体人和电影人都要遵循一个原则，总结起来就是一句话：关注长远利益，形成良性空间。

我们欣喜地看到，新媒体平台上活跃的影视元素之微电影的发展空间越来越大，许多优秀的微电影作品层出不穷，投资力度越来越大，制作团队越来越专业；一些关注微电影作品的微电影节也不断成立，鼓励微电影的创作。微电影的发展空间越来越大,这必然使得更多更优秀的微电影作品被搬上手机媒体的平台,更加健康的影视文化得以面向手机媒体的广大用户。这样的良性空间既有利于手机媒体的长足发展,也使得影视文化在这一新兴领域中获得更好的传播。

我们发现,无论是分析以手机媒体为代表的新媒体的发展前景,还是关注影视文化传播的未来,两者总是互相影响、互相依赖的。影视文化依托手机媒体这一传播方式而存在,而影视文化又铸就了手机媒体传播的社会价值。这样的思考意义就在于此。

### 二、影响、网络与大众

随着互联网的广泛引用、网络数字技术的支撑和其共享平台的不断完善,网络电影已逐渐开启了今日中国电影的"新主流"。

(一) 网络媒介与"新媒体电影"的兴起

相对于传统的影院放映、录像带和影碟播放模式,"新媒体电影"无疑是一种开放的新型电影形式。它以有线或无线网络为主要传播载体,电脑、手机等载体为主要接收终端,同时兼容电视等传统传播媒体,它面向的是广泛的视频观看人群。

1. 内因:媒介的转向

"新媒体电影"产生和发展的大环境是信息时代,互联网作为人类传媒的重要手段,为网络电影提供了广阔的生存空间。特别是5G技术的革新和发展,更是推动了手机电影模式的发展。因此,在众多新媒体形式中,互联网和手机成为新媒体电影两大主要传播媒介或载体。此种可以随时进行下载、观看的观影模式具有不受时间、版次、地域限制的优越性,非常符合现代人快节奏的生活娱乐方式,越来越多的影迷开始选择网络和手机作为第一观影渠道,自然地推动了"新媒体"的蓬勃发展。

互联网平台的搭建催生了新媒体电影的产生。相对于传统的电影放映方式,新媒体电影弥补了传统影院电影时空限制的局限性,并且通过上传个人原创作品,参与共享和评论等方式大大增强了电影受众的参与性和互动性,这无疑是电影这一艺术形式与现代科技的一种完美结合。

此外,现代移动通信技术,尤其是5G技术的发展,为新媒体电影的发展提供了有力的技术支撑。手机是现代人生活中必不可少的通信工具,同时,它也被赋予"新媒体"的概念,被业内人士称作除报刊、广播、电视、网络之外的第五媒体。得益于4G/5G技术的不断发展,手机用户可以通过移动互联网更加快捷和方便地观看电影。这不仅拓展了互联网和手机的传播、互动功能,也为"新媒体电影"产业的发展提供了更加广阔的空间。

2. 外因：市场的需求

时代的变迁和发展决定了与其相应的文化形态也将随之不断演化和进行。电影作为一门可以容纳文学戏剧、摄影、绘画、音乐、舞蹈、文字、雕塑、建筑等多种艺术的综合艺术也必然与时代特性相符合。从早期的无声电影到后来的有声电影，再到现在的3D电影，归根结底，影像的形态变化取决于科学技术的发展和市场需求，而其市场某种意义上则是由观众决定的。

随着科技的发展和革新，今天，除了电视等传统媒体，网络、手机等新兴媒体已经深入现代人的日常生活中。相较于走进影院观看电影和通过电视机观看节目的传统形式，越来越多的人倾向于以电脑、手机等新媒体为载体随时随地享受网络世界的乐趣。因此，新媒体的受众具有无限宽广性。作为具有清晰市场意识的电影生产者和投资者，自然会察觉到这一市场趋势，并顺应时代潮流，积极争取观众和扩大市场，从而也推动了新媒体电影的发展，使这种新型电影模式和现代人的生活方式更好地结合。

换一个角度看，传统院线电影更多的是令观众"被动"地接受，制作完整的影片，通过影院和电视屏幕直接作用于受众的视听感官，使观众接受已成形的影片信息，而公众意见的表达却受到了制约。当今社会越来越注重人的"个性化"，电影观众不再仅仅满足于根据影院的放映安排和计划观看电影，而要根据自己的喜好选择性地观赏不同主题的电影，并通过共享平台对影片加以评论和同其他用户进行交流。新媒体电影的出现恰好满足了电影观众的这些内在需求。

（二）多元与互动："新媒体电影"的特征

1. 题材的多元性与传播途径的多样化

传统的电影放映模式依托于复杂的制作发行方式，具有投入资本高且入行门槛高的特点。影院电影的成功度很大程度上取决于观众的上座率，但一部定时定点的电影要同时符合不同年龄层、不同职业类型和不同兴趣爱好的大众口味是相当困难的，因而传统电影投资商必须承受巨大的风险。与之相反，"新媒体电影"则多以类型片为主，内容题材多元化，片长可为短短的几分钟也可以长达几小时，其形式的灵活性和内容的大众化无疑更符合现代人追求个性的潮流，也充分体现了电影趋于个性化的人文关怀。

在发行方式上，"新媒体电影"既打破了传统电影只能在特定放映时间通过影院和电视观看的限制，也打破了一般网络视频以网站作为播放平台的局限性。借助于传统媒体、网络媒体、手机终端等各种传播平台，"新媒体电影"实现了发行渠道的多样化。在新媒体层出不穷的今天，受众可根据方便性和个人喜好自主选择电影的放映形式，从而成为电影的享受者。跳出传统电影播放的时空限制，通过方便易携带的新媒体观影，适应于现代人节奏快、流动性大的生活特点，让观众获得了更多的观影自由，这也使得新媒体电影能够更加轻松地渗透进日常生活中。同时，基于新媒体的互动性，通过分享、转发、参与评论等方式，每一位观众都可能成为下一次电影传播的中转点，这使得新媒体电影拥有潜在的巨大市场和不断扩大的观众群。

2. 专业性、规范性及观赏性

传统的网络视频绝大多数为网友个人制作，各部作品相互独立存在，形式多种多样，有根据已成电影剪辑拼接而成的视频短片，也有自编自导的原创视频。其内容零散且多带有"自娱自乐"的性质，并未形成统一规范的制作机制，质量也是参差不齐，因而缺乏长远影响力，多为"昙花一现"。

与之不同，"新媒体电影"则在采用网络原创视频的创意的基础上，结合传统电影的制作方式和先进的新媒体内容传播模式，吸引知名院线导演参与电影制作，同时为网络新锐制作人提供创作平台，并且运用专业的制作手段和多元化的传播渠道，大幅度地提升了新媒体电影内容的社会影响力。因此，具有一定的专业规范及观赏价值。

3. 参与、介入与互动

电影是记录生活、表达观点的一种现代媒介。随着其制作形式的日趋多样化，观众不再满足于纯粹体现导演个人艺术观念的作品，或者以网友个人娱乐为出发点的自制影片。他们更多的希望可以通过相对简易的手段有机会亲自涉足电影的生产制作过程，甚至是亲自参与表演。"新媒体电影"的出现实现了电影制作过程与大众间良好的互动，它不仅为新锐导演提供了低门槛的创作平台，也让电影观众从单纯的"受众"变成了主动的参与者。

除了在电影制作过程中的参与，新媒体电影观众的参与性还体现在对电影效果的评判上。各大视频网站和手机影院等媒体通常会定期更新电影排行榜或者举办网络电影节，影片的播放率和下载量是最终结果的评判依据，即观众拥有绝大部分的决定权。如此一来，观众与网站间形成了合作关系，既加深了观众与媒体间的互动关系，也进一步强化了电影观众的参与意识。

### 三、新媒体语境下的电影营销

(一) 新媒体的发展对电影营销的影响

自古以来，人类一直都在不断探索现实世界的未解奥秘。人类的文明发展史正是在与现实的博弈中书写而成的。

在新媒体硬件环境逐步发展的同时,电影的观念也在不断发展完善。电影在模拟人类的试听感知经验,运用摄影机和录音机书写生命体验与人文情怀。尽管电影发展了一百多年,有关"电影是什么"的问题一直都没有一个统一的定论。但我们可以看到,在当代,即便是文艺气息浓厚的欧洲艺术电影,也是《再见列宁》和《窃听风暴》这样的叙事节奏和影像外观,而不再是几十年以前的《野草莓》和《去年在马里昂巴德》了。这表明电影的叙事节奏和视听传达正在往高效率和快节奏上发展。即便是艺术电影中,也要充满高效的信息传达。对于中国电影来讲,当下已进入了产业化语境,正式确立电影转变为大众文化娱乐产品。在这样的文化语境下,电影这种媒介除了给人们提供感知、思考和知觉世界的方式外,还被赋予了同受众产生互动,从而展现当代"普世价值"与情怀的时代使命。营销变成了实现价值的终极手段。

相较于传统电影,新媒体影像的门槛较低。它拥有制作周期短、容易操作、无票房回收压力、成本低、时效性强等优点。在新媒体的发展下,当代电影的"银幕"概念也在悄然发生变化。现在的银幕已经超越了传统影院银幕的意义。手机、移动电视、平板电脑都是新的银幕。由此可见,"银幕"的数量是无法计算的,并且这个数字每天还在以飞快的速度增长。调整运营思路,了解这些银幕背后的受众与他们的消费能力与审美需求,是新媒体语境下电影工作者的一种新思路。新媒体电影便于运用新媒体技术与网络推广到广大受众之间。电影的未来营销方向可以以新媒体的特性为支点,发展出思路独特的新媒体电影。

因此,新媒体影像有巨大的市场潜力。除了传统营销外,电影应当将更多目光聚焦在新媒体的技术平台上,发展新媒体电影市场。是否能抓住新媒体上的广大受众,将决定当代电影营销的未来方向。

(二) 微博与当代电影营销的互动

微博是一个崭新的媒介平台,一种新的营销手段。电影是一项文化创意产业。微博的特质对电影的话题制造和商业炒作提供了绝佳契机。在一部电影上映前,通过微博制造影片话题,往往会对电影的营销造成巨大影响。

微博营销给电影市场带来巨大的发展潜力。如果能够找到微博与电影的内在契合点,微博将在与电影的互动营销中发挥巨大的作用。微博与当代电影的内在契合点究竟有哪些呢?

第一,是大众性。从大众性的要求上来讲,微博与当代电影的要旨不谋而合。从电影诞生初期的杂耍,到被指认为第七艺术,到精英化的艺术片,发展为现在的文化创意产品。电影发展经历了美学理念的变革。在当代中国，电影的大众性是最基本的要求。只有契合大众心灵的作品，才能够获得大众认同与归属，赢得票房与口碑的双赢。

第二，当代电影需要和微博一样拥有高强度、快节奏的叙事特征。微博具有140字的信息传播限制。而电影通常拥有100分钟的观影时长限制。微博靠的是140字的字字珠玑，电影靠的是100分钟内的运筹帷幄——微博和电影都是处理信息的艺术。微博140字以内的叙事形式促成了微小说的繁荣。好的微小说，在140字之间斟酌处理信息与意蕴，每个字凝练有神，结尾峰回路转，柳暗花明，往往写出许多故事之外的情调，写出了弦外之音。这类微博以惊人的速度传遍大洋彼岸，红遍了网络世界。微博的火爆在于它契合了当代高效率的生活节奏和生活方式。在这样的节奏下，当代电影也需要保持一种快速、高效的叙事节奏。当代电影需要从这类微博上汲取营养，以浓缩的信息密度，去提炼出符合当代人情感的故事情节，击中观众的心灵。相较之下，另一类带有明显碎片化特质的微博由于其信息量低，无表意功能，往往一经出现便淹没在茫茫的微博大海中。

第三，微博和电影都指涉某种程度的真实。微博用网络的虚拟世界指涉现实世界的真实。而电影则通过银幕上的光影世界来与现实不断产生互文关系。这种真实性便是现实意义。微博之所以火爆，在于它每天的信息都与此刻的现实息息相关，这种即时性的现实意义是任何一种媒介平台无法比拟的。同样，对电影来讲，纵使是类型片也要和当代社会，和当代人发生交集，描述一个带有现实质感的故事。

因此，对于当代的中国电影来讲，最重要的东西便是口碑。只有做好电影，获得口碑，才能树立观众的信心，取得影响。微博是一种熟客媒介。熟人之间通过微博互相传递信息。每个熟人圈子中的人再将信息扩散开，从而形成核裂变式的传播效能。微博在当代电影中的营销方法有很多：可以在电影公映之前，让大众了解电影相关动态，吸引大众的关注，从而更好地进行电影的宣传和营销；也可以在电影公映期间通过微博宣传电影相关活动的方式，保持网友粉丝的关注度，随之影响影片的口碑。

此外，在一部电影上映前，可以通过微博对观众的舆论进行分析，看出观众的兴趣点与喜好点。"让所有人喜爱是一种恶习"，但以大部分人的口味为目标，是主流商业电影的必由之路。中国电影的观众需要培养，但不是一朝一夕便可改变的局面。目前需要对症下药，先获得观众市场，找对市场，满足观众的审美需求，在此基础上再一步步地改变审美需求。

另外，将电影的预告片提前剪辑好，发布在网络上，以微博为平台，在影片上映前赚足观众的人气，也不失为一种优秀的前期宣传方式。当代中国许多院线电影的成功已经给了当代电影一个启示,那就是,新媒体电影是未来的发展方向,微博将是电影营销的重要阵地。

## 第三节 中国影视新媒体的发展

### 一、中国新媒体产业受众及需求分析

与传统媒体一样,新媒体的发展也离不开其受众群的培养和供需关系的作用。在受众群和供需关系方面,新媒体又有其不同于传统媒体的特点。对此,我们做初步分析。

(一)中国新媒体崛起下的价值观

新媒体也是媒体的一种,具有媒体的基本属性。在受众研究领域,归属于大众传播学的受众研究范畴。因此,除研究受众接受和反馈信息的规律之外,研究受众与传播媒介以及社会三方之间的相互关系也是必要的。在新媒体领域,这三方面即为新媒体受众、新媒体媒介以及新媒体价值观。

正如媒体是一个社会文化的映射一样,新媒体受众的产生和发展离不开整个新媒体产业的价值观取向。新媒体产业整体的价值观取向奠定其本身的受众和其受众的需求构成。同时,受众的需求也会反过来作用于新媒体的价值观。最终,新媒体会趋向于满足差异化需求而塑造自己全新的传播方式。新媒体受众、新媒体媒介及新媒体价值观,三个方面互为影响,而这三方面之间的相互作用也决定了新媒体的受众人群和需求结构。新媒体价值观和受众需求之间是如何相互作用的呢?在一定的程度上,这两者之间就是一种协商。主要体现在以下两个方面:

一方面,新媒体价值观将对当代受众产生深远影响。

新媒体相较于传统媒体,更多地依靠现代科技,并且改变了传统媒体的传播状态——从大众传播到人际传播、所有人对所有人的传播。传统媒体中,内容的生产者决定主题,收集事实,然后编辑成新闻等内容,以报纸或电视节目的形式传播给大众。而大多数的非内容生产者,不仅是普通的老百姓,甚至生产部门的非编辑人员也不能进行大众传播。与此不同的是,新媒体的传播方式与社会生活、人民群众息息相关。依托于现代科技——数字技术、互联网技术、移动通信技术等的完善与普及,每个人都成为新媒体时代的内容生产者。由于技术便捷、多元的优势,普通人的内容生产不仅是集文字、声音、图像、视频于一体的"多媒体",也是融报纸、

广播、电视等传统媒体于一身的"全媒体"。它相较于传统媒体，有着"去中心化"、草根化、个性化、即时性、互动性、跨文化性、族群化等特点，让每个人都能开放、自由、丰富地表达。传统媒体走下神坛，大众传播和大众传媒也深受冲击。新媒体改变了文化产业的业态，并且这种改变将一直进行下去。

不仅是传播方式的改变，相较于传统媒体，新媒体的传播内容也在改变。它的价值观或悄悄渗透给人们，或直接当头棒喝般地改变着人们。新媒体营造出一种新的生活观念，创造着不同于以往的生活方式。广告、视频、微博等把不同地位、阶层、贫富、种族的人都纳入其中，让不同地区的人的主流文化意识趋向一致。

新媒体正在悄然改变着广大媒体受众的价值观，这些改变主要体现在三个方面：

1. 价值取向多元化

价值观的价值在新媒体中非常重要。价值观决定影响力的今天，越来越多的人挑战着原有的价值观，将一度难以为人所接受甚至是被普遍不认同的价值观包装为"新""西方""适宜"，并且不断引导着人们的价值取向。

2. 道德判断力削弱，价值取向紊乱

新媒体的复杂、开放是它成功的原因，也是它难以控制的原因。每个人都能生产内容，各种信息混杂于网络，这些信息的价值观各不相同，很多都不同于甚至违背我国社会的主流价值观，使大众价值观的引导变得困难。

3. 价值取向功利化、自我化

新媒体的交互机制为每个人提供了自我表露的空间，这正是马斯洛所指出的人的生理需要、安全需要、社交需要、尊重需要和自我实现中最高级需要的实现过程。人们需要表现自我，与人沟通，成为"领袖"，所以人们在不断地挑战权威，实现自我。

新媒体特有的信息传播特征直接导致了当代新媒体受众不再是非黑白、泾渭分明，并越来越逃离主流思想的控制，变得更加多元化、生活空间虚拟化。

另一方面，受众需求反过来改变新媒体的传播方式和传播内容。

新媒体的爆炸式发展得益于这样一条规则：受众的需求是什么，我们就去满足什么，并且要学会为受众制造需求。这是营销的逻辑，也是媒体要遵守的逻辑。受众的需求指引着传播内容的生产与传播方式的改变，逐渐成为新媒体人的行动指南。

（二）新媒体用户需求结构

人的本性都是对新鲜奇特的东西具有较高的热情，而人对于舒适和方便的追求也从来没有停止。当今社会，新媒体的种种特性更加适合人类生理和心理需求的表达与释放。这也许是新媒体产业能够异军突起的社会原因。如今，新媒体的用户需求由四个方面构成：

1. 无极限的娱乐需求

娱乐是人们追求的重点，不仅仅小孩喜欢娱乐，成年人也需要娱乐来满足自身。人们对于新媒体的期待主要是信息的娱乐性，也就是能够通过新媒体来满足一定的娱乐需求。新媒体在一定程度上扮演的就是一种娱乐角色。目前，手机媒体娱乐性相当强大，可以随时随地进行单机或联机的娱乐活动。

2. 实用需求将取代猎奇需求

好奇心人皆有之，尤其在这个科技迅猛发展的时代，人们更希望了解自己所不知道的事物，这就产生了猎奇心理。信息时代之中，人们对于以往的信息接收方式都已经产生习惯，这种习惯逐渐演变成厌倦。对于新出现的事物，人们通常具有极高的敏感度，自身的感官都会倾向于新事物的信息。

这就是猎奇现象。新事物是不断产生的，人们对于事物的敏感度不会保持很长时间。

3. 根本在于便利性

人们生活中追求比较多的就是方便，这也是新媒体最主要的特征之一。以往的信息传递过程比较复杂，人们在信息接收过程中所要进行的活动较多，这就使得人们期待新的服务方式的产生。新媒体不仅满足了人们所追求的快捷性，而且给人们带来了实际的效用。

在新媒体时代之中，人们不仅满足于浏览文字、图片、视频，而且更多地追求视频能够为己所用，使自身能够拥有对信息的控制权。

4. 人际交往需求

现今社会，人际交往可以说是"成也网络，败也网络"。人们的生活空间越来越私密化，交往受限。根据马斯洛的需求理论，当巨大的压力使人们感到疲倦的时候，都希望与他人交往。于是，各式各样的聊天软件——SNS 网站、论坛贴吧等新媒体出现了。人们可以畅所欲言，人际交往达到空前高峰，通过人与人之间的互相关注、评论、讨论、回帖等网络交际行为，产生情感共鸣和一种自我展示意识的满足。

## 二、技术进步推动了传统电视的发展

（一）我国发展数字电视的政策

回顾新媒体的出现过程，尤其值得一提的是，进入 21 世纪，"数字化"毫无争议地成为中国广播电视领域最热门的词语，"数字电视"也成了人们谈论最多的热闹话题之一。数字化为我国广播电视的发展提供了千载难逢的机遇，它或将彻底改变中国广播电视的经营模式和竞争格局，或使信息的传输渠道多元化、电视业务多样化。当然，我们可以观看到的频道资源也更加丰富。

1. 我国发展有线数字电视的政策

作为新一代信息技术集成应用的重要方向，数字家庭产业在国民经济发展中的地位日益凸显。加快发展数字电视和数字家庭产业，是促进发展方式转变、推动电子信息产业转型升级的战略要求。同时，作为培育新型消费、扩大内需的重要举措，数字电视和数字家庭产业的发展将对促进国民经济长期又好又快发展、提高社会信息化水平、提升居民生活质量发挥重要作用。

2. 数字电视发展

规范的收费模式是数字电视稳定发展的前提，对于数字电视的发展方向，从以下几点做简单分析：

（1）互联网——数字电视

连接互联网是数字电视的下一个重要发展方向。这样，用户可以一边躺在客厅舒适的沙发上，一边用无线鼠标或无线键盘在数字电视上实现 PC 的所有功能。不必再为了发送电子邮件、在线网络游戏，甚至收看流媒体（即 IPTV），而跑去书房待在笔记本电脑或 PC 面前，使得工作、生活更加便利。

（2）高清化

伴随着技术的进步和生活需求的不断跟进，人们对视频的各项品质提出了更高的要求：屏幕要更宽，画质要更高。因此，HDTV 技术逐渐成为数字电视的最高标准，拥有最佳的视频、音频效果，图像水平清晰度大于 800 线的高清数字电视（HDTV）越来越成为数字电视的主流。如果分辨率进一步提高，只有在大屏幕显示器上才能展现其更加出色的画质。

（3）云电视

通俗地讲，指的是用户不需要单独再为自家的电视配备所有互联网功能或内容，而是将电视连上网络，就可以随时从外界调取自己需要的资源或信息。比如说，可以在云电视里安装使用各种即时通信软件，在看电视的同时，进行社交、办公等。在国内彩电市场上，"云概念"大行其道。从智能电视升级到云电视，相隔也不过半年时间。看似红火的"云电视"，是不是概念大于实际，还需要市场的进一步检验。另一方面，"云计算"已从一个前端的计算机概念扩展成"云应用""云服务""云安全"等终端应用，这种拓展无疑会使人们的生活更加丰富、便捷。

（二）数字电视的技术原理及标准

1. 数字电视传输过程

谈及数字电视的技术原理，首先应从电视信号的传输入手。数字电视是指使用数字信号来完成电视信号的处理、传输、发射和接收过程的电视系统或电视设备，并非指一般家中所看到的电视机。它是通过0、1数字串构成的数字流来完成所有的信号传播的电视类型，具有信号损失小、接收效果好等优点。

数字电视的传输过程是：一、电视台送出图像及声音信号；二、通过数字压缩和数字调制，形成数字电视信号；三、通过卫星、地面无线广播或有线电缆等方式传送数字电视信号；四、数字电视接收，通过数字解调和数字视音频解码处理等过程还原图像及伴音。这就是我们平时观看到的电视节目内容。

由于电视的视音频信号在数字化处理后，数据量非常庞大，对传输十分不利，数据压缩技术因此显得非常关键。数据压缩技术其实就是用最少的数码来表示信号。只要这些失真不被最终用户察觉或者能被容忍，数字音像信号就可以做进一步压缩以换取更高的编码效率。

压缩的理论基础是信息论。从信息论的角度来看，压缩就是去掉信息中的冗余，即保留不确定的信息，去掉确定的信息（可推知的），也就是用一种更接近信息本质的描述来代替原有冗余的描述。这个本质的东西就是信息量（即不确定因素）。

压缩可分为两大类：第一类压缩过程是可逆的，也就是说，压缩后的图像（或音频、视频）能够完全恢复原来的图像（或音频、视频），信息没有任何丢失，称为无损压缩；第二类压缩过程是不可逆的，无法完全恢复出原图像（或音频、视频），信息有一定的丢失，称为有损压缩。

数字音频压缩技术标准有三种，分别是调幅广播语音压缩、电话语音压缩、调频广播及CD音质的宽带音频压缩。

2. 机顶盒

数字电视的使用离不开机顶盒，数字电视机顶盒（Set Top Box）作为信息家电之一，可以将压缩的数字信号转成电视内容，并在电视机上显示出来。信号可以来自有线电缆、卫星天线、宽带网络及地面广播。它能够让用户在现有模拟电视上观看数字电视节目，进行交互式数字化娱乐、教育和商业活动。机顶盒作为数字电视标志性的产品，有着广阔的发展空间。随着数字电视应用、芯片技术和软件技术的发展，机顶盒的功能也必将越来越强大，可以为运营商和用户开展更多的服务，满足不同层次的需求。

数字机顶盒的基本功能是接收数字电视广播节目。事实上，机顶盒可以支持几乎所有的广播和交互式多媒体应用。

## 三、通信技术带来的传输方式的变革

（一）中国 IPTV 现状

网络电视就是我们平时所称的 IPTV（Interactive Personality TV，交互式网络电视）。具体地讲，网络电视通过机顶盒或计算机将个人电脑、电视、手持设备等显示终端接入宽带网络，为用户提供数字电视、互动电视、时移电视等服务。国内普通用户可以通过多种方式享受 IPTV 服务：计算机；网络机顶盒＋普通电视机；移动终端（iOS/Android）。网络电视的出现改变了以往人们被动的电视观看模式，更强调个性化，实现了电视以网络为基础按需观看、随看随停的便捷方式，给人们带来了一种全新的电视观看方法。

1. 中国 IPTV（网络电视）发展与政策

（1）IPTV 含义

在最初的窄带互联网上，人们只能浏览文字和图片，而且访问速度非常慢。随着互联网的发展、技术的进步、带宽的不断增加，现如今人们可以在互联网上通过软件开发商提供的相关软件收看各种丰富多彩的视频内容，其中也包括电视节目。可以说，网络电视是互联网发展到一定阶段的产物。

（2）IPTV 与网络视频

IPTV 通过运营商互联网宽带接入的方式，能够为用户提供丰富的高质量视频服务和其他增值服务。最具有代表性的功能是 TVOD（True Video On Demand，实时视频点播）和 Time-shifted TV（时移电视），当然也包括上网、游戏等其他功能。

TVOD：IPTV 系统有选择性地将直播电视保存在系统中，供用户搜索查询、点播收看。用户的点播信息是通过网络回传通道向前端播出系统发出请求，从而实现用户与前端系统的"交互"功能。利用 TVOD 技术，IPTV 用户观看自己喜欢的电视节目时有了更大的时间自由，不再为了错过喜欢的节目而耿耿于怀。

时移电视：指的是用户收看直播电视时，可以实现暂停、倒退、快进等类似 DVD 播放机的功能。比如，在观看一场球赛时，遇到精彩的进球，可以用"倒退"功能回顾精彩的瞬间；如果用户需要暂时离开几分钟，可使用"暂停"功能，当重新回到电视机前的时候再继续收看；也能通过"快进"功能追时到目前的实时现场直播。

我们观看网络视频主要通过两种方式，一种是看实时广播节目，另一种是观看事先录制好的节目。这时的网络视频与 BT 下载类似，每一台收看电视节目的电脑与其他用户直接互联，在互联网上形成一个 P2P 专用网。在这个专用网里，用户一边接收别人传输过来的媒体数据,一边为其他用户传输自己电脑上的媒体数据。因此,我们常听到这种说法:"看的人越多越流畅。"

由此我们可看出 JPTV 和网络视频严格说来是两种不同的概念,它们有着各自的技术和业务特点。

(3) IPTV 发展政策

电视节目的播放主体是电视台。从中央到地方,电视台一直是中国重要的新闻舆论机构,是党、政府和人民的重要喉舌,是中国重要的思想文化阵地。它具有传播新闻、社会教育、文化娱乐、信息服务等多种功能,追求的是社会效益和经济效益的统一。此外,电视台还是全国公众获取信息的主要渠道,是中国了解世界、世界了解中国的重要窗口。

互联网作为一种新兴媒体,由于其开放、互动、多媒体、超链接等特性,在一定程度上影响并改变着人们获得信息的方式和内容,从而会间接地影响传统媒介的使用。近几年来,中国网络媒体在发展过程中表现出的影响力、社会地位、政治认可度、对重大事件的报道能力都标志着网络已经成为中国的主流媒体之一。

但是,互联网自身的活力和快速成长性,使得关于网络电视的各项管理相对宽松和滞后。大部分是广电行业内的公司或电视台,也有一部分社会公司。被批准的单位只能在网上播放允许在影院、广播电台和电视台播放的节目。

2. IPTV 技术及标准化

广播电视的数字化要求广播电视领域的交互电视网络拥有一个双向的交互通道和一个单项的广播电视通道。因此,网络电视需要通过交互通道提供方(即 Internet Service Provider,ISP,互联网服务提供商)的网络通信资源,以流媒体方式将数字化后的音视频节目以点播或广播的方式提供给用户,从而实现 IPTV 的基本功能。

IPTV 的整个系统中包括节目提供系统、内容管理系统、流媒体传送系统、接入系统、IPTV 终端及运营支持系统,它是计算、通信、多媒体和家电产品崭新技术的融合。下面简单介绍一下内容提供方面涉及的编码技术、接入系统的几种方式以及数字版权管理(Digital Rights Management,DRM)。

(二) 三网融合背景下的 IPTV

1. 三网融合的内涵

三网融合是指电信网、计算机网和有线电视网三大网络通过融合,能够统一提供包括语音、数据、图像等综合多媒体的通信业务。三网代表现代信息产业中的三个不同行业,即电信业、计算机业和有线电视业的传输设施。三网融合中的三网具体是指以因特网(Internet)为代表的数字通信网,以电话网(包括移动通信网)为代表的传统电信网,以有线电视为代表的广播电视网。数字技术的迅速发展和全面采用,使电话、数据和图像信号都可以通过统一的编码进行传输和交换,所有业务在网络中都将成为统一的"0"或"1"的比特流。

从不同角度和层次分析三网融合,会涉及以下几个方面:行业融合主要涉及电信和广电的传输行业之间的融合;业务融合主要涉及电视业务、数据业务和电话业务的融合;网络融合主要涉及电视传输网络、数据传输网络和电话传输带来的传输方式的变革网络的融合;终端融合主要涉及计算机、电视机、机顶盒、固定电话和移动电话的融合;运营融合主要涉及电视广播业务、视频点播业务、数据业务和话音业务的统一运营。

三网的发展正朝着为公众提供多媒体、多样化、个性化服务的同一目标逐渐交汇在一起。其发展的趋势表现为网络上逐渐趋同,形成全数字光通信网;业务上互相渗透和交叉;终端上你中有我、我中有你;在经营上互相竞争、互相合作;行业管制内容也逐渐趋向统一。

对于公众而言,"三网融合"最直观的表现就是手机、电视和电脑的"三屏"相互融合,"你"中有"我""我"中有"你"。消费者打电话、上网、看电视,只需一根线接入,一次交费,总体上有利于资源整合、提高综合效率和资费打包下调。

光通信技术的发展,为综合传送各种业务信息提供了必要的带宽和传输高质量,成为三网业务的理想平台。这项技术的发展为三网融合提供了坚实的技术基础。

三网融合的意义首先在于实现资源节约。国家避免重复建设,节约大量网络资源,从而做大做强信息产业、文化产业,形成新的经济增长点;提升中国整体信息化水平,使国民享受更廉价、更丰富的服务。其次,行业间壁垒逐步打破,获得公平竞争机会。同一个市场上出现了数个原本属于不同产业的企业,他们共同为消费者提供服务,市场竞争得到促进,最终受益的还是消费者;资源配置得到进一步优化,不同产业的资源实现共享,业务与市场相互进入和利用。最后,新的商业计划伴随着融合产品的出现而产生,创造新的商业模式;产业融合会带来新的软件、硬件和服务需求;进入音视频融合业务领域,发现新蓝海;促进运营商向综合信息服务商转型;产业融合产生的新市场还将吸引新参与者,促进相关产业和市场的持续发展。

2. 两大产业体系产业链

数字通信网、传统电信网及广播电视网三网的交叉点在以因特网为代表的数字通信网。实际上,数字通信网已经与电信网或电视网融合在一起了,三网融合现在就只剩下电信网与电视网的融合了。

三网融合将带来新的产品和新的产业链。三网融合涉及两大产业体系:广电体系和电信体系。两大产业体系在内容提供商、服务提供商、运营商及最终的用户等方面都面临着整合。电信体系的运营商以中国移动、中国电信、中国联通形成三足鼎立的局面，服务提供商有新浪、网易、搜狐等门户网站。电信体系市场化运作已久，运营理念成熟，能够较快地推出新业务，发展新客户；它的计费系统完善，渠道丰富，市场营销能力强，运营融合能力强。相对而言，广电体系的节目集成商代表有上海文广、央视国际、杭州华数，运营商则以歌华有线、天威视讯为代表。由于多方面原因，广电体系体制较为保守，各省差异大，监管体制封闭，创新能力较低，适应性和灵活性也较弱。另外，渠道少，缺乏市场营销理念，运营融合能力差，但电视机本身作为市场宣传渠道是十分有利的竞争条件。

### 四、网络层和技术层融合的产物

传统视频媒体向影视新媒体过渡中最具有代表性的新生事物就是智能电视，故这里以智能电视为典型来研究影视新媒体的商业模式。智能电视搭载操作系统，内置开放式平台，支持多媒体应用，并且能通过安装、卸载第三方应用程序来增加应用功能。

（一）典型的影视新媒体：智能电视

智能电视主要有五个特点，即搭载了操作系统、具有开放式平台、具备宽带互联网接入能力、具备自然的人机交互模式、采用强大的多媒体电视芯片作为支撑。

（二）我国智能电视的商业模式

1. 产业链结构和产业合作

我国的智能电视产业链还远未完善，目前内容集成商只有百视通、优朋普乐、华数三家，独立开放的操作系统仍未搭建，高性能的处理芯片还需进口，产业上下游的处理芯片还有待加强。

我国智能电视厂商的产业层次进一步提升，开始由纯粹的制造向上游延伸。在智能电视的冲击下，原有的彩电业的简单产业结构将被新的产业链所取代。尽管各企业的发展道路不尽相同，但这条产业链已初见雏形。

目前与智能电视厂商合作的内容集成商主要有三家，即百视通、华数和优朋普乐。

（1）合作模式：海信与大型门户网站和软件开发企业签订合作协议，为旗下的智能电视提供新的应用开发服务。

（2）终端厂商联合组建科技公司：欢网科技公司是长虹和TCL联合组建的，主要进行三屏终端互动服务和运营科技研发。

（3）终端厂商发起组建多媒体技术联盟：长虹、TCL、海信三家企业联合发起中国智能多媒体技术联盟。联盟的成立，主要目的在于共享互联互通标准、操作系统、终端开发等成果，同时也为促进产业发展，提高我国彩电企业在核心技术水平和国际智能电视舞台上的发言权贡献一份力量。另外，还可以降低研发成本，降低上下游进入的技术成本，为用户提供最丰富的应用。

2. 商业模式

国内智能电视尚处于起步阶段，目前整体商业模式还处于不明朗状态。

目前，彩电厂商可以通过出售智能电视机终端获取收入。彩电厂商希望未来在智能电视上复制苹果手机应用商店模式，通过提供收费软件下载或视频节目租赁获取收入。

但市场上用户对付费下载软件及视频内容的接受度尚不明朗，支付模式、收费标准（智能电视目前形成"终端制造商＋内容平台集成商＋集成播控平台提供商"的合作模式，利益链参与者多，收费可能偏高）都还没有明确的规定。

今天，新媒体已是全人类耳熟能详的词汇，尽管人们对它存在着千差万别的理解。在理论界与实务界的专业人士中，对其所下的定义，也已经不胜枚举。尽管如此，作为一个可以预见、远不能穷尽的科学范畴，还将促使人们对其不懈探究，哪怕是对基本概念的斟酌。"新媒介是以全新的技术实现既往未有的传播功能，或对既存媒介在传统技术与功能上实现了某种质的超越的媒介。"当我们用这样一个概念来检视现实世界的新媒体以及未来世界的新媒体的时候，很多问题或许就比较好理解与解释了。文化艺术产业是一个国家文化发展的灵魂，而新媒体的发展，开拓了传统文化艺术产业新的传播机遇。新媒体与文化艺术产业各个领域内的互动，也带来了听象类、视像类、心象类及视听文化艺术产业的创新。

# 第七章　融合时代传媒规制的创新

## 第一节　传媒规制及其特征

### 一、政府规制

传媒规制涉及政府规制。"规制"建立在市场经济的基础上，是政府对市场失灵的补救和干预措施。所谓政府规制，就是政府行政机构依据法律授权，通过制定规章、设定许可、监督检查、行政处罚和行政裁决等行政处理行为，对构成特定社会的个人和构成特定经济的经济主体的活动进行限制和控制的行为。经济学上把政府规制分为经济性规制和社会性规制两大类。第一，经济性规制。是指对价格、市场进入和退出条件、特殊行业服务标准的控制，一般来说，这是对某一个特定行业、特定产业进行的一种纵向性管制。这一行业往往具有一些特点，如自然垄断性。对电台电视台等媒体的规制也属于经济规制。第二，社会性规制。主要针对外部不经济和内部不经济。前者是指市场交易双方在交易时，会产生一种由第三方或社会全体支付的成本，如环境污染、自然资源的掠夺性和枯竭性开采等，政府因此必须对交易主体进行准入、设定标准和收费等方面的规制。后者是指交易双方在交易过程中，一方控制信息，但不向另一方完全公开，由此造成的非合约成本由信息不足方承担。如假劣药品的制售、隐瞒工作场所的安全卫生隐患等。因此，政府要进行准入、标准以及信息披露方面的规制。

### 二、传媒规制

传媒规制是指政府通过立法或法规政策来干预和调节媒介竞争，平衡规制部门和媒介企业、媒介消费者之间关系的一般规则和特殊行为，从公共管理角度看，它属于政府提供的一种公共产品和服务。从世界范围来看，各国对传媒行业都进行了规制，规制的手段和方式各有不同。例如，欧洲国家既认为媒介产业作为一个市场在运作，有助于技术革命、经济增长、就业等社会目标，也将媒介产业看作民主、自由和多元主义的基础，因而对媒介产业实行了许多规制措施。

在我国，政府对媒介产业的规制相当完备，主要方式有以下几种：

## （一）进入规制

主要是通过实行进入许可制度来实现的。现阶段主要有以下两种方式：

1. 严格限制的少数进入许可

即一个可定义市场中只允许有两三种报纸存在。例如，在一省或一市的党报市场中只允许一家存在，严格控制报纸的数量。

2. 一般性限制的多家进入许可

即一个可定义市场中允许有多种报纸存在。在这样的市场准入制度下，通常会形成支配—边缘型的市场结构，即有一两种具有领导支配地位的报纸，同时存在多种报纸。这种类型的市场结构具有较强的竞争压力。例如，在各个地方的都市报市场中就允许多家进入，积极竞争。在以审批方式进行规制的条件下，报纸刊号是一种稀缺的和有价值的资源。

## （二）价格规制

由政府规定报纸的价格，规制手段主要是实行价格审批，或者限制报纸的零售价格。过去，我国的报纸一直实行严格的价格规章制度，主要目的之一是保证低价格报纸的普遍供应，现在主要是为了保证市场秩序。

## （三）数量规制

政府规定每一种报纸（每周）的期数和版面数。主要的规制手段是，报纸的增期（减期）、增版（减版）都必须经政府行政部门审批。实行这种制度的目的是控制报业的结构，即哪种类型的报纸应该占多大的市场比重。

## （四）许可权限规制

规定报纸不得随意出版地方版，包括地方广告版，地方报纸不得异地出版，禁止一报多版。凡是一报多版，如全国性报纸出版地方版，均须申请新的刊号，政府行政部门以控制刊号的方式进行严格限制。实行这种规制措施的目的是严格分割市场，防止许可权的越权和失控。

## （五）产权规制

严格禁止或者限制报纸的产权交易，禁止或者严格限制外部资本进入报业领域。最主要的规制手段就是实行主管制、主办制，即只有符合一定条件的（非企业）国有单位才能办报，每一种报纸都必须有自己所隶属的主办和主管单位。实行这种制度的目的是确保报纸的公共性,保持国家对报纸这种"社会公器"的控制,防止报纸的不良行为导致出现严重的社会风险。

### (六)广告规制

主要是禁止发布虚假广告。我国先后出台了《广告管理条例》《广告管理条例细则》《中华人民共和国广告法》《国务院办公厅关于开展打击商业欺诈专项行动的通知》等法律和行政规章,规定不得发布含有虚假内容的广告,不得欺骗和误导消费者,否则要受到相应的处罚。除此之外,国家行政主管部门为规范广告播出,先后下发了多个规范性文件,整顿广告刊播市场秩序。

### (七)反不正当竞争

禁止报纸以不正当的方式获得市场竞争利益。如查禁有偿新闻,禁止以新闻的形式表现广告,进而吸引广告客户,从市场竞争中获得利益。规制措施的主要目的是,维护消费者和公众的利益,保证报纸的质量,维护公平竞争的市场秩序。

### (八)反垄断行为

对同一媒介控制整个市场或者同一经济实体控制多家媒体进行限制,以及打破报业发行市场的垄断等。迄今为止,我国还没有严格意义上的媒介或报业反垄断政策。但是,相对于20世纪80年代以前的报业垄断局面,现阶段的报业政策已经具有了明显的反垄断含义。主要方式是,通过发放报纸刊号形成多家报纸竞争的局面,对报纸以及其他媒体的兼并进行管理,避免形成传媒业市场的不合理垄断而导致效率损失及整体竞争力的下降。

### (九)新闻政策规制

新闻政策规制主要是对新闻编辑方针的规制。政府对传媒业实施的新闻规制政策主要包括:规定新闻媒体的编辑方针,内容不得损害国家利益或危及国家安全,控制传媒的政治倾向,禁止或限制传媒登载危害社会道德的内容,避免集团利益对编辑方针的控制而损害社会公正或公众利益,等等。

## 三、传媒规制的特征

### (一)政府与传媒:新型伙伴关系

具体到传媒行业,国家(政府)与传媒业的关系是一种新型的伙伴关系。哈林和

## 第七章 融合时代传媒规制的创新

曼奇尼认为，在任何社会中，国家都扮演着塑造媒介体制的重要角色，但在国家干预及其所采取的形式上存有显著差异。世界范围内的媒介体制归纳为三种模式：一是自由主义模式，盛行于英国、爱尔兰和北美，其特征是市场机制和商业性媒介的相对支配性；二是民主法团体主义模式，盛行于欧洲大陆北部，其特征是商业性媒介和与有组织社会和政治团体相联系的媒介有着共存的历史，以及相对活跃但在法律上受到限制的国家角色；三是极化多元主义模式，盛行于欧洲南部地中海国家，其特征是媒介被整合进政党政治、商业性媒介较弱的历史中，国家角色相对强大。有学者将政府在传媒体制变迁中的作用概括为两个方面：在具体制度变迁中的柔性引导和在根本制度变迁中的刚性控制。其中，柔性引导包括：主动提供制度供给；对某一制度创新或突破的肯定支持和默认；以禁令性制度形式予以引导，给予新闻媒体更多的自主空间。刚性控制包括：对新闻媒体根本性质和根本任务的维护和巩固；对新闻媒体自发进行的某些制度创新予以否定和"驳回"。在我国，政府媒介制度变迁过程中的主导作用主要体现为"政治""经济"两个方面，具体表现为：发动改革；选择和确立媒介制度改革方向、改革目标；提供制度创新的空间，并对新制度进行评价和判断；对媒介制度改革进程、改革秩序进行计划、推动和控制；对媒介改革主体进行引导、激励和约束；对媒介制度改革的社会风险进行评估与控制；对媒介制度改革的效果进行评估。

现代国家政府多采用"治理"来形容政府行使其职能的过程，"治理"一词蕴含着政府在干预市场时所应当秉承的"度"。有学者总结"治理"的几个特点，即治理主体多元化、治理机制中的权力运行可以是多个向度的、治理结构呈现多元化网络等。因此，传媒规制中政府应从行政管理为主转向党和政府主导下的"治理"，讲求"治理之度"，给予市场主体更多的自由选择权，但并非自由放任，政府职能的发挥要合乎政府治理的宽度和限度，让市场在资源配置中起决定性作用，让政府更好地发挥作用。

可以用"需求—供给"这一经典理论构架将制度变迁方式划分为诱致性变迁与强制性变迁两种。所谓诱致性变迁，指的是一群（个）人在响应由制度不均衡引致的获利机会时所进行的自发性变迁；而强制性制度变迁则指的是由政府法令引起的变迁。诱致性制度变迁必须由某种在原先制度安排下无法得到的获利机会所引起，而强制性变迁则不需要，只要政府预期收益高过支出，政府就愿意进行制度变迁，但由于受到多种因素的影响，如意识形态刚性、集团利益冲突以及社会科学知识的局限性等，政府不一定能够建立起最有效的制度安排。在实际的经济和社会转轨过程中，这两种制度变迁的形式往往是并存的，其中交织着以经济利益为目的的利益集团和政府之间的合作与对抗、妥协与制衡。我国一些新闻传播学者从传媒制度变迁的阶段性、制度困境及意识形态根源、制度变迁的路径问题等不同角度,结合制度变迁理论,对传媒产业制度变迁进行了初步研究。改革开放以来,媒介制度的变迁经历了三个阶段:20世纪七八十年代,以"事业单位、企业化经营"为核心的运作机制调整是以"行业实践在先、政策许可在后"的方式进行的,具有"自下而上"的特征;20世纪90年代,以"采编与经营剥离"为核心的组织结构调整兼具"自下而上的诱致性变迁"和"自上而下的强制性变迁"特征;21世纪以来,以"事业、产业两分开"为核心的深层制度改革,是文化体制改革总体框架设计下的媒介制度改革,是典型的"自上而下"的变迁方式。综观媒介规制变迁的轨迹,可以看出我国政府逐渐从主导媒介的所有活动发展到放松对媒介经济活动的直接干预,强化对新闻宣传等公益性事业的规制。有学者曾经指出,这一方面体现出某些政治既得利益集团和国有媒介对国有媒介制度的路径依赖,它们从现存制度中能获取一定的政治特权与利益,趋向于维护现有制度;另一方面,他们及其他政治和经济利益集团又在媒介的市场化过程中获得了现行制度外的利益(外部利润),当现行制度外的收益大于制度变革的成本时,就会促使这些利益集团变革现行制度。

(二)传媒双重属性之间的规制平衡

我国的传媒规制是在计划经济时代政府绝对控制的背景下形成的,与西方发达国家的传媒规制的建构逻辑并不相同。我国传媒规制变迁的背景大致有两个:一是市场化改革;二是新技术驱动。从市场化改革背景来看,伴随着传媒市场化改革的深入,传媒规制的构建是一个总体上不断放松规制的过程。伴随着20世纪90年代末传媒业市场化提速,与之相对应的传媒规制也相应增加。政府逐渐从主导媒介的所有活动转向放松对媒介的直接干预,将媒介分成公益性事业和经营性产业,政府的规制主要体现在前者,即保证传媒的社会效益。从新技术驱动的背景来看,互联网的崛起特别是媒介融合发展成为传媒规制的重要背景。面对这样一场深刻的传播革命,我国的媒介规制面临重大的调整和变革,不断地使规制与业界发展相适应。总体来看,传媒规制的目标主要在于坚守官方意识形态,并对传媒市场的失衡现象进行干预和控制。

我国传媒具有政治与经济双重属性,从一定意义上看,传媒规制就是在政治属性与经济属性之间取得平衡。改革开放以前,传媒只有政治属性,没有经济属性。改革开放以后,传媒业的经营体制总体路径是在强调传媒业的政治属性的基础上,开始注重传媒业的经济属性。传媒业的经营体制改革的大致历程是:20世纪80年代开始恢复传媒广告市场,适当放宽对经营性业务的限制;20世纪90年代开始传媒集团化改革,由政府部门牵头,以行政力量为主导,对部分行政区域内的媒体进行一定合并重组，调整传媒行政权力的划分；21世纪初，在此前的集团化改革的基础上，强化市场因素在传媒集团化进程中的影响力，对媒介内容与业务领域进行类别划分，进一步放宽了经营性业务的资本运作，并适度放松了跨媒体合并的政策限制。受计划体制影响，在改革开放之后的很长时间内，我国习惯以行政化管理模式来干预传媒领域。一方面，传媒业依据行政级别由上至下分级管理，不同级别的行政单位拥有相应的传媒单位，横向上由各级党委、宣传部对对应级别的媒介单位进行监管；另一方面，不同媒介又由不同职能部门进行管理，纵向上由中宣部统一领导，新闻出版署、广播电视局等相互独立的管理机构对新闻业、出版业和广播电视等不同媒体行业进行分业管理，由此逐渐形成了"井"字形的条块管理格局。政府在传媒市场上同时扮演着管制者与市场运营者的双重角色。尽管政府逐步放松对传媒的规制，但仍保持对市场的主导控制权。进入媒介融合时代以来，传媒规制发生重大变化，在纵向方面，中央三台合并，机构改革中，中宣部对新闻出版工作统一管理；在横向方面，地方的媒体融合改变先前条块分割的状况，开始形成新的传媒管理体制机制。

## 第二节　融合时代传媒规制创新的必要性

### 一、媒介融合对传媒规制的影响

新的传播技术带来新的治理方式，媒介融合是传媒规制放松（解除管制）的产物，当它形成媒介融合制度时，又会对传媒规制产生反作用与冲击力。一方面，媒介融合作为产业融合，带来了传媒业态的变化，使得传统基于条块分割、地域分割、部门之间相对封闭的政府规制模式愈发难以适应，不仅难以实施有效监管，还会阻碍融合产业的发展。另一方面，传媒规制的创新与完善促进了媒介融合的发展。从科技的发展到媒介规制的变革存在一定的时间差。但从规制为变革提供构架而言，它是媒介融合出现的一个关键因素。总之，媒介融合极大地挑战着传统以行业为对象的分立规制模式，同时为传媒规制创新提供了契机。

（一）媒介融合对传媒规制的挑战

媒介融合是一场影响空前的产业革命。首先，媒介融合打破了电信业、广电业、出版业与计算机业等产业独立存在、分离发展的格局，四大产业各价值链节的纵向关联逐渐减弱，对应产业价值链节横向相互交融，这些产业的产业结构开始从纵向一体化向横向一体化转化；其次，四大产业之间的边界日益模糊，传统传媒产业的业态随之发生重大改变，这些产业及其他相关产业之间的相互融合，最终将形成"大传媒产业""大传媒市场"；最后，产业结构横向一体化趋势和几大产业之间可以交叉进入使传媒业市场结构发生巨变，在融合的市场中，传媒业的竞争趋势与垄断趋势同时得到强化。在产业分立时代，各产业纵向独立发展，政府针对不同的产业基础进行区别规制，实行纵向分业管理。在融合背景下，建立在产业分立之上的纵向分业规制体系明显不能适应产业发展的客观需要，并遭遇到前所未有的挑战和困境。

1. 对传统传媒规制的市场基础构成挑战

传统的电信、广播电视和出版业各有特定的技术基础、传输平台和专门的接收终端，三大产业之间边界清晰。在这种产业格局下，传统传媒规制存在的市场基础是：市场是自然垄断的或者市场正趋于垄断。传统规制首先是为了控制自然垄断，防止人为垄断以及治理频谱稀缺所导致的市场问题。与产业分立格局相对应，对电信与传媒产业的传统规制是一种分业规制。媒介融合强化了传媒市场竞争，传统传媒规制的市场基础正在消失。媒介融合时代，在每一个横向市场，传统的四大产业之间开始存在明显的竞争，并且日益激烈。在内容市场，不同形式的内容之间转化成本越来越低，传统传媒企业的经营定位不再局限于报纸或电视，而是转化为"信息"经营，由此它们既在报业市场与其他报纸进行竞争，又在电视内容市场、网络内容市场与其他相关经营者展开竞争。在传输市场，"三网融合"之后，广播电视网能传输语音、数据，可以打电话，提供宽带服务，电信网能传输视频、数据信息，提供电视、宽带服务，这意味着中国电信、中国移动等通信企业开始与各地的有线电视网企业展开竞争。在终端市场，三网融合之后，通信、家电、计算机终端生产厂商之间通过在单一终端上嵌入其他功能，或者直接相互进入而展开激烈竞争。但是，在媒介融合进程中，一些因素也增强了市场中的垄断趋势，但媒介融合中的垄断趋势主要是指垄断地位而非垄断行为，必须与传统市场中的垄断区分开来。

2. 对传统传媒所有权法则的挑战

传统传媒的所有权法则面临两个方面的挑战，一方面，在传统规制的所有权法则中，集中度的测度是针对特定产业或者是特定市场的，这些市场具有清晰的边界，但媒介融合使传统媒介的边界日益模糊，市场本身变得飘忽不定，传统传媒规制判定市场集中度的纵向市场不复存在，市场集中度无从统计。即使再继续统计子传媒产业的市场集中度，在融合的背景下，统计数据的指示意义也大为下降。另一方面，倘若一种子传媒产业面临产业外的竞争，传统传媒规制判定市场是否存在垄断的集中度标准就不再合理。因为在某种意义上融合拓展了子传媒市场的边界，各子传媒的市场不断扩大，集中度的原有上限不再是一种必要。

### 3. 传统传媒规制引致的规制摩擦、规制缺位

媒介融合在改变媒介系统运作方式的同时，打破了既有媒介制度下的均衡关系。随着新媒介、新业务的出现，形成于大众媒介时代的利益集团构成和利益分配结构同时面临挑战，放松规制带来的公共广播电视体制危机、商业化带来的公共领域的缺失、社会化新媒体带来的个人隐私权的损害等问题日渐突出。制度短缺、管理交叉等问题接踵而至，制度性矛盾成为不同国家媒介融合过程中遭遇的共同问题，改革已经成为当前各国媒介制度的共同话题。制度改革的形式和路径有很多种，无论是政府主导下的媒介制度改革，还是市场主导下的媒介制度变迁，其核心目标都在于通过制度框架的调整，重新界定利益分配方式和博弈规则；无论是渐进式的改革，还是休克式的改革，媒介制度改革的过程都是寻求重新实现均衡的过程，不同类型的利益主体将通过不同的方式和途径对这一过程和结果产生影响。

### (二) 媒介融合对传媒规制发展的契机

#### 1. 规制主体和对象更加多元

随着广播电视、电信和互联网等行业之间的界限日渐消失，信息传播主体更加多元，政府不再是唯一的规制主体。除了政府，本国企业或其他从业者，还有国际组织、跨国企业、非政府组织和个人，都是参与传媒规制的主体。传媒规制的对象和范围也更为复杂多样，其对象不仅有国内的还有国际的，不仅有专业媒体还有草根媒体，其范围拓展到整个信息传播、文化娱乐乃至消费领域。特别是对拥有了现代传播设备的个体和民间组织，其传播行为可以跨越国界和行业界限，有时候国家或行业规制者很难规约它们的行为。

#### 2. 监管机构从分业规制走向整合规制

媒介融合时代，传媒跨行业经营是世界性发展趋势，传媒从过去的分业经营向混业经营转变，大大改变了传媒业的面貌。传统的分业监管体制已不适应市场要求，建立对混业经营的有效监管和统一的综合监管模式是必然选择。目前，世界大多数国家都已经建立独立的规制机构。许多国家对原有分业规制下的规制机构进行改革，重新配置规制权力，将广电业与电信业纳入统一的融合规制机构或部门进行监管。

#### 3. 规制方式从政府管理走向协同治理

媒介融合时代传媒规制变迁推动力更加多元化，传媒规制正在从基于全能型政府的行业管理模式向政府主导，市场、社会等不同利益主体参与的协同治理模式转型。从新中国成立后的经济发展史来看，我国并没有形成像苏联那样的高度集中的中央计划经济体系，但行政分权的政策却得以发展，形成中国式的财政联邦模式，从而使得地方利益集团不断壮大，产生了我国经济改革的多种推动力量。随着经济

全球化与我国改革开放的不断深化，特别是我国加入 WTO 之后，跨国公司等国外利益集团不断涌入我国市场，推动我国经济改革的利益集团更加趋于多元化。利益集团之间的博弈往往推动政府规制的变化，表现在：以跨国公司为代表的国外利益集团凭借其资本与技术优势，加之有效的公关能力，会在一定程度上建构我国现行和未来的媒介政策；国有媒介，特别是主流媒介，地方政治利益集团会从维持现有的既得利益和再发展的角度影响媒介规制变迁；新兴的经济集团和知识利益集团会时刻寻找政策机会，以谋求自身的利益最大化。同时，多种利益集团之间的博弈也会使政策实施复杂化。一方面，利益集团会从自身的角度出发，阻挠实施，修正政策，在一定程度上会加大实施成本；另一方面，在法制不健全的中国，某些政治权力常常凌驾于政策乃至制度之上，利益集团会将精力用在疏通与这种政治权力的关系上，以免除规制对自己的约束。

4.规制重心从结构规制向行为规制转移

规制重心呈现出从规制市场结构向规制垄断行为转变的态势。为了维护文化的多样性，保障市场的多种声音，当对非传媒业的规制重心已经发生转移时，世界各国一直保留着相当严格的所有权规则。但在媒介融合进程中，一方面，由于传统传媒的所有权法则在产业融合进程中面临空前的挑战；另一方面，由于各国为了实现数字技术的规模经济与范围经济，应对传媒产业的全球化竞争，近年来对传媒业的规制重心也逐步从规制结构向规制行为转变。从各国的实践来看，在放松规制的历程中，公共利益的传统从未发生动摇，尽管其内涵不断发生变化，但人们对其实现方式也不断重新审视。为了使公共利益不受影响，世界各国在放松所有权规制的同时，均充实和调整了相应的行为规制，具体体现在：强调商业媒体的普遍服务义务；加强内容规制；检查所有权并购是否符合新规则和公共利益等。

## 二、传媒规制存在的困境与问题

我国传媒规制的实施及其效果存在许多矛盾与问题，因此，我国在媒介融合时代的规制建设实际上面临两个不同层次的问题，第一个层面的困境源于我国传媒产业规制体系建设的不完善，第二个层面的困境来自多头分业共管。

### （一）传媒法治建设不足，正式规制尚不完善

在从完全行政化的管理模式向现代传媒产业规制转变的过程中，受现实条件影响，我国规章制度建设远远落后于产业发展，造成正式规章制度的不完善。受计划经济时代传媒管理模式的影响，在纵向上，通过部门行政管理来实现管制权。但在横向上，媒体的监管权力被纳入对应的行政权力体系之中。在这种监管体系下，专

门的传媒产业法律法规仍处于不断建设中，行业主管部门和政府下发的行政性文件成为传媒规制的正式依据。许多条例、规定或通知等文件都是针对阶段性问题临时出台的，不仅在制定上缺乏系统性和连贯性，而且具有明显的行业、部门保护特色，从长远看缺乏灵活性和前瞻性。随着我国传媒市场的完善，在易变和复杂的市场环境中，建立在单一、零散的行政性文件基础上的传媒规制越发显得力不从心。由于无法在正式制度中实现有效规制，潜规则便成为行业主导规则大行其道。不透明规则的盛行增加了制度的模糊性，也使得规制在具体实施时产生了可人为操作的弹性空间。这种弹性空间越大，规制过程越容易受到部门和个人权力的影响，从而导致规制目标的扭曲和规制实施的低效率。由于我国传媒业的特殊属性和特殊定位，传媒业政策反复的现象时有发生。广播电台、电视台作为党的重要新闻媒体和宣传思想文化阵地，必须坚持事业体制，坚持喉舌和公益性质，坚持以宣传为中心。改革中，不允许搞跨地域整合，不允许搞整体上市，不允许按频道频率分类，不允许搞宣传经营两分开，不允许搞频道频率公司化、企业化经营。

（二）政治性规制为主，经济和社会性规制为辅

我国现有传统媒体管理制度的核心目的是满足党和国家政治功能的需要，并确保宣传思想文化的安全性，审批制度、主管主办制度、行业管理制、属地管理制构成了我国传统媒体管理的四大制度。随着社会主义市场经济体制的逐步确立，传媒行业行政管理部门不断加强对媒体的直接把关和领导，以确保实现传媒的政治功能。由于我国传媒产业强烈的政治性规制特色，其规定了经济和社会性规制的内容、方式和程度，以市场准入和投资规制为主，以价格规制和产权规制为辅，因为政府规制的主要目的在于在促进传媒产业发展的同时，保证党和政府对传媒产业的主导权和控制权。因此，政府借助相关政策、法律法规保护国有传媒的市场垄断地位。我国媒介既是事业单位又按企业经营的双重角色规定，使实践中原本的社会正义和公益在逐渐被抽离，而市场化中的恶行却未能得到有效的制止，媒介规制面临着与其构建的初衷大相径庭的悖论式尴尬。

（三）多头分业监管带来的规制失灵问题

我国的传媒业与电信业相互独立发展，两大产业实行分离的行业监管体系，在规制目标、规制机构、规制基础、规制重点上都不相同。我国的电信业主要由工业和信息产业部及地方机构颁布相关法规进行行业管理，由国务院进行市场进入管控。电信业将规制重点放在价格及费率的控制上，通过价格及费率的调整使产业利益和公众公共利益最大化。传媒业的规制更为复杂，由于产业内子行业间的相互独立，

传媒业本身就存在多头管理的困局：中宣部负责内容与舆论规制；新闻出版署负责报刊及音像图书等出版行业管理；广电总局负责广播电视和电影的管理；而对互联网的管理权限则分布在工业和信息产业部、国务院新闻办等诸多机构当中。这种监管模式又不完全是典型的分业规制，很多时候存在一个媒体行业拥有多个管理机构、多个规制机构管理一个媒体行业的现象。多重规制者与多重规制体系的并存，使得我国传媒业规制权力被人为割裂开来，规制效率大打折扣。规制实行过程中产生的规制摩擦，不仅增加了规制成本，同时也使得规制的整体效果出现 1+1＜2 的低效率局面。随着媒介融合的发展，产业链环节上与业务领域里的交集增多，多重规制体系之间产生了规制摩擦问题。

（四）行业自律建设不健全，企业社会责任缺失

在开放的现代社会，最新的特征就是社会的多元化。这种高度复杂性和不确定性的社会，让作为管理者的政府遇到的最为典型的事实和最令人困惑的感受是控制的失灵。在缺乏行业自律和企业社会责任的情况下，媒介乱象丛生。传媒业为了争夺收视率和销售量，扩大广告收入，有偿新闻、假新闻、信息失实、违法广告、炒作、侵权等现象屡禁不止，对传媒从业人员的资格缺乏规范、行为缺乏约束。目前，开放性、交互性、网络化、海量信息等信息传播特征使得传统的行政监管方式在媒介融合时代显得更加被动和低效。侵犯版权和隐私、提供虚假信息、实施网络暴力等已经成为媒介融合所带来的最突出的问题之一，由此导致的无序与混乱成为社会发展的不安因素，也对传媒业的健康发展形成制约。在媒介融合和新的社会格局下，"控制失灵"的困境正在倒逼政府管理者角色的改变。政府以垄断者面目独自肩负社会治理职责的时代正渐行渐远，非政府组织、企事业单位、社区及个人等各种各样的社会自治力量正在迅速成长起来。政府进行网络治理应汲取公共管理学中的社会治理思想，从过去的"媒介管理"转向"社会治理"。

## 第三节　新时代传媒规制创新的路径选择

一、明确党领导下的政府与传媒业的关系，重建公共服务体系

（一）合理界定政府角色和职能

进一步转变政府职能，从全能型政府转向服务型政府和法治政府，促进媒体与

政府、市场、社会之间的均衡发展。近年来文化体制改革中"公益化"与"商业化"的争论，其实质就在于，市场经济条件下政府在传媒业发展中究竟应该扮演什么角色、发挥怎样的作用，才能取得政府、市场、社会与媒体发展之间的均衡。毋庸置疑，市场化改革以来最突出的弊端就是强化了商业性而弱化了公益性，这在传播领域同样存在。但市场化并非"万恶之源"，唯利是图、自私自利的贪欲自有人类以来就存在，计划经济时代，这些私欲受到"一大二公"的抑制而未泛滥成灾，而在从计划经济向市场经济转型的过程中，原有对私欲的控制机制失效，趋利的市场化改革又没有建立起新的约束机制，人的贪欲被释放出来，造成物欲横流、唯利是图、道德沦丧也就不足为怪了。人的本性中利己和利他两种倾向同时存在，是利己压倒利他，还是利他压倒利己，主要取决于社会制度的设计与创新。社会主义市场经济体制的要义在于，社会主义与市场经济既相互制衡又相辅相成，不可偏废。我们并不反对加强政府对市场和社会的监管，但这种监管应建立在社会主义市场经济的基础上，实现政府、市场与社会力量的"共治"和均衡发展，而不是回到全能型政府，将行政权力置于社会和市场之上。从学理上说，市场不是万能的，政府也不是万能的，市场失灵与政府规制失灵同样存在。以政府规制为例，政府规制追求公共利益目标，也有可能被特定利益集团"俘获"，其政策服务于特定利益集团。但政府与市场之间的关系并不是市场失灵了就加强政府规制，政府规制失灵了又放开市场发展，以致陷入"水多了加面，面多了再加水"的悖论与困境。

渐进式改革最大的挑战是随着改革进入深水区可能出现"歧路徘徊"，错失转型良机。因此，当务之急是继续全面深化改革，政府与市场、社会需要协同进化。市场和社会需要治理，但政府职能同样需要调整和转变，以适应和满足社会主义市场经济发展的需求。党的十九大报告强调建设服务型政府，需要从全能型政府向服务型政府和法治政府转变，加强公益性服务，放宽经济性规制，提供社会博弈的基本规则。具体到传媒监管，应以公益性为导向，加强社会性监管，放松经济性规制，加强行为规制，放松结构性规制，以实现媒体与政府、市场、社会之间均衡发展、权责利对等，"公平"与"效率"兼顾的目标。互联网时代，政府角色应从传播机构的管理者转变为社会传播生态的共建者。政府首先应为系统建立一套最基本的游戏规则，这套规则应该是底线性的、建设性的、保障性的，保障整个系统的稳定平衡运行。同时，参与协调搭建安全的、开放的公共平台，鼓励多种主体共同参与、贡献力量，平衡各方观点和利益，政府不再是站在所有人之上的管制者，而是协调者、仲裁者，为系统内的多元主体处理纠纷、解决困难、提供公共服务，尤其是政策服务。最后，政府应相信公民的力量，通过不断的教育、培养、赋权，引导公民增强理性运用互联网的能力。

(二)坚持党管媒体等"四个不变",构建差序化传媒体系

我国传播体制转型的重要特点是"党领导下的传媒市场化",传媒体制改革的基本前提是坚持党的领导,不管媒体怎么改革,党管媒体不变,媒体服务党和政府工作大局、服务人民和社会主义的方向不能变。在坚持这一基本原则的前提下,传播体制改革在文化体制改革的框架下沿着产业化事业化"两分开"的道路不断推进。党管媒体,不能说只管党直接掌握的媒体,而是把各级各类媒体都置于党的领导之下。对那些影响越来越大的网络平台和新媒体,也必须坚持党管媒体的原则。要把党管媒体原则贯彻到新媒体领域,所有从事新闻信息服务、具有媒体属性和舆论动员功能的传统媒体和新媒体都要纳入管理范围,所有新闻信息服务和相关业务从业人员都要实行准入管理。各级各类媒体及其从业人员应自觉增强"四个意识"、坚定"四个自信"、做到"两个维护",始终在思想上、政治上、行动上同以习近平同志为核心的党中央保持高度一致。

构建差序化传媒体系。所谓传媒体系的差序化,是指不同属性的传媒在现代传播系统中的功能与角色各有侧重,各司其职,协同发挥作用。理想的媒介系统应该在实现自身效率的同时兼顾社会公平,并提出"民主化的媒介系统"的构想。该系统以公共广播电视为核心,辅之以私有媒介区域、市民媒介区域(党派、社会运动组织、利益团体与亚文化团体为自己发声)、社会市场区域(国家支持的少数媒介或替代性媒介)、专业媒介区域(由新闻专业人士实施专业控制,以寻求真相为目标)。从新公共管理角度看,较为理想的媒介结构应是三种不同媒介类型并存的生态,即国家媒介、公共媒介、商业媒介,不同类型的媒介承担不同的任务,实现不同的功能,从而满足不同利益主体的需求。国家媒介是由政府强力控制,宣传国家统治的意识形态工具,应通过相应的制度避免其陷入商业化和市场化的发展方向。商业媒介则侧重以商业营利为目标,以市场需求和受众喜好为根本导向。完全竞争的市场有利于促进产品的创新、服务质量的提高和生产效率的改进。公共媒介是非官方、非营利的媒介机构,其主要目标和任务是向社会公众提供公共信息服务,并作为公众共同参与的信息平台,表达公民意见,实现政府和社会监督,以期为社会公民中的大多数服务。其运作机制和保障主要来源于作为纳税人的社会公众,以及社会建构的社会公共服务体制。相应的媒介制度需要保护公共性媒介免受政治力量和经济力量的影响,使其始终以公众利益为核心,但同时也需要有相应的激励和约束机制,使公共性媒介保持创新的动力和压力。

(三) 重建媒体公共服务体系

我国正处于社会转型期，过去存在的私人品的匮乏已逐渐转变为公共品的匮乏。在我国，改革开放以来，在经济高速发展的同时，社会公共服务的发展相对缓慢，公共服务不足是中国经济社会转型期面临的突出问题，一些本属公益性的公共服务领域还被作为纯私人消费品领域来对待，被盲目市场化、过度商业化。文化领域的公共服务集中体现在群众基本文化权利的保障上。在计划经济年代，文化采取国家办、国家养的方式，一度有过辉煌。但在20世纪90年代以后的市场化转型过程中，由于财政投入跟不上以及旧有机制的制约，公益性文化事业在实质上被边缘化，即有的一点投入连养人的开支都不够，文化的公共服务功能严重缺失。传媒业也出现了同样的问题，公益性传播有所弱化，商业化、营利性传播成为实际上的支柱性业务。我国广播电视、新闻出版等长期坚持的"为人民服务"、服务社会公众的社会主义价值，在改革中不应该被抛弃，而应该通过公共服务的途径和机构继续保持和发扬。

## 二、规制目标保持多重利益的平衡

一般而言，传媒规制的目标是在促进产业发展的同时保障政治文化安全。在西方，传媒规制的目的是优化资源配置，追求公共利益，其在政治上体现为民主政治，在经济上则表现为自由竞争机制或保障经济效率。我国传媒规制的目标有三，即政治利益、公共利益和经济利益。融合规制不仅要考虑经济价值，更要重视社会文化价值，促使政治、经济和社会文化三重福利的实现。还有一个很重要的理念，就是保护和提升公民的发言权和接近受众权。这是不同于专业组织传播时代最为突出的理念，也是言论自由的新内涵。融合时代传媒规制的主体和对象更加多元，不同利益群体对媒介融合制度的诉求目标并不相同。对政府而言，媒介融合提供了许多社会管理和政治传播的新途径，扩大了媒介制度的约束范围，相应的制度需求也不断增加；对公众而言，媒介融合使媒介系统更深地嵌入人们衣食住行和社会生活的各个方面，人们对公共性媒介服务的需求也变得更加强烈；对企业而言，媒介融合带来了强烈的市场信号，孕育着巨大且仍不断增长的商业价值。因此，监管目标需要保持多重利益的平衡，既促进产业发展和市场竞争，又不损害社会利益和公众利益。

传媒规制实质上是包括政府在内的各种力量相互博弈的结果。美英等国在20世纪90年代率先进行了以"放松管制"为特征的制度设计和改革，有效地释放了传媒及信息行业的市场活力，成为许多国家参照和效仿的典型。然而，解除管制后，资本力量与政治力量迅速结合，媒介资源、信息资源的集中度，意识形态话语的单一性问题不减反增，不同阶层、利益群体所期待的公平性、多样性的媒介信息服务并未实现。全球范围内，发达国家借助超大型传媒集团、信息与通信技术公司的力量，利用宽松的政策环境，在全球媒介和信息资源生产、分配的新体系中占据主导位置，持续加强对他国政治、经济和文化发展的干预度。21世纪以来，对"放松管制"政策的反思和检讨不断增加，尤其是在经历涉及多个国家政治、经济、信息安全的重大事件后，"重回监管"的趋势也开始显现。解除管制实际上是"重新"管制，它使资产与控制从公共领域转入私人手中，同时伴随民主责任与社会责任的消失。简单地以市场替代政府的管制是幼稚的，现在所需要讨论的是如何更好地"再管制"，而不是"去管制"。从放松管制到再监管（完善监管），反映了公共利益与商业利益主要是私人利益的博弈与再平衡的本质。

### 三、从分业规制转向整合规制，构建融合规制主体

（一）从分业规制转向整合规制

媒介融合时代传媒规制框架变革的发展趋势是从纵向分业规制向横向分层规制转变。可通过展开一系列媒介技术、市场和产业融合的媒介规制变革，建立一个能够适应所有融合领域的共通的规制框架，传媒规制应从纵向产业划分为核心的管制体系向以横向功能划分的竞争体系过渡，采用一种水平层级式的融合监管架构，在最高层设置一个统一的融合管理机构，下设内容服务、技术管理和基础设施三大职能部门，对媒介的内容服务与基础设施进行分离管制政策。在媒介融合进程中，传统传媒纵向的产业结构日益向横向的产业结构演变。与此相适应，世界各国传统传媒的纵向分业规制框架正向横向分层的规制框架转化。许多国家已经将内容与网络或者是网络与服务分离，这以欧盟搭建的"电子通信"框架最为典型，它将内容与网络分离规制。一方面，在网络环节建立了融合的规制框架。另一方面，各国的内容规制又保障了文化的多样性。欧盟模式对我国具有重要的借鉴意义，我国也可以探索将内容与网络分离规制的模式，在网络环节建立融合的规制框架，对内容的规制则重在维护意识形态的安全。

（二）构建融合型规制主体

要解决"多头管理"的规制失灵等问题，必须建立独立融合性机构。欧美多个国家先后对相关的电信法、通信法进行修改，确立或建立了基于融合思想的统一监管机构。在技术革新推动下，我国传媒业市场范围与业务领域不断扩大，单一规制机构针对原市场和业务范围内的规制无法满足产业发展的需要。建立独立的融合规

制机构,既是我国媒介融合持续健康发展的实际需要,也是媒介融合的重要组成部分。我国这方面的改革已有突破性进展。党和国家机构进行了"系统性、整体性、重构性"的改革调整,其中对与传媒相关的宣传系统进行了大规模的调整,其趋势是加强党的管理,主要体现在两个方面。第一,加强中宣部集权以利于意识形态管理。将新闻出版、电影等管理职能直接划归中宣部,这是继撤销中央外宣办、将国务院新闻办划归中宣部后,又一个对新闻舆论集中管控的举措。改革之后,中宣部继续负责过去对意识形态的宏观指导,而且走到了直接管理具体业务的一线,成为绝对的新闻监管中枢。第二,广播电视系统一分为二,同时组建国家广播电视总局、中央广播电视总台。虽然在名义上二者是国务院直属行政机构和直属事业单位,但其实同样是由中宣部直接领导。以往的广电总局,既负责管理全国所有广播电视机构,又直接领导中央电视台、中央人民广播电台、中国国际广播电台,相当于是政企(政事)合一的体制。改革之后,广电领域实现了政企分开,这对我国传媒业的格局将产生深远影响。三家广电机构合组中央广播电视总台,升格为正部级,这一方面象征了电视媒体在整个官方宣传系统中地位的上升,另一方面也宣示了我国加大力量参与国际传媒竞争、争夺话语权的意图。

(三) 对新旧媒体"一体化"监管

一般而言,传媒规制对传统媒体是逐渐放松管制,对新媒体是从缺乏监管到逐渐收紧的趋势。媒介融合时代,出现对新旧媒体实行"一体化"监管的趋势。社交媒体的基本义务是服务于公共利益,人们对社交媒体的理解和治理应向新闻媒体看齐,社交媒体平台不愿受制于传统媒体的行业规则和伦理规则是"肤浅的"。互联网一开始处于"无监管"状态,一个重要原因是把互联网看作中立的渠道。但随着新媒体对社会影响力的日益增强,新媒体霸权崛起。互联网并非权力的禁区,这与社交媒体垄断平台的崛起息息相关。随着传统媒体与新媒体的合作意愿逐渐在主流社交媒体集聚,脸书等社交媒体实现了在自身所具备的优势渠道与传统媒体优质内容的充分融合,主流社交媒体的垄断趋势愈加明显。新媒体需要监管,目前传媒规制主要采用延伸传统的传媒规制的方式,对新媒体的监管方式还在探索之中。在我国,为加强网络治理成立了中央网络安全和信息化委员会,负责相关领域重大工作的顶层设计、总体布局、统筹协调、整体推进、督促落实。

## 四、放松经济性规制，加强社会性规制

### （一）实行公益性事业与经营性产业分类运行

按照事业与产业分离监管原则，实行公益性事业与经营性产业分类运行：前者是事业单位，归政府管理，后者归于市场，成为市场主体。深化公益性文化事业单位改革，强化社会服务功能。推动国有文化企业加快完善文化生产经营机制，提高市场开发和营销能力。引导非公有资本有序进入、规范经营，鼓励社会各方面参与文化创业。

### （二）实施特殊管理股制度

所谓特殊管理股，是指通过特殊股权的设计，使其所有者能拥有关于企业管理的最大决策权和控制权。传媒体制改革从初步市场化走向产权多元化，如何把握传媒的公共属性与商业属性成为贯穿改革过程的主要矛盾。实施特殊管理股制度是深化文化体制改革的重要举措，属于受控制的商品化，旨在服务于国家构建导向正确、协同高效的全媒体传播体系的目标，并开始从国有文化企业覆盖到非国有文化企业。从目前国内国家特殊管理制度试点来看，主要有两种路径。一种是国有媒体入股互联网媒体，以掌握内容审核权。如人民网入股铁血科技。另一种是互联网媒体引入国有资本，以获得新闻牌照。如"一点资讯""今日头条"等。其重要特点是国有企业对互联网信息服务平台进行信用背书，主要控制权体现在对内容的审核和监管上。特殊管理股制度作为西方国家规制体系中的成熟经验在我国传媒业的应用，具有加强社会性规制、放松经济性规制的功能，不仅有利于把控传媒业的内容方向和编辑方针，而且有利于激活传媒企业的市场竞争力，促进文化大发展，也是媒介融合需要规制融合的传媒业发展的大势所趋。从其实施的价值层面来看，特殊管理股制度当下需要完善相关的法律法规体系以及配套制度的建设，并防止特殊股权被过度使用。

### （三）放松市场准入与结构规制，促进产业发展

20世纪90年代以来，随着可竞争市场理论逐渐被认可，各国纷纷开始对传媒业及电信业进行松绑，开放传媒业与电信业之间的市场交叉准入，并在所有权限制、许可证发放等经济规制领域实行普遍放松，减少规制机构对市场的干预，以促进竞争。在媒介融合的背景下，传媒业的放松经济性规制，一方面，要"放松新闻出版、广播电视、电信产业与新媒体之间的进入壁垒等，特别是针对可经营性资产，通过

并购重组建立跨媒体、跨行业、跨地区的融合传媒集团,共享信息、采编、渠道、销售与广告资源,形成具有可竞争性的市场结构和产业体系"。产权规制在传媒规制中起着最为重要的作用,特别是在美国,产权规制是调节市场的首要手段。另一方面,要放松传媒业的进入规制,允许民营资本进入,实现所有权多元化。

(四)加强内容监管,保障意识形态安全

内容规制是一种社会性规制,是一个国家基于社会文化价值取向、依据有关法律法规对传媒行业内容和服务进行的规范,通常运行于民族国家范围内,其核心目标是保护和实现民主、社会和文化的需求,防止不良内容对国民的侵害。主要包括积极和消极两种类型,积极内容规制旨在促进内容接近性、保障质量和保护多样性,而消极内容规制重在限制某类内容的传播和对广告的管理。各国针对新的产业发展形势,积极探索新的内容规制框架,主要着眼于以下几点:① 在硬性系统与软件系统适当分离的基础上,分别建立针对两者的规制框架;② 区分各类传输平台提供的内容服务,从一般法层面上强调对内容的普遍性约束,拓展通信法与广播电视法的适用范围,强化专门性约束;③ 针对地面数字电视、有线数字电视、卫星数字电视、互联网电视和移动电视的播出内容,建立相互间平衡协调的规制框架;以独立规制与社会监督、法律约束相结合的方式进行内容管制。融合时代,内容规制需要在保护隐私权、版权与言论自由权之间保持平衡。在我国,内容规制最新的态势是加强对新媒体的意识形态管制,网上网下保持同样的监管尺度,以促进社会主义核心价值观的传播,保障主流意识形态的安全。

**五、以多样化规制手段创新规制方式**

融合时代的传媒规制是多元主体民主协商的过程,是一种规制主体与被规制组织的合作规范方式,需要创新规制方式,采取自律与他律相结合,法制、行政、行业自律与技术等多种规制手段相结合的方式进行。

(一)构建融合型法律体系,建立健全相关法律

传媒规制的多元协商治理应以法治为基础。现代社会是法治社会,需要用法律手段调整政府的行政权限,规定参与规制的不同主体的权利和义务。融合性的法律体系是构建融合性规制体制的重要支撑。确立明确的法律规制体系,有利于明确传媒产品生产和受众参与市场化运营的权利和义务,有利于建立规制权力在法律上的至高地位。欧洲大多数国家在传媒产业的规制方面都有较完备的法律规范体系,融合性的法律体系成为规制体系的前提。其中,日本的融合法律体系具有重要的借鉴

意义。日本在产业分立时代、产业融合初期均颁布了完善的法律体系，并拟出台融合性的法律体系，如"信息内容法""传输业务法""传输设备法"。在融合背景下，媒介发展相关法律的制定和健全需要包括以下几个方面的工作和内容：首先是加快制定重要的实体性法律，尤其是与信息生产、传播和传输相关的法律，如《新闻法》《电信法》《公共信息服务法》《隐私保护法》等；其次是对现行法律进行及时的修改和完善；最后是完善与法律配套的行政法规和司法解释。

### (二) 进一步延续与完善媒介政策

目前，我国的媒介政策大致可分为以下几个层面：一是战略部署。如国民经济和社会发展的五年规划纲要。二是指导意见。如《中共中央关于深化文化体制改革、推动社会主义文化大发展大繁荣若干重大问题的决定》等。三是步骤措施。如《关于深化新闻出版广播影视业改革的若干意见》《关于进一步加强电视上星综合频道节目管理的意见》等。从这个政策结构来看，我国的媒介政策具有阶段性和工具性特征，通常是在一定时期内针对特定目标制定，并依赖政府的科层制权威体系以自上而下的方式实施。在媒介融合的环境下，我国媒介发展仍然需要不同类型的政策作为指引和支撑。

### (三) 加强行业自律体系的建设

加强传媒行业自律，发挥市场主体包括个人的作用，对于传媒规制的有效实施至关重要。21世纪以来，倡导自律成为很多国家的一种新规制浪潮，是一种在政府、国际组织和公民等多元主体协商和推动下的自我规约。比如，国际电信联盟的COP小组在成立之初就倡导和鼓励社交网络服务商在保护儿童免受不良内容侵害方面坚持自律；英国通信管制委员会也鼓励各种媒体强化自律、恪守业务守则，比如自觉对所传播的内容分级并明确标示等级等。之所以如此，是因为相较于政府规制和无规制，自律更为专业且更富有效率，在处理行业事务方面，业界人士比政府官员更专业，更富有技能和责任感、自豪感与忠诚度，也更能及时地了解和把握发展动态，获取相关信息的成本也要低得多，同时也降低了政府规制成本和行业规制负担。传媒规制的最终目标是促使企业等被规制对象高度自治，自觉维护公共利益和提高社会福祉。

融合时代建设行业自律体系，首先要明确传媒业自律体系的约束主体，互联网时代传媒业自律体系的约束范围不仅应该包括专业的媒介传播机构、传媒行业的从业人员，还应包括使用各类媒介进行信息传播的用户。自媒体乱象的滋生，互联网平台企业负有不可推卸的责任。平台企业作为自媒体运营的服务提供者，必须履行好责任义务，依法运营，严格管理。在平台运营方面，针对信息传播的内容，从业者的管理成为政府监督管理的重点内容，如《互联网群组信息服务管理规定》《互联网新闻信息服务单位内容管理从业人员管理办法》等。《网络生态治理规定（征求意见稿）》首次将用户责任提升为网络内容安全主体责任层面。其次，需要建立专门的行业自律机构、自律公约和行为规范。为了加强新闻队伍建设，解决新闻界存在的虚假新闻、有偿新闻、新闻敲诈等突出问题，中国记协和各省份记协都成立了新闻道德委员会，加强新闻职业道德监督机制建设。最后，行政部门需要适度放权。目前，与传媒业相关的指导、调查、执行和协调的权力都由政府的行政主管部门执行。一个健康而有效的自律体系离不开相应的法律和行政法规，只有获得一定的授权，自律机制才能具有约束力，才能发挥功能。

### （四）加强技术保障和技术治理

互联网时代，传媒规制对技术依赖程度非常深，加强技术支持是必然要求。随着科技发展，各种各样的传播技术早已被纳入新闻工作的过程之中，但网络科技也带来了政府监控的可能性以及黑客攻击等各式各样的安全威胁。网络监管最难在于技术，关键要靠相关部门集中力量攻克网络监管技术难关，通过先进完善的技术系统对网络空间进行全覆盖、不间断的监督，精准、动态掌握网络运行状态，对任何违反社会道德和法律法规的网络言行能在第一时间发现。目前，传媒规制的技术屏障主要有数据加密技术、访问控制技术、防火墙技术、漏洞扫描技术、网络协议、入侵检测技术、反病毒技术、数据完整性控制技术、网络容错技术、审计技术、过滤技术。网络的趋势是走向控制——在早期因特网的代码层放置一些新技术，以便对运行在因特网上的内容和应用程序进行区别对待并加以控制。对因特网的控制主要是通过法律、社会规范、市场或技术来实现的。

媒介融合与传媒转型是新闻传媒业与整个社会的巨大变革，前途光明，前景可期，但道路可能是曲折的。我们今天所作出的战略选择将产生意义深远的影响，可能形成新的路径依赖。

## 第四节 数字影视的传播策略

### 一、影视传播的要素构成及其关系

数字影视是大众传播媒介，其传播的过程具有大众传播的一般性特点。

信息的传播在人类社会中遵循着一定的系统性，传播的几个要素是相互联系、相互作用的，它是一个有机整体，对数字影视传播的研究可以借鉴经典传播学的理论成果，这样便为数字影视传播提供了一个基本框架。

(一) 数字影视传播的基本构成要素

1. 传播情境

情境指的是在一定时间内各种情况相对或结合的境况。传统影视的传播情境更偏向于一定的社会大环境及舆论环境，其宏观性较强。近年来，随着媒体报道的医患关系紧张和医患冲突等问题不断凸显化，影视作品的价值态度以及舆论导向在此时尤为重要。随着一批医疗行业励志题材电视剧的热播，公众对医生的评价也有所改变。这些充满人文关怀的电视剧展现了医生的日常生活，直接且不回避阐述医患关系，表现了医生救死扶伤的敬业精神。它们引发了社会的强烈反响，这些反响不管是正面的还是负面的，都将引导大众重新审视医患关系。重要的节假日，影院和电视台会安排相应的影视内容。

数字影视的传播情境主要依托特定的设备空间以及传受者的感官和心理机制。数字影视作品在观赏过程中需要佩戴3D立体眼镜，利用3D立体眼镜特殊的成像原理作用在人体的感官上的观影体验更好。4D动感电影是在3D立体影院的基础上加上动感座椅以及观影室内的特殊环境，如模拟喷气、刮风下雪、振动、烟雾等。数字影视作品的制作以及接受过程大多是由感官系统接受刺激，经由神经系统进行处理，最终反射到器官肌体。数字时代下，若观众想要获得全面的观影体验，只能是在数字影院或特定设备空间进行。

2. 传播主体

传播主体是传播行为的信源，对于传统影视传播而言，传播主体是一定的组织或群体。在社会传播过程中，传播主体决定着传播内容的质量和传播的导向，是传播过程中的重要环节，对人类社会发展起着至关重要的作用。传统影视的传播主体具有一定的代表性，新闻记者及主播代表着一定的传播部门和传播组织，他们主要为一定的阶级和政党服务。对于传统影视的传播主体而言，他们在影视传播过程中要懂艺术。

数字影视的传播主体大多是职业性的传播者，他们不仅要懂艺术，而且还要懂技术。在数字传播时代，影视传播者不仅要具备文化传播的能力，还要具备数字影视制作的技能。他们要精通计算机技术，熟练掌握各种软件，快捷操作数字媒介技术，能综合处理文本、照片、视频、动画等各类材料，并对数字媒体网络传输的流媒体技术、数字计算机动画技术及虚拟现实技术有所了解，通过专业数字影视作品向用户传递影视信息。

依托数字技术及网络平台的支撑，一些业余传播者会依托数字设备，随时随地在网络上分享新闻，利用虚拟技术将信息连接到数字媒介终端，用户可以借助数字电视第一时间置身现场观看新闻，人人都是麦克风的时代到来。在传统新闻报道中，因为设备的局限性，信息的传播往往需要一批新闻记者前去分工采访报道，而在今天，一则新闻的采编和发送往往只需一人即可完成。

3. 受传者

受传者是传播过程中传播内容的接收者，是传播要素之一，影视传播的受众是影视内容的接收者。在对电视节目和电影作品的反馈中，传统影视的受传者的评价很多是在文艺座谈会、来信来电、收视率上反映出来的。在传统影视传播的过程中，受传者在接受影视信息的过程中大多处于被动状态，且受传者的反馈具有延迟性。传统影视传播的受传者具有广泛性、混杂性的特点；受传者多以青年和中老年为主，青少年是少数群体；受传者多为一般性受众，这些受传者虽然信息需求旺盛，但目的不是十分明确，信息需求的指向性比较模糊。传统影视传播中，在受传者的研究和定位方面，鉴于受传者群体的广泛性，影视内容多在最大范围内追求最大公约数，以此满足全体受传者的共同兴趣。

随着社会的发展及技术的变迁，数字影视传播的受传者相对于传统影视传播的受传者有着很大的变化。当前中国社会结构面临巨大转型，总体性社会向分化性社会转化，这样必然导致受传者群体分化趋势明显，不同群体之间，兴趣共同点减少，信息要求分化，主观的需求加之客观的数字技术支撑，使得分众化媒体应运而生。数字电视的多频道恰能满足受传者分众化趋势的不同需求。

在传统影视传播过程中，受传者虽然可以参与反馈，但周期较长，时效性差。而在数字时代，受传者在观看影视作品的过程中可以从时空中解放出来，不受时间和空间的限制，世界各地的受传者都可以进行评论和转发，并进行实时交流。除此之外，数字影视传播的受传者多是二次传播者，他们随时随地进行信息的二次加工，既是受传者也是传播主体。国内最大的年轻人潮流文化娱乐社区 bilibili（又称"B站"）上的弹幕文化风靡一时，UP 主热衷于二次传播，他们在数字影视作品中获得海量的信息，然后使用媒介技术向特定的用户传播规范性的数字影视信息，用户可以在各种数字终端（如数字电视）上下载 B 站 TV 版观看。

不可否认的是，受传者在信息传播的过程中直接受到他们自己的文化水平、知识结构、传播技能的影响，这些影响会作用于受传者，随之受传者会作出自己的思考和举动。我们把它称之为媒介素养，在数字影视传播过程中，由于信息的多元化以及信息渠道流通的快捷，受传者的媒介素养会随之提升，但这也造成了数字影视传播的受传者趋于年轻化，因为技术的选择性使得数字鸿沟这一现象逐渐严重。当今电影院的受传者群体逐渐趋于年轻化。

4. 传播信息

传统影视传播的信息主要是采用声、光、电等物质载体传送，传播过程中呈现的内容较为单一。在传统的新闻报道中，信息多为文字阐述及视频呈现，信息的表现形式较为单一，受传者不能全方位且深刻地感知事件的发生，囿于技术的支撑，在紧急事件和灾难性事件的报道中，信息不能有效及时地传递给受传者，信息传播不能立体化地展现在受传者的面前。在胶片电影时代，影视作品虽然色彩还原度很高，但在拍摄一些特殊场景，比如带有一定神话色彩和动作悬疑的影片时，大多是通过声音以及一些物理化学现象进行拍摄，突破性和视觉奇观感不够，不能逼真且震撼地反映电影场景。总的来说，传统影视的传播信息层次低且较为单一化。传统的模拟电视存在易受干扰、色度畸变、亮色串扰、行串扰、大面积闪烁、清晰度低和临场感弱等缺点。

虽然数字影视和传统影视的传播介质相同，但在信息传播的载体和呈现方式上，两者又有很大的区别。数字影视的传播很大程度上从枯燥单一的信息中解脱出来，在新闻报道过程中以视频、音频、文字、表格、动画、游戏、论坛的形式多角度地向人们描述一个新闻事件。数字电视能带来高质量的画面、音效，电视节目更加丰富多彩，还具备交互性和通信功能。

随着大数据的开发和应用，信息的呈现方式趋于多样化。气象天气与人们的生活息息相关，天气预报在国民经济生活中扮演着重要的角色。传统的气象预报很大程度上采用的是气象主播专业性的术语播报和枯燥单一的数据描述，节目形式较为单一，而在数字影视的信息传播中，这些以二维视角表示的天气形态可以在演播厅内通过技术处理，在受传者面前以三维场景进行展示，通过视听触觉等作用于受传者，使之产生交互式的现实场景呈现在人们面前。在数字影院观看数字电影时，影片展现在受传者面前的也是立体式的信息而非二维平面的效果。

依托数字媒介，数字影视产品更多是以数字化的形态呈现。虚拟现实、特效以及客观世界的声音、影像这些复杂多变的影视元素全部被转变为可度量的数据，传播主体再根据模型转化为二进制代码，输入计算机进行处理，最后成为数字化的影视信息。这些数字影视信息抗干扰能力强，不论在时间上还是空间上，都能很方便地保存。另外，数字影视信息通用性较强，能够在不同的数字终端上使用。相较于传统的基于声、光、电的胶片电影，数字电影更能适应现代电影业的发展需求。

5. 传播媒介

传播媒介是信息传播的载体，对于传统影视而言，传播媒介是传播过程中要素相互连接的纽带。媒介的主要形式分为感觉媒介、表示媒介、显示媒介、存储媒介和传输媒介。传统电视的感觉媒介直接作用于人的感觉器官，如音频、视频、文字、图画等。传统电视承载原始信息的媒介主要是模拟信号，指的是信息参数在给定范围内表现为连续信号，模拟信号需要在传输过程中将信息信号转换为电波信号，再通过有线或无线的方式传播出去。在传统模拟电视的存储和传输过程中，采用NTSC、PAL或SECAM模拟制式把它们的信号调频后，调节这些信号并放进VHF或UHF的载波上，通过发射塔发射，然后经由模拟电视的天线接收处理模拟信号，转化为原版的声像；若通过有线电缆传输，则要通过机顶盒接收和处理。对于传统电影，主要是采用胶片进行拍摄，利用感光原理成像，然后通过放映机播放。

数字影视的传播媒介和传统影视的传播媒介最大的不同在于原始信号的处理方式。数字电视承载的原始信息主要是数字信号。数字信号的自变量和因变量都是离散的数据，是用0和1来表示两种物理状态，数字信号的抗干扰能力优于模拟信号，即使高电平被干扰信号叠加，只要在这个门限以内，一样会被识别为1。数字信号在传输系统中有纠错技术，经过放大之后干扰信号会被剔除，信号会重新生成标准信号。数字信号是一种非线性的信号，在传输过程中可以采用有线或无线的方式进行。三网融合使得数字电视在传播过程中可以接入网络，用户可以随时随地进行切换式观看。随着接收终端的多元化，用户也可以随时随地进行观看和互动，"数字化""大数据""易检索""高交互性"是数字影视传播过程的特点。

数字电影和传统电影传播媒介最大的区别之处在于内容的生成。数字电影在拍摄、加工处理及发行放映等环节，部分或全部采用数字技术代替传统的光学化学反应及物理处理方式，数字电影也是以数字方式制作、传输和放映的，以数字技术和设备摄制、制作存储，并通过卫星、光纤、磁盘、光盘等传送，将数字信号还原成符合电影技术标准的影像与声音。

在VR技术崛起之际，VR电影也出现在公众的视野里。在拍摄过程中，将传统的电影摄影机换成360°摄影机，能够让观众随意转动观看360°的场景。在利用移动终端观看的过程中，用户可以通过移动手机全景式观看，真正意义上的VR电影不仅仅在于视角的全景化，还可以将电影场景通过VR头盔的双眼视差产生纵深感进行观看，也可以在移动终端上随时随地地评价互动。

6. 传播效果

影视传播的效果是指影视传播过程中的结果及反馈，即受传者接收到影视信息的反应，以及受传者的反馈信息对传播主体的反作用。电视和电影诞生以来，它所产生的影响涉及各个领域，小至个人，大至社会。

早期电视和电影等大众媒介的迅速普及和发展，使得传统影视对人们的日常生活产生了巨大的冲击力。这一时期，人们将这一传播效果称为"魔弹论"，那时候人们普遍认为传统影视具有强大的力量，传播效果是立竿见影的。然而，这种效果抹杀了人们的主观能动性，忽略了影视在传播过程中所受到的社会因素的影响，直至后来"有限效果理论"的出现，证明了传播效果的条件性及受传者的主体性。以上多是将传统影视的传播效果集中在个人及群体范围内，忽视了对社会的效果影响。随着电视及影院普及化程度的提高，传统影视的影响力逐渐扩大，人们沉迷于影视作品中所呈现的景象，对现实世界的关注度和思考度降低，以致出现长时间观看影视的人会对社会现实的认识更接近于影视作品的现象。可以说，影视培养了人们所谓的"现实观"和"价值观"，这就是影视产生的传播效果，即"涵化理论"。

数字影视的传播效果是伴随着数字技术及网络技术作用于社会和个人产生的。双向传播和多点交互传播是数字影视传播效果的主要体现。

传统影视传播在信息传播过程中处于强势地位，基于传统精英文化指导下的影视会与大众文化出现断层。数字影视的产生，使得受传者在观看电视和电影时能够在传播过程中通过技术和数字智能终端实时互动，不断强化自己的声音，为所谓的大众民间文化开拓出新的领域，而这种传播能够弥合精英文化与大众民间文化的断层。数字影视传播的实时互动性相比传统影视传播的反馈具有长期平稳且力求平等对话的传播效果。

数字影视传播的效果是显而易见的，它所带来的效果就是让人们身处一种数字化的生活中，传播效果及时且精准。数字技术和网络平台的结合，使得媒介终端发生了变化。当影视媒体生产的内容都趋向一致，媒介生态中不同媒体之间的差异就是内容的显示环境与呈现方式不同。用户在影院和移动终端上收看数字电影以及利用电视机或平板电脑收看电视，产生的传播效果都是不同的。如果是跨屏观看互动，更会产生不同的传播效能。设备和网络通道不同，影视传播的视听界面就会有所不同，视觉布局、信息容量更是有所差异。除此之外，精准定向的数字影视传播能够让用户根据媒介形态及使用习惯进行搭配，从而提升传播效果的渗透性。

7. 数字影视技术

数字电视是一个从节目采集、制作、传输和接收均采用数字技术处理信号的系统，数字电视信号中所有的信息传播都是通过由0、1数字串所表示的二进制数字流来进行的。具体的传播过程是：电视台发出视频和声音信号，经过数字压缩和数字调制后形成数字电视信号，再经过地面无线广播、有线电缆或卫星等方式传输，由数字电视接收之后，通过音视频解码处理还原为原有的图像和声音。数字调制可以分为线性调制和非线性调制两大类。在线性调制技术中，传输信号的幅度随调制信号的变化而线性变化。线性调制技术有较高的带宽效率，非常适用于在有限频带内要求容纳更多用户的无线通信系统。相比模拟电视，数字电视更能适应远距离传播，抗干扰能力强，数字压缩中即便是有损压缩，人眼观看范围内也可以忽略不计，且数字电视的发射功率比模拟电视小。

数字电影（包括数字动画）以数字技术和设备拍摄、制作、存储，在信息传播过程中采用数字技术处理信号，然后通过卫星、光纤、硬盘和磁盘等物理媒介传送，将数字信号还原成原视频信号，最终在数字影院播放。和数字电视一样，数字电影在进行数字压缩的过程中采用加密的方式，主要有三种方式：一是完全依靠计算机合成；二是采用高清晰的数字摄像机拍摄；三是使用胶片摄影机拍摄之后，再数字化到计算机硬盘里。因为数字摄像机在拍摄过程中的CCD人工设计光电学像素的色彩度仍旧比不上胶片电影的色彩还原度，所以最佳的院线级数字电影的制作方式仍然是前期采用胶片拍摄，后期经过胶片冲洗转为数字信号编辑，最后再转为数字视频播放。

### （二）数字影视传播要素之间的构成关系

在数字影视传播过程中，传播主体是整个传播行为的引发者。和传统影视传播不同的是，传播主体和受传者是一种交叉化的新型关系，传受双方不再是两个独立的传播要素，他们的界限变得日益模糊。数字电视不再像传统的电视那样，用户只能被动地收看电视所播放的节目，数字电视提供了多样化服务，用户能够使用电视进行数据传输、信息查询、网上购物等。所以，受传者不再仅仅是单纯的接收者，他们也可以进行信息的生产和传播。数字影视信息是数字影视传播的全新展示，数字影视传播的特殊性正是通过数字影视信息表现出来的，数字影视信息由传播主体生产出来，通过数字影视媒介这一载体和数字影视技术平台进行传播，正是有了这样的关联，数字影视传播效果才得以起效；数字影视媒介是将传播过程中各个要素连接起来的纽带和渠道，是数字影视传播的核心要素；数字影视的传播效果是传播行为的目的地和落脚点，传播必有效果，传播效果一直以来也是传播学研究的重要领域。

### 二、数字影视的传播效果

传统影视作品的传播形式包括期刊、报纸、街头广告、影视海报、电视广告、口口相传等，数字时代这些传播方式依旧存在，但其形式却发生了诸多变化。二维广告成了线上不断转载的图片，三维宣发视频成为作品面世前的"前艺术"作品。新的传播路径更多是从线上种子推广、站内软性广告协助到社交媒体推广、新媒体推广，最后这些都会成为口碑发酵的温床。

"互联网+宣发"成为数字影视大行其道的原因之一。这种新变化在初期主要是载体上的变化，由实物载体转为媒介载体，大量的宣传内容在各个媒介上复制，通过媒介平台的流量向用户单方面推送。但到了宣发2.0时代，媒介的社交、舆论特性被发掘，影视作品的宣发开始转向用户的主动参与。例如，腾讯QQ与《小黄人大眼萌》等作品的深度合作，开发虚拟周边，进行社区运营、联合推广，打造"社交化宣发"。各种主角表情包、QQ兴趣部落、定制首映礼和票务衍生品等内容，受众主动参与传播，并以有趣的方式使得数字影视文化呈现特殊的效果。

（一）增强国际传播力

数字时代的艺术传播不可避免地面临全球化与本土文化相融合的实践。网络提供了国内外交流更加便利的平台，如日本弹幕文化，还有近年来从国外引进的各类综艺节目大大丰富了国内影视艺术内容。其次，国外优秀的影视制作技艺和影视作品传播模式在全球化交流中给我们的影视艺术发展带来了新的契机。全球化的文化传播过程中，异国文化对本土文化的冲击不再是政府部门构建起的文化准进机制，选择性地向国内观众展示或者说向国外观众传播而是势不可挡。面对开放式的网络空间，用户可以通过"翻墙"等技术随时关注各种文化，并从中选择自己所喜欢的。对于一种文化是否能生存下来，唯一的评价标准就是能否在全球文化场域获得一席之地，获得观众对它的青睐。在数字时代，影视艺术的传播空间变大，意味着文化交流性越强，同时受攻击的可能性也逐渐增加。

数字影视传播凭借其特殊的技术传播因素，可以高速便捷地在全球范围内传播，传播范围广、传播力度强。传统影视在传播的范围中囿于本国文化传播力弱和数字影视作品制作技术缺乏，影视作品很少能走出国门。就算是走出国门，在国际文化影响力上还是很弱。随着中国加入WTO，数字影视技术不断发展，比起传统纯故事型叙述的影视作品来说，当前国内数字影视传播不仅注重内容的传播，还注重传播技巧、现场的观影效果和视觉体验。因此，影视作品不再受远距离传播及作品质量的影响，不少优秀的国内数字影视作品被世界所知晓。

（二）提升内容表现力

数字影视作品的涵盖范围广，凭借数字技术的发展，在各类领域的实际应用也变得越来越广泛。旅游文化在传播过程中具有双重属性，不仅具有文化传播的功能，还能取得经济效益。世界各地的旅游文化奇观可谓是数不胜数，旅游地的灵魂就是文化本身，如何更好地把旅游地的文化进行有效的传播很重要。在旅游文化传播过程中，数字影视技术能够更大程度地把其文化内涵挖掘出来。

旅游文化不仅具有"形"的文化特点，还具有"意"的文化内涵。旅游文化丰富多彩，旅游资源广博，人们的时间和精力有限，所以在一些数字影视作品中，可以将这些旅游文化淋漓尽致地展现给人们。数字影视制作团队可以将囿于空间和人们自身条件的一些文化景观以3D的效果呈现给大家。另外，数字技术还能在拍摄取景时，利用数字技术合成效果制作视觉奇观，在不失原先景色的基础上进行大胆的设计和想象，让拍摄地的景色被观众记住，促进当地旅游业的发展。

在教育领域，数字影视传播也表现出一定的生命力和影响力。艺术、人文和技术被看作是影视教育发展的三个重要支点。随着数字影视作品的传播，高校对数字影视教育中的技术因素越来越关注。行业的发展必然会带动教育行业施教点的转变，影视教育的未来发展将会在"数字技术"这一维度下进行重新定义和探究。

（三）助力传播分众化

融媒时代下数字影视技术给受众带来了诸多的新变化，同时数字影视受众也呈现出诸多新特点。传统影视传播范围内涉及的受传者多以青年和中老年为主，青少年为少数群体；受传者多为一般性受众，这些受传者虽然信息需求旺盛，但目的不是十分明确，信息需求的指向性比较模糊。传统影视传播中，在对受传者进行研究和定位时，鉴于受传者群体的广泛性，影视内容多在最大范围内追求最大公约数，以此满足全体受传者的共同兴趣。而在数字影视传播过程中，由于技术的选择性，受传者中青少年为多数群体。这种传播效果的影响力不是从数字影视传播的传播内容上决定的，而是在受传者的接收过程中体现出来的。大数据平台的智能化算法，使得数字影视传播范围由广及细，即数字影视的分众化传播。

（四）推动载体多元化

我们知道，构成传播必不可少的三大要素是信源、信道和信宿。数字影视的传播范围不仅仅体现在信源和信宿上，还体现在信道上。传统影视传播的载体是传统意义上的电视机和影院，随着科技的发展，数字影视传播的载体发生了质的变化，只要能观看影视作品的数字化显示终端的都是数字影视传播载体。也就是说，传统意义的概念性称呼已经边界化，数字影视传播可以凭借数字技术、VR/AR等技术进行无边式传播，更能在显示终端上实现穿戴式传播。

数字化艺术传播要考虑网络空间与数字化场域中数字化艺术传播所呈现出的特征与状态。数字时代影视作品的形式是一系列字符组成的信息数据，传播方式是网络环境中数字信息的流动。其传播不仅摆脱了实物载体的限制，还确保传播内容的高品质。随着三网融合进程的不断推进，广电、电信、互联网三方在技术、载体和内容上不断交融，影视作品传播逐渐呈现"大屏+小屏"模式。这就意味着，同样的艺术内容要适应不同的播映平台。例如，电视机前的观众已经难以满足这种相对单向和被动的观看方式，对电视内容的关注度不断下降，这就要求在电视媒介上传播的内容情节点不可以过于集中；而观众对新的智能手机小屏幕后的巨大世界却产生极大的兴趣，精神集中程度更高。所以，网络传播特别是手机端内容的传播要更加注重视觉的强烈刺激，在海量的信息中吸引受众关注，以赢得点击量。不同的媒介具有不同的特性，对应的观众群体不同，自然对于影视艺术在跨媒介文化传播过程中具有不同的要求。

**三、数字影视传播的模式创新**

通过对传统影视与数字影视传播模式的比较，虽然传统的影视传播在传播过程中纳入了噪声、反馈、心理等因素，但在传播过程中仍旧是简单的单一化传播。在数字影视时代，信息的传播依靠的不仅仅是数字技术，还有网络平台。传播媒介可以看成一台台计算机或智能移动终端，数字影视以比特流的形式在网络上传播，通过编码和译码的方式进行信息的传送。数字影视传播和传统影视传播相比，已经发生了巨大的变化。

（一）数字影视传播的网络模式

虽然在传统影视传播中，信息可以进行跨界传播，但这种传播模式得以成立的基础是仪式性较为浓厚的系统传播。在传统影视传播中，个体传播要与组织群体传播联系时，要有特定的"场所"。无论是现实生活中还是影视世界中，这种特定的场所都是必不可少的。这说明传统影视在传播过程中，条件性要求较强。在数字影视传播时代，电影作品和电视节目的传播不需要很高的门槛，网络技术的普及可以让每一个个体在信息传播的过程中深入各个传播系统之中，通过数字网络技术将这种杂乱无章的传播连接起来进行交叉式传播。

（二）数字影视传播的通道模式

传统影视传播中，传播主体与受传者之间的交流少，传播通道烦琐，不太可能通过同一个通道传播，交流具有延迟性的特点。在交流过程中，渠道形式较为单一，不能进行多任务交流。数字影视传播过程中不能忽略的一点是，这些信息传播都是通过网络这一平台系统传播的，数字时代的数字影视传播是依托数字技术和网络技术进行交互传播的。没有网络技术，数字影视信息便没有传播的渠道可言；没有数字技术，网络平台系统就如一条活死路，没有价值可言，它们是相互依存的关系。

这里我们将提取信息传播过程中所通过的每一个具体节点。

  在数字影视传播中，噪声因素可以忽略不计，因为数字信号是以"0""1"的方式传播的。比如，规定 0.8 V～1.3 V 的电平为高电平，虽然高电平被干扰信号叠加，但仍然在这个门限以内，依然会被识别为"1"。经过放大之后，干扰信号就会被剔除，重新生成标准信号。所以，数字信号抗干扰能力更强。数字信号的损失方式和传统模拟信号完全不同，它的信号在一定长度内基本保持完美，但在到某个临界长度后，信号品质会突然大幅度下降，或者消失。图像品质的曲线就好像一个悬崖，俗称"悬崖效应"。线缆的传输距离达到"悬崖效应"点之前，人眼并不能辨别出图像发生了哪些变化。但在传输过程中，劣质电缆线造成的数据错误实际上已经出现了。人眼看不到由这些错误造成的画质改变，是因为数字传输系统拥有纠错技术，在门限规定范围内，图像质量依然可以保持完美。

# 第八章　数字媒体的交互设计

## 第一节　交互设计的基础

### 一、交互设计的内涵

(一) 交互设计的概念

1. 交互

"交互",在传统意义中,一方面指人与人之间的相互交往,另一方面特指人与物(特别是人造物体)之间的关系,如人们对饰品、乐器、玩具和收藏品的鉴赏、把玩和体验的过程。在现代语言环境下,随着计算机和数字媒体的发展,"交互"在这一领域中,特指人机之间的交流与互动。

2. 交互设计的定义

交互设计,又称互动设计,用来定义人造系统行为的设计领域。人造物,即人工制成物品,如软件、移动设备、人造环境、服务、可佩戴装置以及系统的组织结构。交互设计在于定义人造物的行为方式(即人工制品在特定场景下的反应方式)以及人与物相关的交互行为。交互设计是指一个产品如何根据用户的行为而产生互动,以及如何让用户通过一些控制器去控制产品。使用网站、软件、消费产品、各种服务本身就是一种交互行为。用户通过人机界面向计算机输入指令,计算机经过处理后把输出结果呈现给用户,使用过程中的感觉就是一种交互体验。大型计算机刚刚研制出来的时候,可能当初的使用者本身就是该行业的专家,没有人去关注使用者的感觉;相反,一切都围绕机器的需要来组织,程序员通过打孔卡片来输入机器语言,输出结果也是机器语言,那个时候同计算机交互的重心是机器本身。当计算机用户越来越多地由普通大众组成,随着移动终端设备的普及,在数字媒体技术大幅度发展的当今社会情景下,各种新产品和交互方式越来越多,人们对交互体验的关注也越来越迫切。

3. 交互设计的目的

从设计师角度出发,交互设计是一种如何让产品易用、有效且让人愉悦的技术,它致力于了解目标用户和他们的期望,了解用户在同产品交互时彼此的行为,了解"人"本身的心理和行为特点。同时,还包括了解各种有效的交互方式,并对它们进行增强和扩充。交互设计还涉及多种学科以及与多领域人员的沟通。

通过对产品的界面和行为进行设计,在产品和它的使用者之间建立一种有机关系,从而可以有效达到使用者的目标,这就是交互设计的目的。

(二) 交互设计的特征

交互设计具有学科交叉的特征,一个成功的交互设计案例背后一定有多个学科的相互协作努力。交互设计是一门从人机交互 HCI 领域分支并发展起来的新兴学科,是一个跨学科的知识领域,它涉及计算机科学、人体工程学、心理学等多门学科。交互设计的作用是设计出供用户使用的产品或交互系统。因此,在人与机器或系统的交互设计过程中,首先应该体现以用户为中心的设计原则,理解用户的需求,就要从审美、人体工程学或计算机科学、软件工程学等方面去研究,这就意味着这些需求会涉及许多领域的知识。近年来,随着计算机科学和通信技术的发展,人机交互技术、方法、硬件设备、软件和手段也获得巨大的进步与发展,以人为本的设计原则将会被更加强化和得到具体运用,以用户为中心的这一发展趋势的日益增强也决定了交互设计这一新兴学科具有学科交叉的特征。

交互设计具有难以定性的特征,其原因在于,交互设计所关注的是人类的行为,而行为比外观更难以观察和理解。在日常生活中,每个人都会遇到好的或差的交互设计,但给交互设计做一个明确的定义却是一件相对棘手的事情,更困难的是用户体验的许多"现象"是隐藏在"界面"之后的,是由看不见的因素决定的。交互设计是一门基于实践经验总结并不断发展的学科,许多经验总结出的工作方法和解决途径并不是绝对的,因为这些方法和手段会伴随时代的发展而呈现出不同的发展趋势,伴随着软硬件的更新迭代,在反复的改进、尝试和验证的过程中,完善人与系统的和谐交互。

(三) 交互设计的价值和意义

1. 交互设计的价值
(1) 艺术价值

如果将交互设计定义为产品的内涵,那视觉呈现形式就是它的表现。让用户有良好的视觉体验,可以使产品与用户产生情感上的交流互动。交互界面作为最直接与用户交流的途径,不可轻视视觉审美对交互设计的作用。只有抓住目标用户的情感体验和贴合用户想法的设计,才能有效触动和推进产品与用户之间的交流。在满足了用户对产品与交互信息结构展现的基础上，明确展现的信息是否清晰可读，情感的传达是否准确、用户的交互体验是否愉悦，才能评定一个交互设计作品的优劣。一个成功的设计产品必定在技术水平与艺术价值上都有着很好的体现。

一些杂乱无章的网页，其信息主次、层级、色彩都没有进行合理的设计，用户操作起来必定毫无头绪。而设计良好的网页，无论在内容的设计上还是在颜色的使用上，都能够让用户一目了然。

(2) 应用价值

交互设计的优化可以使产品的使用者轻松地查阅所需内容并且能快速有效地访问到所需的信息、购买到所需的产品，并且在使用的过程中感到愉悦、符合自己的逻辑，获得独特的体验与情感上的满足。

例如，腾讯公司将即时信息软件腾讯QQ通讯录全新升级为微信电话本，QQ通讯录导入微信软件后，不仅UI界面更加类似微信，在功能上也可将与联系人对应的微信头像导入通讯录中，还可以识别陌生号码、支持来电号码归属地显示等，给用户带来了极大的便利。

(3) 传播价值

交互设计的好坏会影响用户对产品的初步印象，同时也会影响用户对品牌的理解。优秀的交互设计会给市场带来增值，会提高用户对品牌的忠诚度并促进销量，从而使公司业务良性循环。

2. 交互设计的意义

交互设计的意义在于提高产品与用户的交互质量，让用户在使用产品时能够产生愉悦的体验并对产品产生部分依赖。优秀的交互设计可以使产品变得简单易用，大大提高用户的工作效率。

例如，某个软件系统，用户要进行一系列的操作步骤才能完成某项简单的任务。交互设计可以使这些步骤转化为一个操作序列，从而使这项任务变得简单，以此提高用户的工作效率；某个学习网站资源较多，但在进行文件下载时，由于系统疏漏或网页不能自动跳转，用户使用不便，这时交互设计应帮助该网站找到用户不能完成下载的原因并进行改进，让用户获得良好的下载环境。

## 二、交互设计的相关技术

### (一) 人机交互技术的概念

人机交互技术是指通过计算机输入、输出设备，以有效的方法实现人与计算机"对话"的技术，包括机器通过输出或显示设备给人提供大量有关信息及请示，人通过输入设备给机器输入有关信息，回答问题及请示等；也指通过电极将神经信号与电子信号相联系，使人脑与电脑互相沟通。可以预见，电脑甚至可以在未来实现一种与人脑意识之间的交流，即心灵感应。

人机交互技术在计算机用户界面设计中占有重要的地位，它与认知心理学、人机工程学、多媒体技术和虚拟现实技术、增强现实技术等学科领域有密切的联系。其中，认知心理学与人机工程学是人机交互技术的理论基础，而多媒体技术与虚拟现实技术、增强现实技术、人机交互技术相互交叉和渗透。

（二）人机交互的相关技术

1. 计算机视觉技术

计算机视觉技术是一门研究如何使机器"看"的科学，是指用摄影机和电脑代替人眼对目标进行识别、跟踪和测量等，通过获取的数据，进一步做图形处理，使经过电脑处理过的图像成为更适合人眼观察或传送给仪器检测的数据。作为一门科学学科，计算机视觉技术通过研究相关理论和技术，试图建立能够从图像或多维数据中获取"信息"的人工智能系统。这里的信息指"Shannon"，即可以用来帮助做一个"决定"的信息。因为感知可以看作是从感官信号中提取的信息，计算机视觉技术也可以认为是研究如何使人工系统从图像或多维数据中"感知"的科学。目前，计算机视觉技术已经成功地在视频智能监控、医学图像分析、地形学建模等领域得到广泛运用。

在数字产品中，数码相机的设计功能最为典范。在进行拍照摄影时，镜头对准有人的区域，数码相机便会自动定位识别画面中人脸的所在位置，同时自动对焦，用户只需轻松按下快门即可捕捉到清晰的人像人脸照片。在这一技术诞生之前，用户特别是新手用户时常因为手部晃动或碰撞等因素不易对焦，导致拍出来的人像胶片模糊失焦。

2. 语音交互技术

语音合成是通过机械、电子的方法产生人造语音的技术。TTS技术（又称文语转换技术）隶属于语音合成，它是将计算机自己产生的，或外部输入的文字信息转变为可以听得懂的、流利的口语输出的技术。语音交互是基于语音输入的新一代交互模式，通过说话就可以得到反馈结果。典型的应用——语音助手。

如今，越来越多的软件都普遍使用了语音交互技术，如滴滴打车软件的语音叫车功能，在交互设计上给用户带来了极大的便利；微信的语音输入功能，将普通话转换成文字发送给好友，这在一定程度上提高了输入文字的效率。

### 3. 手写识别技术

手写识别是指将在手写设备上书写时产生的有序轨迹信息转化为汉字内码的过程，实际上是手写轨迹的坐标序列到汉字的内码的一个映射过程，是人机交互最自然、最方便的手段之一。手写识别能够使用户按照最自然、最方便的输入方式进行文字输入，易学易用，可取代键盘或鼠标。用于手写输入的设备有许多种，比如电磁感应手写板、压感式手写板、触摸屏、触控板、超声波笔等。

随着智能手机、掌上电脑等移动信息工具的普及，手写识别技术也进入了规模应用时代。手写识别技术应用到智能手机，为人们的生活带来了便利，手机通过内部的识别系统把手写的各种字体转换为手机可识别的标准字体显示在手机屏幕上，大大提高了输入的速度。

### 4. 虚拟现实交互技术

虚拟现实交互技术是通过人机界面对复杂数据进行可视化操作与交互的一种新的艺术形式，又称为"灵境技术"。作为现代科技前沿的综合体现，虚拟现实交互技术是一门融合了数字图像处理、计算机图形学、多媒体技术等多个信息技术分支的综合性信息技术。与传统视窗操作下的新媒体艺术相比，交互性和扩展性的人机对话，是虚拟现实交互技术呈现其独特优势的关键所在。从整体意义上说，虚拟现实交互技术是新型的以人机对话为基础的交互艺术形式，其最大优势在于建构作品与参与者的对话，通过对话揭示交互性的过程。

### 5. 多通道人机交互技术

多通道人机交互是指用户在与计算机系统交互时，多个通道之间相互作用、共同交换交互意图而形成的交互过程。在用户的一次输入过程中，可能有多个通道参与其中，而每个通道都只携带了一部分交互意图，系统必须将这些通道的交互意图提取出来，并加以综合、判断，形成具有明确含义的指令。

## 三、交互设计的范畴

### （一）数字媒体设计

交互设计为数字媒体领域提供了更多的可能。例如，户外数字标牌是通过大屏幕作为终端显示的设备，发布商业、财经和娱乐信息的多媒体视听系统。在特定的物理场所、特定的时间段对特定的人群进行广告信息播放的特性，让其获得广告效应。

## （二）移动媒体设计

交互设计在移动媒体领域给人们的生活带来了极大的便利。例如，车载多媒体交互系统福特 SYNC 通过全语音控制功能，使驾驶者在按下方向盘上的 Media 按键后可以选择自己喜欢的歌手、歌曲，或者通过语音系统查询目的地，而车载的语音合成技术（TTS）还能够将从手机传输来的短信息变成有声信息广播出来，使驾驶者彻底将双手从控制键上解脱出来。

## （三）网络媒体设计

交互设计在网络媒体领域中，特别是在多媒体交互系统中得到了广泛的应用。如视频会议系统，可以使用户之间进行实时沟通交流，并且能轻松录制会议或答疑过程，便于后期观看；也可以利用 Word、PPT 轻松展示会议内容，用画笔重点圈注。

## （四）互动媒体设计

交互设计在互动媒体领域中最为普遍的就是触摸互动设备。如多点触摸屏，在已上市产品中，苹果的 iPhone 及 MacBook 笔记本都基本能够达到这种应用目的，微软也曾推出一款采用了多点触控技术的概念产品 Surface，国产手机也都纷纷开始采用多点触摸技术。

## （五）装置媒体设计

交互设计在装置媒体领域中应用最为广泛的就是新媒体艺术装置。其具有艺术家的设计、作品的自足、观众的参与三位一体的艺术活动性，在装置艺术作品中能够灵活运用新媒体艺术营造非常吸引人的现场气氛，取得出乎意料的表现效果。中国的奥运会开幕式就是这类作品的典范。

## （六）虚拟媒体设计

交互设计在虚拟媒体中的发展，是人类历史上的重大变革。虚拟现实交互应用改变了人们的生活，被广泛应用于高端制造、国防军工、能源、生物医学、教育科研领域。福特 Five 实验室的建造，优化了车型的设计过程，减少了资金与时间的消耗，极大地节约了设计成本。

## 第二节　数字媒体交互设计的内涵与特征

### 一、数字媒体交互设计的内涵

(一) 数字媒体交互设计的概念

数字媒体交互设计是指以人机交互为基础、以数字媒体为内容的综合性技术学科。数字媒体交互设计以人机相互作用为基础的表现形式，是人和虚拟事物交往的行为反映，以数字化、智能化为表现。它强调人与机器之间的相互作用，强调用户的积极性和能动性，它要求用户参与到作品中并通过这种互动使产品本身发生可逆或不可逆的变化。

随着数字媒体技术的不断发展，人们通过交互手段给用户带来全新的体验。在人们接触数字媒体产品时，不再只是被动地接收，还可以主动地与该产品进行交流与沟通。这种方式加深了人们对该产品的理解，强化了人们的体验。

(二) 数字媒体交互设计的特性

1. 直观性

数字媒体交互设计的直观性，是将数字世界的交互与物理世界的交互相互结合，是一个同化的过程，是数字媒体交互设计的重要特性之一。直观性包括多个层次的含义，首先表现为操作的直接性，目的在于直接与内容进行交互，尽量减少交互的中介。其次表现为交互操作时表现效果的逼真程度和响应时间。逼真地表现、实时地响应能给用户带来愉悦的操作感受，而这种交互感受可以直接影响到交互的直观性。

2. 互动性

数字媒体交互设计的互动性，是双向或多向沟通模式的确立。双向沟通模式颠覆了传统的大众传播，用户从单向被动地接收信息传递转换到主动地选择寻找或传播自己感兴趣的信息，单向传播的形式已从数字媒体用户的世界中淡出，互动的形式越来越受用户的关注，并且丰富多样化。数字媒体交互技术的数字产品加入了更多的可变因素，使数字产品能够为更多不同需求的用户提供选择的机会。多向沟通模式的用户不再是纵向地完成浏览，而是纵横交错地进行参与互动，寻找自己感兴趣的内容。

3. 即时性

数字媒体交互设计的即时性使用户对信息的获取不再受时空的限制，用户可以在任何时间和地点与其他任何人进行任何形式的信息交流和沟通。这给用户带来了极大的便利，改变了用户的生活方式。

4. 创意性

创意是数字媒体交互设计的灵魂。数字媒体交互设计创新技术带来广阔的创意空间，新技术的运用将营造出新的交互方式、交互流程、表达形式、表现效果，表达新的观念，给人以新的感受。

5. 综合性

数字媒体的综合性主要体现在其表现形式上，它是综合运用多种形式的媒体和媒介的互动体验项目。目前看来，各种媒介交互设计的综合应用必将成为数字媒体交互发展的趋势，如声音的动态感应、动画的虚拟模仿、图像的智能识别等综合应用，使产品的表现方式不再单一，进而改善人们的生活方式，加速提升用户体验和操作过程的趣味性。

## 二、数字媒体交互设计的主要特征

（一）技术特征

在人机交互过程中的计算机，是具有感应器、神经中枢和效应器的交互实体。充分利用人工智能领域的语音识别、人脸识别、运动识别技术和虚拟现实技术，使计算机具备感知能力和响应能力，是实现人机交互的前提。

数字媒体交互设计以数字科技和现代传媒技术为基础，将人的理性思维和艺术感性思维融为一体的表现形式。数字媒体交互设计具有创作工具数字化、作品展示交互化、作品呈现多样化等特点。其具体体现为：与计算机技术结合的影视艺术、合成艺术、网络艺术等，通过与网络媒体的结合迅速广泛地传播，最后与智能软件结合进行艺术作品的创作。科技的进步和观念的创新将成为推动数字媒体交互设计发展的动力，而创意产业和信息设计将是数字媒体发展的主流，数字媒体交互设计将带来科学技术上的创新与思维变革。

人主要是通过视觉和听觉来感知外部世界，与人的感知方式类似，计算机的感知能力也主要是通过视频和音频实现，对应人的眼睛和耳朵的是计算机的摄像头、话筒。

视觉的感知主要是检测行为动作、表情、姿势等，这种感知能力涉及目标检测、目标分离、目标定位、目标识别等环节，如通过挥手实现虚拟翻书，就需要检测手的运动趋势。首先要判断在各帧中手的位置，由其位置的变化，决定翻书动作的方向。声音的感知能力主要体现在检测音量大小、频率高低上，根据音量和频率的变化设计相应的响应。此外,还可根据对声音内容的识别进行交互设计。

感知能力的两个重要指标是感知的精度和响应时间,精度即检测的准确性,不同的交互方式对精度有不同的要求,如虚拟翻书,只需要区分运动趋势的两种方向即可;响应时间是指从接受刺激到检测出结果的时间,实时响应是数字媒体交互设计的基本要求。

数字媒体的交互技术凭借数字媒体产生的大量图片、文字、声音、视频影像和动画等信息,以及计算机或其他设备上为人群及网络提供的数据库平台,在制造业、消费业、服务业等领域促进人群与计算机的交互,促进人群与人群之间的网络沟通,使人们的生活更加方便,使人类世界更加丰富多彩。

## (二) 艺术特征

数字媒体交互设计的艺术特征包含了听觉和视觉上的感受,它是一种动态的艺术。数字媒体交互设计审美主体涉及三维虚拟场景、动态构图、角色形象、运动规律、音效、灯光照明等多个方面,这些审美主体所包含的内容比传统艺术更为丰富。

数字媒体交互设计的艺术范畴包括以下领域:数字图像艺术(数字图形图像艺术创作、数字二维绘画);数字动画艺术(数字影视后期艺术创作、数字三维动画);数字音频艺术(电脑合成音乐、声波艺术、数字音乐创作等);网络数字艺术作品的创作;虚拟现实艺术;电影、舞蹈、戏剧与数字技术相结合的综合数字媒体艺术。

在高度信息化的社会里,以计算机为主要代表的数字媒体交互设计,将会对当前的艺术审美产生革命性的、颠覆性的、深远的影响。在数字媒体交互设计的审美与一般审美的关系问题上,我们首先要看到它们的差异性。一般审美是对现实美的感受,审美对象为现实的自然物和社会物,它们并不是专门为了审美而存在。而数字媒体交互设计审美对象为艺术作品,它们的存在则以审美价值为体现。不过,数字媒体审美艺术和一般审美在实质上是相同的,它们的审美归根结底都指向人类的审美精神与情趣,都来源于现实。

1. 数字媒体交互设计表现着技术之美

技术的发展是数字媒体交互设计的最大特点,技术与艺术作品的融合形成了特有的技术美感。计算机软硬件技术的发展直接决定了数字媒体交互设计的发展,技术环境为审美价值提供了很大的帮助。每一次新技术的应用,都造成了交互上的全新体验。因此,与传统交互相比,数字媒体交互的审美价值更多地表现为技术之美。如著名导演李安创作的热播影片《少年派的奇幻漂流》,从它惊人的票房业绩就可以看出此片高超的艺术与科技价值。

2. 数字媒体交互设计表现着动态之美

数字媒体交互设计体现着视觉元素在空间中的不断变化和运动，与传统静态画面相比，它不仅包含了光影、构图、色彩等要素，而且还具有空间、时间、运动等数字媒体所特有的艺术特点。它的艺术元素并不是固定的某点，而是随着时间的变化不断地移动，时而加速运动，时而减速运动，有着丰富的变速与交互运动。这就构成了一种动态的秩序，表现着数字媒体交互设计的动态之美。

3. 数字媒体交互设计表现着互动之美

数字媒体交互的作品，在作者和观众之间、创作者与受众之间是一种共同参与、沟通互动、角色换位、共同分享的艺术模式。在网络艺术的互动性数字平台上，无论是何人，处在何地，只要进入数字网络系统中，就可以找到自己感兴趣的艺术作品并且可以补充、修改和再创造，他们可以对这些"开放式"的作品进行多次再创造，不断注入新的想法和内容。在这个互动过程中，原创者和艺术家扮演着向导的角色，每一个参与者都体验着艺术参与的快感和作为艺术家的荣耀。

在数字媒体时代，传统的艺术形式得到了无比广阔的延伸，传统的艺术审美理念也被重新定义和诠释。只有力图把握住数字媒体交互设计的美学特征，才能进行深入的探索，从而对现代数字媒体进行正确和科学的定位。

### 三、数字媒体交互设计的传播模式

数字媒体交互设计的传播模式基本遵循信息论的通信模式，它主要由计算机和网络构成。在数字媒体传播模式中，信源和受众都是依赖计算机的。因此，信源和信宿的位置是可以随时互换的，这与传统的大众传播媒介如报纸、广播、电视等相比，都发生了深刻的变化。交互媒体传播的理想信道是具有足够带宽的，可以传输比特流的高速网络信道，网络可以由电话线、光缆或卫星通信构成。它在传播应用方面比传统的大众传播具有独特的优势。

传播构成的"五W模式"是指传播主体、传播内容、传播对象、传播方式和传播效果构成了一个完整的传播过程。如果比较传统媒体和数字媒体的传播模式，可以看到数字媒体和传统媒体在传播过程中的最大不同在于其交互性的特点。从传播方式看，传统媒体虽然也是在信息源与受众之间充当媒介，但受到技术条件（模拟信号的传输和衰减）的制约，媒介的交互作用是延时的，无法和受众进行即时、双向的沟通。此外，它的信息采集和处理的方法与手段比较简单，只能像报纸、杂志的原始传播方式一样，通过单向的广播方式（电视、电台）传播，即使你把电话或短信传进演播室，但媒介预置的内容和广播模式都不会改变，从而影响受众的关注度和忠诚度。而数字媒体则不同，用户在客户端（电脑或手机）通过数字网络可以和媒体机构或其他受众实现几乎同步的互动。

"软件媒介"的特征就是可计算、可编程。在计算机时代，电影以及其他已经成熟的文化形式，已经明确地变成程序代码（Code），它现在可以被用来沟通所有形态的资料与经验，并且其语言被编码在软件程序、硬件设备的接口与预设状态中，这种数字媒介则是可变的、即时化的和交互的。

数字媒介与传统媒介是有渊源的，但数字媒介不再仅仅是媒介，它可能看起来像媒介，但那只是媒介的表面。数字媒介或新媒介具备了超出媒介本身的更多的属性和功能。传统的大众传播媒体，是一对多的传播过程，从一个媒介出发到达大量的受众。而以计算机为媒介的超媒体传播方式延伸成多人的互动沟通模式，传播者与消费者之间的信息传递是双向互动的、非线性的、多途径的过程。

## 第三节 数字媒体交互设计的应用领域

### 一、数字网络

#### （一）网页浏览器

网页浏览器（Web Browser）是指可以显示网站服务器或文件系统的 HTML 文件（标准通用标记语言）内容，并让用户与这些文件进行交互的一种应用软件。它可以用来显示互联网或局域网内的文字、视频及其他媒体信息。这些文字或视频可以是连接其他网址的超链接，用户可迅速、方便地浏览各种信息。大部分网页为 HTML 格式，有些网页由于使用了某个浏览器特定的语法，只有在那个浏览器上才能正确显示。

网页浏览器主要通过 HTTP 协议与网页服务器交互并获取网页，这些网页由 URL 指定，文件格式通常为 HTML，并由 MIME 在 HTTP 协议中指明。一个网页中可以包括多个文档，每个文档都是从服务器获取的。大部分浏览器本身支持许多格式，如 HTML、JPEG、PNG、GIF 等，并且能够扩展支持众多的插件（plug-in）。另外，许多浏览器还支持其他的 URL 类型及其相应的协议，如 FTP、Gopher、HTTPS（HTTP 协议的加密版本）。HTTP 内容类型和 URL 协议规范允许网页设计者在网页中嵌入图像、动画、视频、声音等。

(二) 互联网应用

1. 电子商务

电子商务是以信息网络技术为基础、以商品交换为目的的商务活动。电子商务通常是指在商业贸易活动中，买卖双方通过浏览器或服务器在因特网上进行交易的商业运营模式。典型的方式是消费者的网上购物、商户之间的网上交易和在线电子支付以及各种商务活动、交易活动、金融活动和相关的综合服务活动。

2. 远程教育

现代远程教育是利用网络技术、多媒体技术等现代信息技术开展教育的新型模式，它包括学生和教师、学生与学生之间的交流，也包括学生与学习内容、教育平台之间的交流和活动。

3. 即时通信

即时通信（Instant Messaging，IM）是一种终端服务，允许两人或多人使用网络即时地传递文字讯息、档案，利用语音与视频进行交流。随着交互式传播技术与互联网技术的发展，即时通信应运而生，它缩短了信息传递的时空距离，在内容、操作接口和功能等各方面也越来越丰富，从简单地使用文字聊天的软件工具，逐渐变成一个具有传输影像、简讯、语音、文件等功能的个人化平台，再加上沟通形态的转变，促进了即时通信的普遍使用，使得人际互动变得多样化，也改变了人们的沟通方式。

从最早出现的ICQ通信软件到MSN、QQ等，即时通信软件的功能不断地增加。如今，人们能直接使用即时通信软件进行语音交谈、视频聊天、文件传输等。近年来，网络人际互动的迅速发展，派生出不同的即时通信软件，如Skype、kik、微信等。

## 二、虚拟现实

虚拟现实技术是人们通过计算机对复杂数据进行可视化操作与交互的一种全新方式，与传统的人机界面以及流行的视窗操作相比，虚拟现实在技术上有了质的飞跃。从本质上来说，就是一种先进的计算机用户接口技术，通过给用户提供视觉、听觉、触觉等各种直观自然的实时感知交互手段，最大限度地方便用户的操作。

较早的虚拟现实产品是图形仿真器，在20世纪60年代其概念被提出，至80年代逐步兴起，90年代有产品问世。20世纪90年代，世界上第一个虚拟现实开发工具问世。随后众多虚拟现实应用系统出现，后来NPS公司使用惯性传感器和全方位踏车将人的运动姿态集成到虚拟环境中。如今，虚拟现实技术已在娱乐、医疗、军事模拟、教育和培训等多个领域中得到广泛应用。

医学领域是虚拟现实最大的应用领域之一，虚拟现实目前已广泛地运用在虚拟人体、远程医疗、医学教育等领域中。在虚拟人体方面，它一方面可以辅助教学，另一方面可以在对患者实施复杂的手术前，让医生在由虚拟现实系统产生的虚拟人体上进行练习，借助虚拟环境中的信息进行手术计划和方案的制订等；在远程医疗方面，有了远程医疗虚拟现实系统，偏远地区的病人也可以得到名医的诊治，极大地弥补了基层医护人员的技术差距。

在军事领域中，虚拟现实主要应用于虚拟战场环境、军事模拟训练、联合演习等。虚拟战场环境是通过三维战场环境图形图像库为使用者创造一种逼近真实的立体战场环境，以达到身临战场的效果，进行战场训练；军事模拟训练是利用虚拟战场环境，通过训练达到对真实装备进行实际操作的目的，解决在受限条件下的训练问题；联合演习使相处异地的各军兵种处于同一个虚拟战场环境中，采用虚拟装备适时进行协调一致的训练，提高军队的协同作战能力。

### 三、数字游戏

数字游戏是数字媒体交互技术的综合运用。作为一种整合型技术，它几乎涵盖了数字媒体技术与数字媒体内容设计的各个方面，主要包括硬件技术、软件与程序设计技术、服务器与网络技术、认证与安全技术、内容节目制作技术等。

数字媒体技术将各式各样的数字电子游戏带到了每一个拥有电视机、个人电脑、手机或其他数字终端设备的玩家手里，使数字电子游戏成为一种新的具有特别吸引力和参与性的大众娱乐媒体。随着数字媒体交互技术的发展，数字电子游戏在功能与模式、题材等方面已经开始相互融合，技术上的互通性也更加显著。数字电子游戏既是一种全新的媒体，又是具有巨大能量的文化传播工具，在数字娱乐中占据极其重要的地位。

从街机游戏到 PC 游戏，从视频游戏到网络游戏，电子游戏产业经历了 30 多年的发展历史，随着软件和硬件的不断升级和更新换代，游戏模式无论是竞技性还是观赏性，都取得了巨大的发展。

目前，数字游戏市场上，网络游戏和手机游戏占主流。由于智能手机的普及，各类手机游戏如雨后春笋般涌现。随着技术的进步，模拟现实的能力越来越强，游戏的风格类型也越来越丰富。

### 四、数字电视

**(一) 网络电视**

数字电视在电视节目录制、播出、发送、接收等过程中全部采用数字编码与数字传输技术。具有交互功能是数字电视最大的优点。交互式数字电视的传播途径是宽带,其利用家庭电视机等终端设备,应用网络进行多媒体通信。

网络电视又称 IPTV(Interactive Personality TV),是一种基于互联网的新兴技术,也是一种个性化、交互式服务的新媒体形态。它将电视机、个人电脑及手持设备作为显示终端,通过机顶盒或计算机接入宽带网络,实现数字电视、时移电视、互动电视等服务。网络电视的出现改变了以往被动的电视观看模式,给人类带来了一种全新的电视观看方式,实现了电视按需观看、即看即停。

网络电视的接收端包括计算机、电视、手机和其他数字终端设备。计算机设备包括各种台式和可以移动的计算机;电视机需要配置机顶盒等,才可以获得网络电视服务;手机作为网络电视服务的终端显示设备,必须具备处理和显示数字视频信号的功能。

**(二) 手机电视**

手机电视(Mobile Television),又称流动电视、行动电视。狭义上指以广播方式发送,以地理位置不固定的接收设备为主要发送对象的电视技术;广义上则指在手持设备上接收前面狭义所指的信号收看电视节目,或以移动网络观看实时电视节目或其他影音。手机电视具有电视媒体的直观性、广播媒体的便携性、报纸媒体的滞留性及网络媒体的交互性。手机电视作为一种新型的数字化电视形态,为手机增加了丰富的音频和视频内容。

手机电视具有移动性、个人化、互动性三大特点。手机电视突破了传统电视在时间和空间上的束缚,用户观看自由,观看的内容也更加个性化,其灵活性和参与性较强,用户可以参与节目并及时反馈,促进了用户之间的交流,增加了更多乐趣。

### 五、数字电影

数字电影(Digital Cinema),又称数码电影,是指以数字技术和设备拍摄、制作、存储的,并通过卫星、光纤、磁盘、光盘等物理媒体传送,将数字信号还原成符合电影技术标准的影像与声音,放映在银幕上的影视作品。其载体不再是胶片,发行方式也不再是拷贝,而代之以数字文件形式,通过网络、卫星直接传送到电影院及家庭中。

目前，数字电影有三种实现方式：一是计算机生成；二是用高清摄像机拍摄；三是用胶片摄影机拍摄后通过数字设备转换成数字电影格式。完整的数字电影概念，是指将电影摄制、编辑和放映等全过程用数字格式统一起来，其包含电影制作工艺、制作方式、发行及播映方式上的全面数字化。目前看来，电影数字化主要指电影制作的数字化，即计算机技术对包括前期创作、实际拍摄乃至后期制作在内完整的工艺过程的全面介入。

### 六、数字出版

（一）网络出版

网络出版，又称为互联网出版、在线出版，是指具有合法出版资格的出版机构，以互联网为载体和流通渠道，出版并销售数字出版物，供公众浏览、阅读、使用或者下载的在线传播行为。

目前，网络出版大致有五种类型。第一种是目前国外较为流行的自行出版，个人就是在线出版商。第二种是以网络公司为主体，谋求各种出版商服务或代理权，然后出版电子图书并进行销售，给出版商版税回报。第三种是出版商自行出版发行电子图书。第四种是比较成熟的 POD 模式，在美国进行绝版书和小批量书的出版发行。第五种是比较典型的微软开发的 eBook 软件。

网络出版很好地利用和发挥了互联网的优势，集交互功能、多媒体功能、跨时空传播、信息检索功能及娱乐功能于一身，使出版实现了个性化、立体化、即时性和广泛性服务。这在很大程度上拓宽了出版的范围和边界，使出版文化形态呈现出高度自由、开放的局面。

（二）手机出版

手机出版是指手机出版服务提供者利用文字、图片、音频、视频等表现形态，将自己创作的或他人创作的作品经过选择和编辑加工制作成数字化出版物，通过无线网络、有线互联网络或内嵌在手机载体上，供用户利用手机或类似的移动终端阅读、使用或下载的传播行为。只要是经过手机进行传输，供手机用户阅读的，就可定义为手机出版。随着手机上网的日益普及，手机正在逐渐成为互联网的重要终端设备，手机出版是网络出版的延伸与组成。

手机出版具有便捷、全球化、互动性、跨文化传播等网络传播的优点。它打破了传统出版单向传播的模式，使信息、广告更加准确有效地传递给用户，是一种开放的互动式传播,具有很强的交互性;手机出版可以借助文字、图片、声音、影像等任何一种或几种的组合方式来进行,具有多媒体性;无线通信技术与互联网技术结合催生的手机出版,使得阅读不再受到物理空间的限制,应用于手机的搜索功能,也提高了阅读效率,节约了搜索成本,满足了个性化的需求;受众信息精确,将受众细分成群体内部特征相同、群体之间特征不同的各个用户群,从而为精确传播定向信息提供了条件。

## 第四节 数字媒体交互设计的方法和流程

### 一、数字媒体交互设计的方法

(一)以用户为中心

以用户为中心的 Sit(User-Centered Design,简称 UCD),是一种吸引人的、高效的用户体验方法。以用户为中心的设计思想非常简单,就是指设计师在开发产品的每一个步骤中,都要把用户列入考虑范围。在 UCD 中,设计师需要关注用户的需求、目标和偏好,并为其设计。设计师定义完成目标的任务和方法,并且始终牢记用户的需求和偏好。这些用户数据必须贯穿整个项目,并且在整个项目的各个阶段都会引入用户,用户研究、焦点小组、参与式设计、可用性测试分布在设计的各个环节。

设计的最终目的是应用,应用的落脚点为客户,设计师应聚焦于用户需求。设计师通过不同的途径实现设计目的,以用户为中心的设计理念主要研究用户如何展开工作,工作的流程与客户使用习惯等。使用习惯是客户需求当中最重要的环节,使用习惯的获取并非设计师自我臆断,而是通过数据分析以及查阅相关的论文专著等得到的客观资料。心理学在此部分起着重要的作用。以用户为中心的核心思想要求设计不能强迫用户改变他们的使用习惯来适应软件开发者的想法。在设计的过程中,通过不断优化交互界面,最终达到双向满意的结果。

以用户为中心应注意的问题是,这类方法并不是万能的。如果所有的设计都依赖用户的需求和建议,有时会导致产品和服务范围受到限制;设计师也有可能将自己的喜好强加给用户,而这种错误建立在用户需求之上后,设计出来的产品有可能会被成千上万的用户使用,此时,UCD 就变得不那么实际。以用户为中心的设计方法很有价值,但它也只是有效的交互设计方法之一。

## （二）以活动为中心

以活动为中心的设计（Activity-Centered Design，简称 ACD），与 UCD 不同，ACD 不关注用户的需求和偏好，而是把用户要做的"行为"或"活动"作为重点关注对象。以活动为中心的设计，能够让设计师集中精力处理事情本身而不是期望更遥远的目标。因此，它更适用于复杂的设计项目。所以，ACD 的目的是帮助用户完成任务，而不是达到目标本身。

相对 UCD 而言，ACD 更重视客观与数据，更容易找到论点论据与操作方法，ACD 也是以研究为基础。设计师通过调研和访谈以及对行为的分析，最终得出用户的使用习惯。设计师把用户的行为、任务和一些未达到的任务编成目录，然后设计解决方案，以帮助用户完成任务，而不是达到自己的私人意图。

以活动为中心的设计应注意的问题是，设计师在完成固定的任务来寻求解决问题的方法时，每个问题会被研究得非常深入，目标的准确性与研究展开的层次性在此时起到决定性作用。目标的准确性不够会出现只注重目标的内容而忘记目标的类型的情况。就如同设计一个花瓶，设计师设计了一个又一个花瓶，却没有一个花瓶是悬挂式的，或许悬挂式的才是最符合要求的。研究的层次性对目标的准确性起着至关重要的作用，同样是设计花瓶，把花瓶设计分为花瓶形式与人为交互研究、花瓶材质研究、花瓶造型研究、花瓶人性化细节研究等阶段，就能够很好地避免此类问题的发生。

## （三）系统设计

系统设计（Systems Design）是解决设计问题的一种非常理论化的方式，它利用组件的某种既定安排来创建设计方案。系统设计的理念比较贴近产品的现实模型，即产品真正运行的方式。所以，系统设计的方法更适合于设计隐性产品或后台运行的产品，因为它们不需要太多地与用户交流互动，最重要的是保持稳定和迅速。

系统设计是一个有组织的、严格的设计方法，非常适合处理复杂问题，并提供全面的设计方法。系统设计并没有忽视用户的需求，设计师用系统设计来关注用户背景，而不是单独的客体和装置。系统设计是对产品或服务的大背景做严格的研究。

系统设计中的系统不一定是计算机，也可以是人、设备、机器或物件，所有这些都可以运用系统设计的分析方法进行研究，同时还可以了解它们之间的交互过程。如一辆汽车，从形式上看是一辆汽车，里面包含着发动机、曲轴箱、变速器、差速齿轮、电子设备、操作器等多个部件，做好每一个细节并不代表就可以造出一辆驾乘感很好的汽车。整体的系统性才决定了汽车最终的驾乘感，而驾乘感就是隐性与后台共同作用的结果。

系统设计的优势在于设计师能全面地看待一个项目。没有任何产品和服务是独立存在的，系统设计迫使设计师考虑产品和服务所依赖的大环境。关注用户和各个成分之间的相互作用，设计师会更清楚地认识围绕产品和服务的大环境。同样，系统设计对团队的协作能力是一个极大的挑战，在西方以逻辑思维为导向的思维模式下，系统化协作变得更为容易，而在中国人本主义思想下，系统化协作则会出现各种问题。

(四) 天才设计

天才设计几乎完全依赖设计师的智慧和经验来进行设计决策。大部分经验丰富的设计师已经经历过各种类型的问题，并能够从以前的项目中总结出解决办法，用自己最好的判断能力来分析用户的需求，并基于此来设计产品。如果需要用户参与，一般是在设计过程的后期，用户来检测设计师的工作，确保设计达到预期效果。天才设计适用于那些由于保密原因而不能做大规模用户研究的项目以及没有足够资金和时间做用户研究的项目，设计师只能自己想办法解决。所以，天才设计的成败很大程度上取决于设计师的经验和能力。

对于一个经验丰富的设计师而言，天才设计有很多长处。这是一个快速和个人的工作方式，最后的设计也许比其他方法都更能显示设计师的才能。这也是最灵活的设计方法，设计师认为怎么合适就怎么去做。由于遵循自己的想法，设计师可能想得更广，创新更加自由。

**二、数字媒体交互设计的流程**

(一) 用户研究

用户研究是用户中心设计流程中的第一步。它是一种理解用户，将用户的目标、需求与产品的商业宗旨相匹配的理想方法，用于发掘用户的潜在需求，以协助产品服务的创新和对市场的开拓。

1. 用户研究的方法

用户研究的方法主要分为五大类。

(1) 前期用户调查

运用访谈法、问卷调查法等方法，了解用户群特征以及设计客体特征的背景知识。

(2) 情景实验

运用观察法、现场研究、验后回馈等方法，对用户任务模型和心理模型、用户角色设定进行内容研究，进行用户群细分和定向研究。

(3) 问卷调查

运用多种问卷方式，如纸质问卷或网页问卷，开放型问卷或封闭型问卷等方法，获得量化数据，支持定性和定量数据分析。

(4) 数据分析

运用常见的分析方法，如单因素方差分析、描述性分析、聚类分析等数据统计分类方法，创建用户模型依据，即提出设计建议和解决方法的依据。

(5) 建立用户模型

建立任务模型、思维模型，分析结果整合，指导可用性测试和界面方案设计，为用户提供产品定位以及产品设计的依据。

2. 用户研究的实施

(1) 建立用户档案

① 定义目标用户群

针对每个用户群，归纳其各自的特征、使用环境、预期目标等。一个设计的用户群内容，以及用户群中的细分群体，属于商业决策。在制订设计决策阶段，要对用户群大致的范围进行细致的划分和定义。基于差异性，对不同特点的子用户提供差异化的设计。例如，一个手机软件应用所定义的目标用户群是运动爱好者，那么，可以对不同年龄阶段的用户进行划分，如学生、上班族、退休人员等，通过细分群体的不同特点来制订差异化的设计。

② 归纳用户特征

对于不同的产品设计，需要对用户特征进行归纳，包括年龄、性别、受教育程度、使用经验等方面。不同的用户特征归纳也取决于与设计的相关性，它们会影响具体的设计决策。

③ 归纳使用环境

用户使用环境包括使用场所、硬件、软件设备。归纳使用环境是为了使产品设计更具有针对性。

④ 归纳用户预期目标

归纳用户预期目标是后续具体任务分析的基础，指对各个用户群所需要完成或达到的预期目标进行整理并统计其重要性和使用频率。

⑤ 塑造人物角色

经过以上四个步骤，设计师要将这些信息进行融合，并将其运用到设计中，从而塑造虚拟人物角色（用户形象）。艺术四个步骤可以更好地帮助设计师从概念上把握用户大量的需求。

（2）场景模型

场景模型的建立是为了对前期的设计进行完善，指描述用户使用产品的具体体验过程，用最直观的形式表现用户与系统之间的交互动作和行为，以及与这些行为相关的使用环境等。将用户、产品和使用行为置于特定的场合之中，有利于表现用户的目标、行为和动机，也有助于设计师发现用户使用产品或接受产品服务过程中的问题。

（3）用例描述

用例（Use Case）是指一种描述工作流程形式化、结构化的方法。设计师在使用此类方法时，不需要考虑系统内部结构和行为，只需要专注分析用户使用系统的特点。图例可以使用软件进行绘制，内容由行为者（用户）、用例、系统边界、连接线等组成。行为者可以是一个或多个，行为者使用系统的每个目标就是一个用例。

（4）搭建信息构架

信息构架是指对界面信息进行有效的分组与命名。通过按主题、任务、用户类型的分析方法搭建信息构架，搭建出更符合用户心理模型的信息构架，从而帮助用户更有效地寻找相应的内容，达到用户的预期目的。

（二）需求建立

需求建立是指通过用户观察、用户访谈和问卷调查等用户研究形式，在收集到用户需求原始信息的基础上，采用易于交流和理解的规范形式，将用户需求在设计阶段转换为产品概念。

1. 需求建立的方法

了解目标用户对数字交互产品的需求，通过综合考虑用户调研、商业机会、技术可行性后，交互设计师为设计的目标创建概念（目标可能是新的软件、产品、服务或系统）。整个过程可能来回迭代进行多次，每个过程可能包含头脑风暴、交谈、细化概念模型等活动。

（1）确定关键利益相关者

首先，要确立受到项目影响的关键者，了解谁将对项目的展开范围拥有最终的发言权；其次，确定谁将运用这个产品和服务，为了满足他们的需求，必须考虑到他们的意见。常见的利益者有运营市场、商业获利者、产品用户。

（2）抓紧利益相关者的需求

征求利益相关者的意见，对他们进行提问，从中获取信息，并运用多种方法来抓住这些需求。比如，通过单独面谈、共同采访、运用"用例"、创建一个系统或产品原型等方式，了解他们的看法，收集尽可能多的需求。

(3) 解释并记录需求

将收集到的需求进行整理和归纳，并确定哪一个需求是下一步可以实现的，产品要怎样来实现。首先，将需求进行精细的定义，按优先顺序排序之后，进行影响分析，理解项目对现有流程、服务及用户的影响，并解决矛盾需求事项。其次，进行新的需求的可行性分析，确认新的需求如何才能可靠并便于使用，帮助研究主要问题。最后，用书面形式将研究结果和商业需要做一份详细报告，对产品进行详细的规划。

2. 需求建立的实施

(1) 制订计划目标

① 商业目标

商业目标指设计能实现的如成本开发、销售、竞争等方向的具体指标。

② 用户目标

用户目标指设计所针对的用户群，以及设计能为用户群解决的问题或实现的目标。

③ 成功标准

成功标准指设计产品是否成功的基本指标，任何产品的开发必须进行有效的数据研究。

(2) 制订设计原则

① 通用的设计原则

简单、可见性、一致性、引导性、容错率、使用效率、反馈，这些设计原则在设计中从过去一直沿用至今。通过这些设计原则，可以指导并完善整个设计流程。

② 不同项目相关设计原则

对于不同的项目设计目标，相应的设计原则可能不同，制订相应的设计原则是很有必要的。例如，设计的目标是提高网站销售效率，那么设计原则就可能是减少购买时的点击步骤，并加入实时安全的校验方式；如应用软件音乐播放器想要吸引用户下载并使用，在推广的基础上，设计原则就可能是增加新颖的模块设计或用户互动体验，如分享歌曲即可免费下载高品质的歌曲等。

(三) 构建原型与界面呈现

1. 构建原型

原型的构建是贯穿整个设计流程与设计评估以及设计决策的，原型是探索与表达交互设计的重要媒介与手段。基于用户调研得到的用户行为模式，设计师通过创建人物角色（虚拟用户形象）、场景（产品使用环境）或情节串联图板（叙事性的图像表达）来描绘设计中产品将来可能的形态。

原型的构建主要包括三部分：

（1）需求内容的呈现

需求内容最基础的是以文字和多媒体为载体，通过文字和多媒体把需求内容呈现给用户，设计师需要将信息分主次地传达，这是设计最基本的目的。

（2）导航和链接

除了内容的呈现以外，原型构建还存在着大量的导航和链接，也就是信息架构。信息架构的目标就是以最短的时间、最方便的形式让用户能够快速找到想要的内容。

（3）数据的交换

数据的交换就是指产品与用户间的互动，设计师通过数据的交换给出合适的、及时的操作反馈和容错性原则，广泛地接受修改建议，有选择地对原型不断改进。

2. 界面呈现

用户模型确立之后，设计师采用线框图来描述设计对象的功能和行为。在线框图中，采用分页或分屏的方式来描述系统的细节。界面流程图主要用于描述系统的操作流程。

图形用户界面的所有元素与其内在的组织关系是网状结构的，一般采用两类方式实现：一种是通过编写代码，在计算机内部运行并呈现于显示器上；另一种是采用便签、纸板等，制作界面的原型通过人工转换与移动的方式模拟图形用户界面的运行。纸质界面的模拟方法已被证明是最有效的设计与改进图形用户界面的途径，其优势是构建快速、成本较低，故被广泛采用至今。

（四）测试与评估

在产品开发过程中，测试和评估是必不可少的一个环节。通过原型测试获取评估信息，验证产品概念、功能概念、交互概念三个层次的问题。原型测试和评估必须在用户的实际工作任务和操作环境中进行。它不仅仅是简单的用户调查和统计分析，最重要的是用户在实际操作以后，根据其完成任务的结果，对其进行客观的分析和评估。

测试与评估的方法大致可以分为以下四类：

1. 用户模型法

用数学模型模拟人机交互的形式叫作用户模型法，它把人机交互的过程看作是解决问题的过程。用户模型法可以用来预测用户完成操作任务的时间，这类方法适用于某些项目在开发后因隐私原因或时间限制，无法进行用户测试的情形。在人机交互领域中，最著名的预测模型是 GOMS（Goals，Operators，Methods，Selections）模型。

2. 用户调查法

用户调查法分为两种：一种是问卷调查法，也称为书面调查法或填表法，指用书面形式间接搜集研究材料的一种调查手段；另一种是访谈法，又称晤谈法，是指通过访员和受访人面对面地交谈来了解受访人的心理和行为的心理学基本研究方法。这两种方法是社会科学研究、市场研究和人机交互学中沿用已久的手段，适用于快速评估、可用性测试和实地研究，以了解产品本身、用户行为、用户看法和心理感受。

3. 专家评审法

专家评审法分为启发式评估和走查法。启发式评估是一种用来评定软件可用性的方法，使用一套相对简单、通用、有启发性的可用性规则进行可用性评估。具体方法是，专家使用一组称为"启发式原则"的可用性规则作为指导，评定用户界面元素（如对话框、菜单、在线帮助等）是否符合这些原则。走查法包括认知走查和协作走查，走查法是由经验丰富的业务专家来完成，也可召集测试用户来完成，它是从用户学习使用系统的角度来评估系统的可用性。这种方法主要用来发现新用户使用系统时可能遇到的问题，尤其适用于没有任何用户培训的系统。

4. 用户测试法

用户测试法就是通过给用户制订任务，在用户执行任务的过程中，发现产品设计的不足，并为产品优化提供依据的一种方法。根据测试产品的不同特点，可以采用多种用户测试形式。用户测试可以用于产品设计阶段，测试产品原型、产品发布前具有可优化的可用性问题，以及产品发布后，为下一个版本的优化提供依据。

用户研究、需求建立、构建原型与界面、测试与评估这四个流程以用户分析为基础，围绕用户目标展开，主要采用产品原型来表达设计概念，再根据一定的原则进行测试与评估，提供了系统、规范、有效的方法和形式，适用于数字媒体交互设计中的不同阶段。

### 三、界面的重要性与设计原则

数字媒体交互界面也称作 UI（User Interface），是人机交互重要的部分，也是软件产品使用的第一印象，是设计的重要组成部分。界面设计现在越来越被软件产品设计所重视，所谓的用户体验大部分就是指软件产品界面的设计。而数字媒体的交互性在界面设计中的应用大大地提升了用户体验，使其兼具美观性和实用性。

在数字媒体交互的界面设计中，对于不同的信息表述方式，设计师在表达信息时要做到简洁清晰、自然易懂。界面给用户传达有效信息的方法主要有以下五点：

## （一）界面布局

界面的信息布局，往往直接影响用户在产品上获取信息的效率。一般界面的布局因功能性不同、考虑的侧重点不同，采用分区设计，让用户通过视觉流程对界面信息进行浏览，获取想要得到的信息。

在界面布局中，应注意以下五个要点：界面的布局尽可能做到有秩序、排列整齐、有明显的功能分区；界面布局要充分表现其功能性，对每个区域所代表的功能应有所区别；界面中最重要的信息模块设计面积相比其他模块应大一些，并放置在屏幕中最核心的位置；布局中的信息模块应有明显的标志和简单的介绍；信息的位置保持一致性，让用户方便理解新页面的信息分布。

## （二）界面色彩

有效地使用色彩对界面信息的级别进行区分和分类，可以使用户与信息和操作产生关联，有效地减少用户的记忆负担。

在界面色彩的设计上，应注意以下几个要点：根据不同的产品使用环境，选择合适的颜色，如美食产品软件多使用暖色调，以清新淡雅为宜，给用户舒适的心理感受；考虑颜色对用户的心理和文化的影响，如红色代表危险、绿色代表健康；避免界面中同时出现三种以上的颜色；颜色的对比明显，如在浅色的界面背景上使用深色的按钮，使其突出；使用颜色指导用户关注到最重要的信息。

## （三）图标

图形化及符号化的图标，相对于单纯文本而言，更加符合用户的认知习惯。适当地使用图像化和符号化的图标，会让用户很自然地建立其认知习惯。

在图标的设计上，应注意以下几个要点：有高度的概括性和指向性，表意清晰、明确，让用户能够快速地联想到对应的功能和操作；同类的信息，在形式和色彩风格上尽量保持一致性；避免过多设计，仅在突出重要信息、用户可能产生理解偏差的情况下设计；尽量与交互文本结合设计。

## （四）文本

文本是指产品界面设计交互中需要用户理解并反馈的文字。文本直接影响用户在交互过程中对产品的理解，优秀的交互文本设计可以快速地提升阅览速度，提高用户完成预期目标的效率。

在文本的设计和使用上,应注意以下五个要点:字体使用默认或标准字体时,避免使用艺术字体,大小以适合用户的视觉分辨为主;表达简洁清楚,文字较多要适当断句,避免左右滚屏、换行;对于同类的交互文本,操作行应保持统一性;表述的文本信息尽量做到口语化,少用专业术语;表述文本的语气温和、礼貌,避免使用否定句、被动语态等。

(五)声音

在产品交互设计中,声音一般应用于提醒、帮助等信息的表述。运用声音的提示方法,可以让用户通过听觉来获取反馈,帮助用户更直接有效地完成预期目标。

在声音的设计和使用上,应注意以下三个要点:使用符合用户认知习惯的声音(敲门声、门铃声、咳嗽声),使用不让用户反感的声音(焦急、烦躁);在用户可预知的情况下发出声音;表述清晰、亲切,不生硬,有礼貌。

# 第九章 数字交互媒介设计语言

## 第一节 数字交互媒介的视觉表征

媒介技术的更新使数字交互媒介视觉设计的视觉表征具有快速迭代发展的特征，这是与传统媒介视觉设计的主要差异所在。从早期数字媒介的开端到现在的普及，数字交互媒介的视觉表征在形式、内容、技术等层面不断进行优化和转变，以适应用户日益增长的审美需求和媒介形态不断发展的技术需求。这种迭代发展在移动媒介端表现得尤为突出，手机界面的各种设计风格和流行趋势不断涌现。需要指出的是，能够被广泛应用的风格不只有审美层面的因素，更有技术层面的因素，如果一种风格难以满足程序代码的要求，那么审美效果再好也难以被广泛采用。因此，数字交互媒介的视觉表征始终与技术息息相关。

### 一、从"拟物化"到"扁平化"再到"新拟物化"

（一）拟物化设计

1. 拟物化设计概述

拟物化设计的出现来源于数字媒介发展初期用户对于数字媒介界面的陌生，数字媒介产品如何向用户展示界面效果与引导运用操作方式是当时设计师和研发人员考虑的重要问题。拟物化设计这个词源自希腊语中的"skeuos"（意为器具或工具）和"morphe"（意为形状）。从词义可以理解拟物化设计的重点是通过模仿日常物体的形态为用户提供即时语境，使用户快速理解产品中的视觉元素所传达的信息。所以说，拟物化设计是指通过模仿现实物体的设计手段把物理世界的对象设计成一种视觉隐喻，使用户能快速地将物理世界与数字虚拟两者联系起来。

2. 拟物化设计风格的特点

拟物化设计风格在早期数字媒介产品中的应用与流行主要基于以下两点：

（1）形象生动，易于理解

苹果公司早期产品在思考如何向用户解释产品的使用操作方法时选择了模拟真

实世界的对象来引导用户，比如 iBooks 应用程序的主屏幕直接就是一个虚拟书架，通过木质纹理、阴影和纵深感来模拟真实书架。点击书架上的封面，就可以打开进行阅读。当用户阅读时，书本的翻页非常直观，轻触一个页面就可以翻页。这些视觉效果和操作方式都是对现实生活的隐喻。在数字媒介产品还未能流行普及的年代，因为设计以认知引导为优先，所以拟物化设计通常具有写实、精致的视觉特征，充分利用各种纹理、阴影特效来模拟真实物象，达到快速让用户理解、接受产品的目的。

(2) 怀旧美学

拟物化设计能为数字媒介产品带来情感温度，对实物的模仿会令人觉得有趣、亲切、友善，通过用户熟悉的情景设计可以令其感到舒适。早期拟物化设计常以经典旧物件为模拟对象，同时对皮革、木纹、金属等材质肌理的描绘能使进入数字时代的人们感到亲切，具有经典怀旧的美学特点，容易捕捉用户。

随着数字媒介技术与产品的发展，拟物化设计风格越来越难以适应媒介技术与信息传达的发展需求。

(二) 扁平化设计

1. 扁平化设计概念

扁平化设计（Flat Design）是基于拟物化设计（Skeuomorphism）而言的一种设计风格，目前主要应用于以移动网页端为代表的数字设计领域。随着扁平化设计风格的流行，目前其他平面设计领域也深受影响。什么是扁平化设计？它是基于二维空间的一种设计表现形式，摒弃了曾经广为流行的立体装饰、浮雕阴影、具象化、渐变、透视、纹理、羽化等设计语言，采用抽象化、符号化、平面化的表现手法，使整体界面呈现整洁、统一、清晰、极简的视觉效果。

扁平化设计的流行主要源自两个层面。第一，拟物化设计难以适应数字媒体技术的发展。拟物化设计已经不能满足移动端页面设计的发展，比如图像的像素因素、自适应因素及拟物设计制作的难度与专业度都制约了拟物化设计的前景。扁平化的设计可以更有效地支持 Web 和移动端，更适合响应式设计，能满足不同尺寸电子产品的需求，在不同的屏幕上具有良好的识别阅读效果，而且对于设计开发更加友好，还可以降低运行时的负载。第二，扁平化设计符合当下用户体验需求。扁平化设计具有更好的易读性，信息呈现简单、直接、高效，各个元素之间的结构层次简洁明了，特别是在移动端，简化后的界面干净整洁，让用户能快速直接地了解界面的交互引导和内容传达，使用户的使用体验更具有流畅感和清晰感。基于以上两点，扁平化设计风格近年来占据了数字设计领域的主流地位。

2. 扁平化设计的发展

扁平化设计的缘起可以追溯至20世纪50年代的"瑞士设计风格"（Swiss Design），扁平化设计风格又被称为"国际主义平面设计风格"（International Typographic Style）。瑞士设计风格的特点是简洁明了，强调理性化和功能化，这与包豪斯的现代主义设计理念如出一辙，都是希望通过简洁清晰的画面使信息传达更加有效。而这种风格与现在流行的扁平化设计风格是类似的。可以说，扁平化设计风格正是延续了瑞士设计风格及极简主义风格的设计理念。

最早采用扁平化设计的是微软公司。微软在2010年推出的Windows Phone 7.0手机操作系统。这个版本的操作系统中采用几何平面化的形状，版式简洁清晰，色彩明亮，饱和度高，去除了拟物化的细节特征。这对当时正流行的苹果公司的拟物化设计风潮是一种冲击，而后来苹果公司发布的iOS和安卓的Android操作系统最终还是走向了扁平化设计风格。醒目明亮的色彩、简化扁平的图形及形式感更强的版式最终取代了拟物的细节仿真。

（1）初期的扁平化设计

初期的扁平化设计把各种拟物细节剔除得非常彻底，只剩下文字、色彩和图形，这给设计师和用户在接受初期造成了一定的困扰。

（2）扁平化风格的优化发展

纯粹的扁平化设计在经历一段时间后，出现了新样式。这种样式在原有的扁平化风格基础上做一些细节上的调整，加上了一个微妙的维度。例如，增加扁平化阴影、细微的渐变和浮雕等效果，在保持扁平风格的基础上进行适度的调整，使视觉效果更丰富、精致。

（3）Material Design

扁平化风格的优化发展在Google的Material Design中体现得尤为突出。Material Design是Google提出的一套集合视觉、交互和前端的界面设计规范。它是一套跨平台体验的设计语言。Google希望基于安卓系统的所有应用能以这套规范为指导系统，确保各个平台使用体验高度一致。Material Design提出了三大目标，即创造、统一、定制。创造：创造一种伴有创新理念和科技的新的视觉设计语言。统一：创造一种独一无二的底层系统，在这个系统基础之上，构建跨平台和超越设备尺寸的统一体验。定制：通过Material Design的视觉语言的延伸，为创新和品牌表达提供统一灵活的设计规范。

Material Design不能被简单地划为扁平化设计，但被认为是对扁平化设计风格的调整和发展。它试图将物理世界的体验带入屏幕，保留物理世界中最原始的形态与空间关系，还原用户的本体体验，使数字图像与现实物理世界形成某种联系。具体分析Material Design的设计表征，可以将其总结为如下三点：

其一，物理材质空间的隐喻。

Material Design将物理世界的卡片概念引入它的数字设计体系。物理世界中卡片的层叠、厚度、投影等特性被带进了屏幕的虚拟世界。虚拟世界的卡片还有真实卡片不具备的功能，如伸缩变形、拼接分割等。具体的运用首先是将界面元素整合在卡片上，其次是通过阴影区分卡片的层级关系，模拟物理世界的深度空间感，最后是设计卡片的分割与拼接，为跨平台实现统一的设计规范。

除了引入卡片材质之外，物理世界的光效、质感和运动规律也被带入设计体系中，在数字虚拟空间构建出物理世界的实体隐喻。

其二，传统印刷设计基础上的新理念视觉设计。

Material Design的设计规范借鉴了传统印刷纸媒的视觉设计原理，包括版式、空间、配色、图形等常用平面设计规范。延续现实世界的设计规范，符合用户的审美经验，可以形成物理世界与数字世界在视觉传达上的一致性。

除此之外，Material Design在视觉设计上力求夸张、大胆、醒目，在比例、留白、色彩对比、图像大小、线框等方面的设计上更加直接和理性，力求构建鲜明、形象的视觉效果。

其三，动效设计引导用户。

"动效"是指动画效果。Material Design运用了大量动效来暗示、指引用户的操作与阅读。Material Design强调动画的主要目的不在于装饰美感，而是表达元素之间的层级关系，从而引导和反馈用户的行为。Material Design中的动效设计非常细腻，令人有愉悦感。在转场和过渡上，页面的变化具有优秀的连续性和平滑性，可以使用户充分理解动效之后的变化和反馈。

3. 扁平化设计的特征

扁平化设计风格是对应拟物化设计风格提出的一种设计语言，提倡极简风，强调视觉设计服务于功能应用，功能优先于美观，这与包豪斯提倡设计是为人的设计而不是设计本身有共通之处。扁平化设计的功能性拟物化设计将设计重心与视觉焦点集中于图像本身，而减弱了图像在传达信息和引导用户等层面上的意义，因此，摒弃复杂的装饰效果，减少拟物设计的视觉干扰，提炼图像的纯粹几何形态。强化信息传播功能，推动拟物化走向扁平化是数字媒介产品设计的必然过程。扁平化设计的特征主要有以下四点：

（1）去除装饰特效

扁平化设计在二维平面维度上展开，将具象图形进行提炼概括，剔除模拟真实世界的装饰效果，如阴影、立体、花边、装饰、透视、空间、纹理、渐变等一切特效，使视觉元素简洁明了、干净利落。去除装饰特效后，所有视觉元素之间的层次和布局更加清晰、直接，界面更加整洁，用户不会被无效的细节干扰，操作也更方便、直接。

（2）简化图形和文字

简化图形主要体现在简化空间图标、按钮等界面元素上。早期扁平化设计通常以矩形方角或圆形为标准，突出轮廓，对造型细节进行提炼抽取，减弱图标的具象性表达，避免干扰用户。随着技术的发展，扁平化设计开始在方角上增加圆角、微妙的立体和扁平化的投影等细微效果。文字的简化主要体现在采用无衬线字体上。英文的无衬线字体通常使用"Roboto"，而中文字体一般采用黑体。无衬线字体没有转角的装饰，线条粗细一致，流畅简洁，在数字媒介中更易于阅读。

（3）采用高饱和度、中明度的色彩

扁平化设计采用鲜亮对比的色彩。一个元素之内以单色纯色为主。单色调、高饱和度和中明度更能吸引用户注意力。

（4）更理性优化的版式

为了在有限的屏幕上直观有序地传递信息，版式就显得尤为重要。扁平化设计的版式特征表现：首先，强调大的对比关系，借助面积、色彩等元素的大对比来制造视觉中心。其次，留白的应用也是常用手法，通过屏幕留白凸显关键信息，将用户视线集中到焦点内容上。最后，大量运用网格。网格系统与扁平化设计具有天然的匹配关系。网格使界面更加理性和整齐有序。

4.扁平化设计的不足

扁平化设计风格为数字时代的设计带来了更高效、更科学的设计路径，但也有不足之处。首先，表现过于单一。在不同地域和不同的用户场景都使用一种扁平风格，让用户觉得视觉效果过于单一。其次，设计语言较为有限。设计师发挥的空间也较为局限，很多设计师在尝试设计新的风格来优化扁平化设计风格。最后，情感表达上较为单薄。相比拟物化风格丰富的情感，扁平化风格似乎过于冷冰。

（三）新拟物化设计

1.新拟物设计风格的特征

新拟物化风格可以被看作是拟物化风格的变体或扁平化风格与拟物化风格的融合。这种设计风格具有较强的真实感，但又不是精致的模拟物理世界。新拟物化风格的结构包括背景、高光、阴影三个部分，在这三个部分上通过改变参数实现不同的效果。

总体分析新拟物化设计的特征，主要体现在以下几个方面：

第一，摒弃了之前拟物化设计中冗余、烦琐的设计，吸收了扁平化设计风格中的简洁、块面化的处理手法，具有较强的工业美感和科技美感。

第二，多用干净的纯色，界面效果平滑柔和，没有拟物化风格的肌理等装饰，但又具有扁平化风格所不具备的立体感。

第三，阴影的处理和应用是新拟物化设计的重点，即利用阴影来塑造空间、质感和层次。

2.新拟物化设计风格的缺陷

虽然新拟物化设计风格在2020年引发热议，一度被认为是数字媒介视觉设计的新趋势，但是有很多人认为需理性看待新拟物化设计风格，这种风格因自身的缺陷，目前还难以成为主流设计风格。新拟物化设计风格的缺陷主要有以下三点：

(1) 对比度低，视觉层次不够清晰

新拟物化设计风格在视觉设计上最大的问题是缺少对比。这种风格过于追求统一整洁，色彩运用过于节制，以至于整体视觉效果缺乏对比度。用户初次面对这种风格时容易被其鲜明的特点吸引，但又很容易因单一的视觉效果而感到审美疲劳。

(2) 操作导引不够明确

数字媒介的视觉设计始终要服务于用户操作使用，如果操作引导不清晰就会流失用户。新拟物化设计风格将设计重心放在视觉效果上，对操作应用层面的设计相对薄弱，这一点是其问题所在。新拟物化设计利用阴影层次来布局，层次结构不够明确，整体画面过于一致，加大了用户识别的难度。在界面中，除了文字外，其他元素几乎都是运用阴影来塑造体块，很容易导致用户识别的混淆。

(3) 开发难度高

新拟物化设计风格的设计开发难度大、耗时长，尤其是容易导致资源量过载，同时这种风格的投影效果的实现需要对每个元素输入代码，代码过多，工作量太大。有开发者调侃说，一款移动应用产品如果使用新拟物化设计风格进行设计，或许当产品设计完成时，这款产品就该淘汰下架了。

新的技术在流行初期都会给人们带来新奇和不适，无论是拟物化风格、扁平化风格，还是新拟物化风格，没必要绝对地推崇某一种。每种风格都具备其优势与价值，每种风格都不可能永远占据历史舞台。新的技术、新的需要最终会推动新的风格形成，但最总的说，所有的设计风格必须服务于应用、服务于用户，必须契合时代的发展。设计的目的不在于设计本身，而在于人。

## 二、从静态走向动态

早期数字媒介产品视觉设计偏向静态性设计，如静态网页、界面等。随着数字媒介技术的发展，现在我们在讨论数字媒介产品设计时更多地会思考用户使用的体验感。如何为用户提供愉悦感是体验设计的核心，动效的设计与应用是用户产生愉悦感的重要手段。当下的数字媒介设计已经从静态性走向动态化。动效之所以是形成用户愉悦感体验的重要因素，主要是因为具有以下五种功能：

（一）焦点导引

图标、按钮、文字、图形及页面的动态化可以有效地吸引用户的注意力，并将用户视觉焦点指引到画面的重点信息上。具体来讲，比如动效的可察觉性可以使重点信息从周围元素中跳出来，而动效的引导性可以使用户聚焦在最佳的时间和位置。

（二）行为反馈

用户完成了一个操作后，需要动效提示用户操作的结果。例如，动效可以传递不同的信号，反馈操作是否可行或者告知用户如何进行下一步的交互。

（三）明确层级

当页面层级与各种视觉元素较多时，合理运用动效可以明确元素之间的层级和页面的空间关系，如卡片的展开与收拢、页面的转场等。

（四）分散注意

从目前的计算能力、存储能力来看，用户不可避免地会在交互过程中面对加载的过程。当程序在后台运行时，动效可以使用户在等待过程中感觉到趣味，从而分散用户的注意力，降低用户对等待时间的敏感度，如页面加载时或者转入下一个视图等。

（五）生动有趣

精致的动效不仅可以提升产品的实用功能，而且可以为整个视觉设计体系润色。个性化、合理化的动效会令人感到愉悦和新奇，让用户体验更加生动有趣。

**三、从技术娱乐走向内容表达**

（一）数字交互媒介的技术娱乐性特征

媒介进入社会时多半是以玩具的方式出现，多数媒介技术在初始阶段是以玩具的形式出现在人们眼前。吸引人们的是新技术带来的新奇感而不是内容。例如，虚拟现实技术在游戏领域的应用，微软的 Kinect 镜头也是基于游戏研发，苹果公司推

· 237 ·

出首款 iPhone 时其技术带给用户的新奇体验等。在新媒介技术发展初期，用户的关注点在于新技术带来的乐趣。技术演绎玩具的特性充分满足了用户的好奇心和娱乐心。数字交互媒介的技术娱乐是新技术背景下形成的娱乐，而不是日常的娱乐体验，主要源于以下两个方面：

1. 交互行为过程中形成的娱乐

人机交互行为活动是数字交互媒介展开叙事的关键，新技术的发展为人机交互行为提供了丰富多样的互动手段。在新的媒介技术还未普及时，人们在与媒介互动的过程中容易为新奇的交互技术激动，此时人们的快乐来自各种奇特有趣的互动形式，如虚拟现实技术刚出现时，人们戴着头盔与非现实世界的物象进行互动。单纯的交互行为可以为用户带来欢乐。

2. 视觉奇观带来的娱乐

新的媒介技术进一步延伸了人的感知，使人们可以体验到媒介技术模拟甚至超越现实世界的奇观。媒介技术可以高度模拟真实世界。模拟现实世界不是简单地再现真实，而是在模拟中融入想象与个性表达。超越现实世界则是结合技术和艺术，利用光影、空间、运动等手段为人们营造与构建出真实世界中不存在的视觉奇观。这种视觉奇观虽然是虚构的，但符合人们理解世界的方式，同时又超越了人们的日常经验，极易带给用户视觉刺激和奇观感受。

（二）从娱乐走向内容

当新的媒介技术逐步普及并且人们对新技术不再陌生的时候，新奇的交互技术和视觉景观就不会那么容易吸引人。此时，人们开始注意媒介所传达的内容。当媒介技术发展到以内容为目的的阶段时，技术便成了传达内容的中介桥梁。技术本身不再是目的，技术娱乐也不再是焦点。人们对于媒介的注意力从形式转向内容，数字交互媒介也从技术娱乐走向内容表达，而如何借用技术表达内容成为关键。与技术娱乐相同，数字交互媒介的内容传达也是基于新技术背景下的信息传播。内容传达的途径和方式与传统媒介相比有很大的差异，其中的核心特点就是数字交互媒介借用技术娱乐推动用户主动参与媒介叙事。

四、多终端的页面适配性

随着终端设备的多样化，尤其是移动终端主流地位的确定，页面设计从早先的PC端过渡到平板电脑端和手机端。多样化的设备使现在不再有唯一的标准屏幕尺寸。此时页面需要具备可塑性和可适配性，能够适应各种尺寸和配置的终端设备。

页面的适配性常见的设计有自适应式和响应式。自适应式是针对不同设备做相对应的一对一的设计，响应式则是同一个页面和同一个网址能根据不同的设备进行适配和兼容。

响应式页面设计（Responsive Web Design）最早由伊桑·马科特（Ethan Marcotte）提出，他在"A ListApart"写了一篇文章，论述了将"流动网格布局""弹性图片""媒介查询"三种工具和技巧整合起来设计在不同分辨率屏幕下都能完美展示的网站的观点。其中，"流动网格布局"是指页面元素的网格结构类型，"媒介查询"是实现"断点"的方法，而"断点"是指不同设备的尺寸分辨率在变化时的节点。

"流动网格布局"是页面适应不同设备的关键。响应式页面的网格布局通常有两种：固定式网格和流动型网格。

固定式网格是指页面变化时，网格基本保持不变，当页面收缩或者放大接近中断点时才会发生变化。例如，当我们的页面收缩到一个中断点的位置时，边缘的元素就会被自动裁切以适配尺寸，而其他元素基本保持不变。

流动型网格的元素会随着尺寸的变化而变化。页面缩放至中断点时，元素会自动减少或增加，同时元素会随着尺寸进行相应的缩放。流动型网格是最常见的响应式页面布局。

## 第二节　基于屏幕空间的传统平面视觉要素

数字交互媒介设计中的平面要素设计总体上延续了传统媒介中的设计方法与原则，如纸质媒介中文字、图形、色彩三大要素的设计和版式设计也是新媒介领域视觉设计的重点内容。传统媒介领域中的视觉传达设计发展至今，其设计方法、原理等相关研究已经非常成熟。因媒介形态的不同及用户阅读习惯的改变，数字交互媒介设计中的文字、图形、色彩与版式的设计有其独特性，其中最为关键的是承载视觉元素的载体介质发生了变化。纸质印刷走向屏幕空间，尤其是手机屏幕。载体的转变使基于屏幕的平面视觉要素设计不能完全照搬传统媒介视觉设计的思路与方法。

### 一、平面视觉要素在移动媒介中的设计应用

（一）聚焦文字的空间与对比

虽然现在的阅读从文字时代、读图时代发展到了视频影像时代，但文字作为信息的重要载体仍然非常重要，因为不是所有的信息都能用图片和影像来表达。文字

的信息传达功能更加准确、直接，很多交互引导也需要文字进行描述。在碎片化阅读时代要想更合理有效地在数字交互媒介尤其是在手机移动端上呈现文字、捕捉用户，关键在于做好文字的空间与对比。

1. 放大标题文字

很多设计师追求格调高级精致的设计风格，通常会认为字体太大是俗气、直白、商业化的表现，拒绝放大字体。实际上，从快速捕捉用户的角度出发，放大标题是简单且有效的做法。

2. 使用方正的文字背景框

一般而言，手机屏幕是竖长条形的，并且尺寸类型是相对固定的，这与纸张书本等有很大差异。因此，在竖长条形的空间内输入标题文字时就不太适宜采用横向长方形输入的方式，而应该改用正方形区域作为文字范围。这样的标题文字会显得更醒目。

3. 做好标题文字的层级对比

为标题文字设计层级关系，并对不同层级的文字做对应的设计可以避免文字在正方形区域内显得呆板生硬。例如，改变不同层级文字的字体、大小、颜色、粗细、疏密，使标题文字形成一个文字组，并在文字组内形成对比关系。

4. 设计一个文字

与输入字库中的字体相比，一个个性化的字体对于用户来讲更加具有吸引力。字体设计是传统平面设计中的基础设计课程内容，已经形成很成熟的设计创意与表现方法理论体系，我们同样可以将其运用于手机移动页面。

5. 合理运用背景图片

文字与图片相结合可以使画面更加丰富，但也容易互相制衡导致视觉混乱，减弱对比。通常的处理方法是降低图片明度、饱和度和对比度，弱化背景，为文字增加遮罩、描边、投影等来增强文字的识别性。

6. 精简正文文本

由于手机移动端屏幕小，文字太多会使页面过满，影响页面美观。同时，新媒体时代的用户缺乏深度阅读的习惯，面对满屏文字时容易感到疲劳无趣，因此，正文内容必须精简提炼，或者用多个页面进行排版。

7. 选好正文文本的字体与字号

手机移动媒介端的正文文本字体通常采用无衬线字体，如中文字体可以使用微软雅黑，英文通常使用"Roboto"字体。使用无衬线字体可以使画面更加整洁统一。正文文本中应减少使用复杂花哨的字体，如手写字体。正文文本的字号大小通常控制在 14~20px，文字间距与行距也需要针对手机屏幕空间进行调整，以满足用户面对屏幕时的阅读体验需求。

（二）充分利用图片传达信息

图片对用户的吸引大于文字，人们在仔细阅读的同时展开想象和思考才能形成个人对文字信息的理解，且不同的理解会造成信息的偏差。而图片显然更加直观，同时高质量图片还可以从质感、外形、艺术审美等多方面刺激人们的感官，所以在有限的屏幕空间内可优先使用图片传达信息。

1. 使用高质量照片

高质量图片具有两个特征：第一，像素高、清晰度高；第二，图片视觉效果好，具有较高的艺术审美表现力，在构图、光影、色调等方面具有一定的专业水准。

2. 多用全图和大图

手机屏幕与传统印刷纸质媒体相比空间较小，屏幕空间内的图片如果较小就会影响用户观看体验。因此，在手机端的视觉设计提倡用全图和大图。使用全图，是指用完整的图片占据整个页面，使画面更加纯粹、饱满，通常运用在首页。使用大图，是指在描述和叙事的页面中将图片做放大处理，增大图片的版面空间，减少文字的描述。

3. 适当使用特写

涉及细节信息的图片可以采用特写图片进行展示。一方面，特写图片可以给予人们更精致微观的视觉效果；另一方面，手机屏幕的尺寸决定了用户无法在全图中感受细节。在特定情况下，我们可适当使用特写图片。

4. 处理好图文关系

当图片与文字重叠在一起时，需要特别注意两者的关系。基本的要求是做到互为对比、互相映衬。例如，图片上的文字，可以使用淡淡的遮罩确保其可读性。Google Material Design 的规范是深色的遮罩透明度在 20%～40%，浅色的遮罩透明度在 40%～60%。

（三）色彩的设计与应用

传统视觉传达设计中色相、明度、纯度、情感心理及配色原理技巧等相关理论法同样可以应用在移动媒介的视觉设计中，但屏幕的介质决定了在移动媒介端的色彩设计的特殊性。从 CMYK 模式到 RGB 模式，从印刷油墨到屏幕像素点，色彩层次越来越丰富，形式也越来越复杂。与此同时，因为移动媒介端的用户阅读属于浅层阅读，移动媒介端的色彩设计尤其需要做到具有视觉吸引力。例如，强调通过色彩制造焦点与对比，快速捕捉用户注意力，以及充分利用亮色与高饱和度颜色的响亮、鲜明、干净的视觉效果来获得人们的注意力。

1. 学会使用拾色器

在设计过程中，设计软件的拾色器是人们进行色彩设计时常用的工具。每款设计软件都有它的拾色器窗口。虽然使用方法很简单，但我们需要知道在拾色器中选择色遵循的是 HSB 模式。HSB 就是 H（Hue，色相）、S（Saturation，饱和度）、B（Brightness，明度）。通常数字媒介产品的主色和重要辅助色都在窗口的右上角，这点符合数字媒介产品多用亮色和较高饱和度色彩的原则，次要的色彩通常在窗口的中上方，而文字与背景色多在左侧，右下方的色彩则要慎重使用。根据这个特点，我们可以将拾色器窗口从横向和纵向划分成九个区域，以供我们设计时更科学地进行配色。

2. 定义主色

主色是核心色彩，决定了整个页面的色彩基调。定义主色的关键在于色彩的情感心理倾向性与内容主题是否契合。在移动互联网时代，在屏幕的 RGB 显示模式中，高对比度的色彩能给用户提供更好的视觉效果。移动端的视觉设计要想在一个限定的屏幕空间中争夺用户的注意力，就需要选择明亮的色彩作为主色。定义主色的方法：在明确色相类型后，在拾色器的右上方选出最合适的色彩。

3. 定义辅助色

辅助色是页面中的次要色彩，通常不超过三个与主色不同的色彩。辅助色除了丰富页面色彩外，还具有更强的实用性，比如利用辅助色与主色的对比差异来引导用户点击关键的图标按钮。通常情况下，越是需要凸显的信息区域可以选择在色环中离主色越远的颜色，也就是补色；相反，则可以用邻近色或近似色。

配色应具有理性和科学性的思维，而不是全凭感觉进行设计。如何定义辅助色有一定的规律和法则。一般方法是在主色确定后再选择辅助色。一个主色通常可以定义出三个辅助色，分别是一个近似色、两个互补色的邻近色。近似色因与主色色调统一，缺乏对比，不适合应用在引导和区分信息的区域；而由于两个互补色的邻近色与主色色调对比强烈，但又不是主色的对抗色，更适合引导用户视线，区分信息交互状态。以下以 HSB 值为 75、90、80 的主色为例，讲解如何主色定义辅助色。

第一步：确定主色。

第二步：通过改变饱和度和明度值，可以找到同类色作为辅助色。

第三步：在色环中，选择与主色色相值距离 30° 的近似色作为辅助色，继续选择与互补色相邻 15° 的两个色彩作为辅助色。

第四步：视觉校正，定义辅助色完成。

4.给文字、线条及背景应用中性色

中性色是页面中文字、线条及背景等元素所用到的颜色，它们承担表现基本的层次、便于阅读的重任。主色与辅助色决定了页面的色彩视觉感染力，而中性色影响页面能否正常阅读。中性色并不是特指黑、白、灰，尤其不建议直接用纯黑色，而是指任意色相下的低饱和度色，位于拾色器的左侧。中性色的配置主要依据色彩的 B（明度）值，一般正文与标题文字的 B（明度）值不大于20，备注和次要文字的 B（明度）值不大于50，线框、背景的色彩与文字相统一。

## 二、数字交互媒介设计中的版式设计原则

版式是页面设计的核心。如果说图片、文字、色彩是结构部件的话，那么版式就是组合结构部件的载体，是所有部件元素最终的整合面貌。好的版式设计能使页面中的各个要素最大限度地发挥各自的功能和特点，能使页面的内容信息得到更准确的传达，还可以使页面的视觉效果更加具有艺术性。随着主流媒介形态从传统纸媒过渡到数字媒介，页面尺寸从多样的纸张转为尺寸相对固定的屏幕，版式设计的原则与方法也在调整和改变，以适应介质改变后所产生的新的要求。

（一）数字交互媒介页面版式与传统平面版式的差异

总体来看，同为版式设计，传统平面版式与数字交互媒介页面版式在原理上是一致的，如视觉效果、内容呈现等，但介质空间与受众接受习惯的差异使数字交互媒介页面版式具有其独特之处。

1.内容信息层级差异

通常传统平面版式中一个页面内的信息是一致的，用户接受信息较为纯粹，不会受到干扰。而在非线性叙事的数字交互媒介中，在很多情况下，一个页面上经常会安排多个层级和类别的信息。用户点击不同层级区域时又进入相对应的层级板块。多样性的信息层级容易导致用户阅读混淆和操作错误，设计数字交互媒介页面的版式时首先应考虑的是信息层级分类清晰，然后考虑视觉美感。

2.功能性差异

数字交互媒介的互动性特征使页面版式不再是传统平面设计的静态版式，而是具有功能性特征的页面版式。功能性主要体现在页面除了传达信息之外，还需要承载交互功能和操作功能，如用户可以在屏幕上进行点击、滑动、拖动等互动行为。功能性决定了用户体验的好或坏，数字交互媒介页面的版式需要凸显其功能性。

3.阅读效率差异

传统平面页面内容相对固定。受众面对纸媒时在阅读时长、深度、节奏等方面

的习惯特征给予设计师在版式设计上更大的发挥空间。而新媒体环境下的阅读通常是浅层阅读，节奏也很快，在有限的相对固定的屏幕尺寸内排版时必须考虑受众的阅读效率，版式应更加紧凑，结构需更加清晰，内容要更加精简。

### (二) 数字交互媒介页面版式的常见布局样式

不同的布局样式有其各自的优点。选择什么样的布局样式应根据内容来决定，最终的目的是提升信息的传递效率，但应避免为迎合设计趋势而跟风。总体来说，数字交互媒介页面版式布局有以下三种样式：

1. 卡片式布局

卡片式设计模拟真实世界的纸张卡片，将屏幕划分成一块块卡片。每一块卡片承载一类信息。卡片式设计能更加充分利用空间，通过堆叠的方式将内容整合到一块卡片上，使版式更整洁。这种区域划分的方式容易区分不同类型的内容。

2. 分割线式布局

分割线用来分隔不同类型的内容，可以帮助用户快速理解页面的结构层次，使版面更有组织性、条理性。通常分割线有全出血式和内嵌式。分割线的粗细和明度要做到微妙，不应突出。全出血式分割线横向贯穿页面，使不同的内容更加独立；内嵌式分割线在两端留有一个缺口，适合有关联的内容的分隔。

3. 无框式布局

无框式布局是去除分割线，用间距来划分内容的布局方式，近年来较为流行。无框式布局更显高级、大方、时尚。图片在这种布局中很重要，因为图片可以起到分隔空间的作用。无框式布局适用于文字内容较少、图片较多且有规律性的页面。

### (三) 数字交互媒介页面版式的设计方法

在具体的设计方法层面，传统平面设计版式原理同样适用。同时，数字交互媒介页面版式也具备自身的设计原理和法则，在借鉴传统版式原理时也需要遵循自身的设计方法论。

1. 重量对比与面积对比

重量对比主要表现为字重对比和色块重量对比。字重对比是指通过改变字体的粗细和明度来调节画面的对比。字体越粗，颜色越深，则重量感越重。色块重量对比是指通过色彩的纯度和明度来调节画面的重量。色块或图片越暗、越鲜艳，则重量感越重。

面积对比主要体现在留白上，留白的目的是通过面积对比来营造出一种空间与距离感，使用户感到自然与舒适。留白常用于首页的版式设计。首页决定了应用或者作品与用户见面时的第一眼感受，通过留白可以减轻页面对用户的压迫感，为用户营造轻松的氛围。

留白还常用于产品或重要内容的展示页，以减少页面中的干扰因素使内容突出，让用户快速聚焦到产品信息本身。

2. 重复列表与模块分割

重复列表与模块分割是为了使页面形成统一，通常应用于首页之后的信息展示页和操作页。画面元素的组合具有统一性、条理性特征时可以使用户更加流畅自然地接收信息，从而提升阅读效率，降低用户的阅读难度。重复列表与模块分割通常使用卡片、分割线或板块间隔的方式来实现，比如常见的瀑布流、标签、列表等布局。

3. 亲密性与相似性原则

亲密性是指相同或相关的信息与元素在页面中一定是相邻或靠近的，而不相关的信息元素应拉大距离。我们在设计之前就需要做好信息层级划分和亲密关系的体现，在具体设计上可以通过线条进行分隔，也可以通过间距进行表现。

相似性是指视觉特征相似或功能相似、涉及领域项目相似等。面对相似性的信息元素，如果内容上是一致的，那么外观就应保持一致；反之，就应拉开差距，但相似不等于相同，在一致性的前提下还需要做到一致性下的差异化。

4. 合理的图版率

图版率是指页面中的图片占比。随着用户接受习惯从识字到读图转变，图片越来越重要。图片大小与数量需要根据内容来定，通常来说，提升图版率、多用大图、减少文字会给人一种更大方、高级的感觉。但过多的图片会显得臃肿，使用户产生视觉疲劳。

5. 处理好视觉心理

在数字交互媒介页面版式中常见的视觉心理处理有两个方面：一是方角与圆角的处理；二是渐变与蒙层的应用。

在手机界面中，圆角通常比方角更显柔和、亲切。在一些背景色块、板块样式、用户头像等区域采用圆角的柔和处理更容易让人接受，而在图片展示上采用方角能更完整全面地展示效果。

渐变适当应用在背景可以避免画面单调。蒙层通常应用于文字与图片重叠的画面。通过蒙层控制色调与明度，可以使图片与文字形成对比。明亮的色调能减轻对用户的压迫感，使用户感觉轻松，而使用更暗的色调可以使画面更稳重。

## 第三节　动态影像与虚拟影像

### 一、播放型影像

影响视频影像在数字交互媒介设计中的效果的关键因素是时长和内容。

(一) 短视频是主流

首先，在数字交互媒介设计中，媒介不是视频播放器，视频只是内容传播的一部分，播放时间过长会影响主题内容的表达。其次，过长的视频会导致用户观看疲劳。最后，技术决定了在移动媒介端的视频时间不宜过长，如后台时间的加载、软硬件设备因素等。目前，主流的短视频传播平台对视频时长通常控制在一分钟以内。微信短视频号和抖音视频虽然开通了时长更长的功能权限，但绝大多数视频都控制在30秒至1分钟。

(二) 内容为王

在移动端媒介中，传播效果好的视频其制作技术不一定是精良的，但内容一定是优质的、有吸引力的。内容是影响传播效果的核心要素。自媒介技术发展以来，各种传播手段和途径层出不穷，各自技术设备不断更新，但最终我们发现优质的内容才是最重要的，只有内容优质才能避免用户流失。在视频影像泛滥的时代，移动媒介端的视频能不能在20秒内抓住用户是关键。我们需要改变传统视频制作方法，在叙事节奏上减少过多的铺垫，快速准确地表达内容主题。

### 二、互动视频

(一) 互动视频及平台介绍

互动视频是一种观众参与型的视频，观看者可以在观看过程中选择不同的叙事路线进入剧情，从而获得不同的结果。因此，也有人称互动视频使观众成了主角，观看不再是被动接受剧情，而是可以选择结果。互动视频较早的代表作品是电影《黑镜·潘达斯奈基》。这部电影较为系统地尝试了互动视频的技术与叙事模式。观众可以选择12个不同结局，交互总时长达320分钟，但因为形式大于内容，最终观影体验并不理想。

近年来，国内互动视频的发展较为迅速。B站、腾讯视频、爱奇艺先后推出互动视频平台，争夺互动视频领域流量。腾讯视频在其互动视频创作平台制定了一系列完整的规范和流程，包括制作技术、创作指南、设计指南等内容。相比爱奇艺和腾讯视频，B 站给予创作者发挥的空间更大一些，在 B 站上常见的互动视频有养成、冒险、解密等多种类型，在风格题材上有搞怪、游戏、实用、影视剧二次加工等。

（二）互动视频特征

互动视频的特征主要表现在多线性叙事、观众参与性和趣味性上。

1. 多线性叙事

传统的视频叙事是单线的，剧情发展和结局只有一条线，而互动视频的叙事是多线的，剧情通常有多个走向和分支节点，不同的走向和分支会有不同的结局。

2. 观众参与性

剧情的发展与观众的选择息息相关，这也是互动视频的关键，只有观众具备选择性的视频才会被称作互动视频。当然，互动视频赋予观众的选项是预设的，不存在无穷的选项。

3. 趣味性

趣味性是基于选择互动而产生的。互动视频可以设计多种互动方式，比如简单的有点击选择，也有道具线索之类的玩法。各式各样的互动玩法为观众增添了趣味性，提升了观众的观影体验。

（三）互动视频制作要求

从拍摄技巧、制作技术等层面来讨论互动视频制作是错误的。传统视频拍摄制作技术都可以沿用至互动视频，但这些不是互动视频的关键。我们可以看到 B 站很多 UP 主的互动视频点击次数达到几百万次。他们凭借的不是传统视频拍摄制作能力，而是掌握了互动视频的关键特征。

1. 多线性交互叙事

互动视频制作首先要设定许多个分支，为每个分支拍摄制作对应的情节，形成多线性叙事结构，比如 B 站的要求是分支不少于三个。另外，情节分支并不是越多越好，而是要能独立成立。当支线场次增多时，拍摄工作、后期工作等会更加复杂。支线要与主线衔接，以保证叙事的合理性。

2. 避免为互动而互动

因为互动参与性是互动视频的重要特征，互动视频的制作容易陷入为了互动而设置互动的圈套。互动节点、互动形式应该服务于叙事，需要做到精准自然，对剧情发展有价值，而不是刻意表面地设计互动。

3. 仍然是内容为王

与短视频制作要求一样，内容永远优先于形式，电影《黑镜·潘达斯奈基》的不足就是形式大于内容。我们可以看到 B 站上点击观看量很大的互动视频都在内容题材上足够吸引人，比如测试型、幽默搞笑型、话题型等尤其受欢迎。

### 三、虚拟影像

数字时代的到来使计算机处理影像的技术越来越成熟。影像元素可以被计算机重新编译创造出在真实世界中不存在的真实感，或者利用数字媒介设备来模拟真实，为观众创造真实感体验。这种通过计算机模拟再造出来的真实感影像称为虚拟影像。

（一）虚拟影像的特征

1. 模拟性

虚拟影像不是拍摄影像，但与真实世界有紧密联系，它具备了真实世界的特征，是对真实世界的模拟，但又超越了我们理解的真实，甚至比真实世界更生动，更有吸引力。

2. 数字再造

虚拟影像是在模拟真实之后所创造出来的虚拟性的真实图景。这种图景是通过数字技术再造出来的，而不是真实存在于物理世界的。

3. 影像感知的虚拟性

从观众角度来看，虚拟性影像借由数字交互媒介为观众提供了新的观看模式和观看体验，使观众将感知置于一个虚拟空间，在这个空间内与影像进行互动，甚至这种互动也是虚拟的。观众在一个虚拟化的行为过程中体验真实的感受。

（二）虚拟影像的应用

目前，我们常见的虚拟影像应用有舞台设计、VR（虚拟现实）和 AR（增强现实）。其中，VR 中的虚拟影像向观众呈现了模拟的真实世界，将观众带入虚拟空间，如游戏虚拟空间等；AR 则是将虚拟影像与物理世界的客观存在相融合，创造出亦真亦幻的时空。在舞台设计领域，虚拟影像常用于舞美影像设计，通过立体投影、交互引擎实时渲染等技术制造绚丽的舞台视觉奇观。

除此之外，虚拟角色也常见于舞台设计，如大家熟知的虚拟偶像"洛天依"近年来频频出现在各大舞台，与歌手同台表演，给观众带来全新的视听体验，成为国内最具人气的虚拟偶像歌手。

## 第四节　基于算法生成的图像

近年来，基于计算机编程的生成图像在艺术、商业等领域被广泛应用，其中体现的算法之美被更多的人接受和喜欢。算法生成图像是计算机文化下产生的一种图像类型，是计算机技术与视觉设计融合的结果。设计师和程序师以代码为媒介，通过计算机编程语言、算法创作出多种非物质世界形态的、虚拟的图像。简单来讲，算法生成图像就是"数学+编程"所创造的图像。

### 一、算法生成图像的特征

(一) 非物质性

算法生成图像的非物质性特征是由图像创作方式决定的。这类图像产生于代码语言，是数字算法的结果，这与来自物理世界的图像有本质的区别。

(二) 抽象性

因为算法生成图像的形成来自字符代码，图像的形态是抽象的，通常表现为纯粹的几何形、粒子、噪点、光影等形态。抽象的图像具有普世的美感，使受众能够直接感受到图像纯粹的形式美感，不需要太深的文化审美背景去理解图像背后的意义，对于受众来说更易于接受。

(三) 模拟性

通过计算机与自然的结合，程序可以模仿自然界的表达，从而生成具有模仿性的图像，如模仿生长、模仿自然物质的形态，但模仿性的图像也是通过抽象符号形成的。

(四) 不确定性

算法生成图像的创造赋予了计算机自主性。程序师设计了一定的规则后，计算机将自由发挥处理，最后生成的结果是程序师无法预料的，并且一个算法也可能得到不同的结果。这种随机性和不确定性是算法生成图像的特征，也是其魅力所在。

## 二、算法生成图像的应用

### (一) 数字媒体艺术领域

数字媒体艺术产生的背景是当代社会被数字技术形塑，数字信息与媒介符号成为构建社会的重要元素，也成为社会生活的经验表征和基础语境。数字媒体艺术的创作以数码技术及计算机技术为主导，具有机械化、电子化、数字化的特征。从创作基础来看，数字媒体艺术和算法生成图像的创作是有共同之处的，与计算机技术有紧密关系。

数字媒体艺术的审美体验是一种多重感官、立体、刺激的多元体验，而算法生成图像与生俱有的奇幻、抽象、不确定性的算法美感与数字媒体艺术的审美诉求完美契合，所以算法生成图像被广泛应用于数字媒体艺术创作。

### (二) 商业应用与公共艺术应用

商业应用主要体现在品牌传播活动，如新媒体广告中。数字时代的品牌传播在创意、渠道、媒介、终端、制作等各个层面上都已经发生颠覆性的改变。这种改变来自各种新技术，包括新材料、感应器、互动识别、媒介传播技术等。技术改变了创意的起点、创意的决策及创意的表达，而创意的表达包含视觉呈现，如新媒体广告的视觉形态。新媒体广告的视觉元素在传统的文字图片、影像拍摄的基础上大量融入了算法生成图像，将品牌的展陈设计和广告设计表现形式融入特定的场景空间，利用算法生成图像的普世性美感与新奇性特点同受众展开互动，实现品牌传播的更大价值。公共艺术应用算法图像目前较为流行的是城市公共空间立体投影艺术。这种艺术形式改变了传统的雕塑、壁画等静态的具体的创作表现形式，采用了投影技术，将动态抽象的图像与静态现实的环境巧妙融合在一起，为观众创造出美轮美奂的视觉奇观。

## 第五节 环境与空间

在数字交互媒介设计语言体系中，除了图片、文字、色彩、影像等常规要素之外，环境与空间也是其中的重要内容。空间环境之所以成为设计语言体系的重要元素，是因为数字交互媒介类型中的线下互动装置是基于环境空间展开叙事的。当我们依托一个空间创作一个数字交互媒介作品并把它置于这个空间时，作品与环境空间就会形成互为依存的关系。离开既定空间，作品的诉求价值就会被削弱，甚至不成立。不仅如此，特定的空间还能使作品具有公共性语境。这类作品强调在场性，环境空间对这类作品的意义非常重要。线下数字交互媒介装置所依附或介入的空间类型包括商业空间、公共空间及围绕作品特征进行再造的空间。

## 一、商业空间

商业空间因它的商业属性而体现出娱乐和消费的特点。在商业空间内进行的数字交互媒介设计活动通常是以品牌传播为主的商业性传播设计。如何吸引消费者进入交互媒介，并与其进行互动是设计的重心。从环境角度来看，通常空间的人流动线、面积和地点位置是影响互动效果的主要因素。例如，商业空间内主要过道的墙面适合设置肢体感应类的交互媒介作品，消费者经过时就能与作品进行互动；中庭大空间适合设置行为动作参与类的互动装置，可以满足消费者互动时的空间需求。

## 二、公共空间

公共空间是指建筑实体内外的开放空间体，它承载着一个地区的历史文化内涵和面貌，是构成一个地区的框架，向公众开放、供公众活动的空间。公共空间主要包括城市街道、广场等开放空间，以及公共建筑内的馆所、交通等室内空间，具有交往、娱乐、展示、教化、节庆等多种功能。基于以上特点与功能，公共空间内的数字交互装置作品与受众之间的互动能形成更好的效果，作品内容主题的传播价值也更深刻。在户外开放性公共空间中，广场、楼体墙面是数字交互装置常设的区域。楼体的大体量与广场的大空间、大人流量是形成互动效果的重要因素。在室内公共空间中，交通区域比如地铁、车站、机场也是数字交互装置的偏好场景。还有各类专业的展馆空间，在展示设计上已经大量运用数字交互技术与观众进行互动，发展出新的数字交互展陈形态。

## 三、空间营造

事实上，任何空间都有可能与数字交互装置作品相结合。除了特定的商业空间和公共空间外，设计者可以对其他各类空间进行再造，从而使空间环境和作品融合。

通常商业空间与公共空间不需要做过多的改变处理就可以直接应用在交互媒介作品中，如楼体、墙面、地面等，而空间营造需要对空间进行设计处理，以符合作品表达和交互叙事的展开。比较常见的处理方法是，将空间做密闭黑暗处理，通过降低空间的明度来凸显作品的视听要素，使受众沉浸在营造的氛围中。这种空间营造方法常用于投幕类互动作品中，易于形成沉浸感。

**四、数字交互影像借助视听延伸限定空间**

舞台表演是一种视听艺术，视觉画面随时变动，现场往往不能固定和重复，此时声音定位的作用就尤为重要。观众的视觉和听觉比其他感官更敏感，心理学实验证明，在感官刺激延续较长的时间情况下，人们的触觉、嗅觉会因渐渐适应而减弱，视觉反而会因适应而加强。视觉要素设计是将传统的三大构成——平面构成、立体构成与色彩构成相互融合、进行设计的构成。空间中影响视觉比较重要的因素就是影像的色彩与光线，光影的运用有利于刻画物体形态和结构及其在空间的位置，加强戏剧效果、打造立体视觉空间等附加作用。影像本身带有叙事和表意两种属性，可以依据其不同属性将空间分为形象逼真的幻觉性空间和隐喻性的假定性空间，类似于绘画艺术体系中的"写实"和"写意"，根据两种空间不同特征探讨数字交互影像如何通过视觉的特征和听觉感受延伸限定性空间。

（一）形象逼真的幻觉性空间

幻觉性空间是由立体的真实三维场景构建，有高低、前后、纵深等多种层次，演出形式上类似于真实生活中的空间，试听幻觉会使空间更有逼真性，仿佛时间倒退或快进到舞台上正在发生一切事情的地点和空间中。互动投影和3DMapping的出现打破了舞台传统幕布式的二维空间，使幻觉性空间被重构，不仅能将时空随意切换，而且异面投影可以在任意平面中创造纵深感，深度错觉在3DMapping中是常见的一种视错觉，往往体现在对物体的纵深视错觉中。投影的影像可以完美贴附于不同载体，如桌椅板凳、建筑甚至肢体等不同材质的物体上，改变了投影幕布平面的限制，使影像随着不同的结构形态变得更加立体、鲜活和多样化，增强了观众视觉的错乱感和舞台空间的现实感。

（二）隐喻性的假定性空间

隐喻性的假定性空间是在真实空间中创造想象和感觉相结合的意境空间，靠观众的心理认知对空间中的影像进行意会，将演员的内心世界用抽象的、象征的视觉化影像表现，使相对固定的时空变得自由，假定性就是虚构的内容在现实和梦幻中任意转变。例如，舞剧《遇见大运河》的"水灵"创作，将人物化成"水"元素营造意向空间，灵动的水珠是运用实时交互的三维粒子系统，动作捕捉系统增加了红外灯的亮度，图像捕捉进行了变形矫正、虚化边缘处理，很好地表现出水元素的通透感，随着舞者的动作散开、聚集，仿佛水滴有了生命和灵魂，刺激观众的情感和知觉。

**五、数字交互影像结合不同介质营造氛围**

材质是空间设计中用来表现物体造型和肌理质感的重要元素。空间中的互动影像需要借助介质来呈现，一般来说，介质分为三种类型，即气态、液态和固态。光传播在气态的速度大于液态和固态，不同状态影响了舞台光传播的速度和停留在观众视觉上的时间。气态由于其易扩散，流动性较快，一般舞台影像不会以气态为呈现介质，运用液态和固态材质较多。若根据创造的影像内容寻找适合的介质，就要对不同介质的形态、肌理和性能进行研究，不同介质与影像匹配会渲染不同的气氛，可以强化人与影像及空间环境的互动。

（一）液态材质表现灵动感

液态和气态一样具有流动性，但它是由细微的水汽凝结而成的，扩散性相对于气态来说比较慢，舞台中常用雾幕作为承载影像的介质，可以呈现较高清晰度的影像，雾幕屏运用超声集成雾化发生器生成的微粒雾形成一层水雾墙，影像投射在平面的水雾墙上，形成三维立体的动态影像仿佛飘在空气中，人可以穿梭其中与其互动，制造出一种影响多感官的灵动空间。雾幕作为一种新的虚拟成像展示媒体被广泛运用于舞台剧上，投射影像可以变成蝴蝶与人共舞，可以被奔驰车穿越形成破碎感，可以在BBC频道中变成真人与观众互动。空间中的流体还可以通过投影映射（如MIDASProjection）将影像附着液体表面产生视错觉，借助流体的灵动性营造动感的氛围。

（二）固态材质表现幻觉感

固体相比液体硬度较大，有固定的形态和材质。在材质方面，任何能反射光线的材质都可以作为投影的介质。影像可以很清晰地附于其表面，空间中常见的以固体为呈现影像的载体有LED屏幕、物体、建筑布景等。艺术家不断追求创新型材料，借助互动投影，打破并重组固有材料，形成不同视觉感受的效应，运用材料语言去讲故事、抒情意，提升观众的思考和情感，创造"诗情画意"的幻觉空间。

# 第十章　数字媒体的交互媒体艺术应用

## 第一节　数字动画的交互艺术

### 一、数字二维动画技术

20世纪60年代，美国贝尔实验室发明了用计算机制作电影的新技术。后来诺尔顿用计算机制作出不断变形的线条图形动画，从此动画界进入计算机时代。数字动画技术主要包括数字二维动画技术和数字三维动画技术。

（一）数字二维动画技术的优势

数字二维动画制作技术最初是从计算机图形图像技术演变而来的。与传统手绘动画相比，数字二维动画技术有许多优势。

（1）数字二维动画制作技术大大提高了描线、上色的速度。传统手绘动画采用人工描线、上色的方式，一位熟练的专职人员在赛璐珞胶片上一般每天完成20张左右，而计算机描线、上色的效率起码是人工的20倍以上。

（2）数字二维动画技术在计算机上完成画面制作，制作的画面颜色鲜艳、清洁、均匀一致。手绘动画的颜色完全是人工调制，颜色往往会有细微差别，劳动强度大；赛璐珞胶片易产生静电而吸尘，画面清洁难以保持；手描绘线，上色易发生串色、开裂、不匀和晾干等问题，而且层数不能超过三层，否则影像背景会不清晰。

（3）使用软件来操作，修改动画快捷、方便。一部动画片的制作要通过反复修改才能完成，数字技术使其对颜色、线条、动作、声音等的修改都变得更加容易。数字二维动画软件提供的预演功能可以避免成片后的返工。与之相比，传统手绘动画每个镜头或全片要看到预演需要经过几道工序，即拍摄、洗印、放映，需要消耗大量人力、物力和时间。

（4）与传统手绘动画相比，二维动画描线、上色、拍摄工序基本上没有原材料消耗。传统手绘动画中的动画纸、颜料、赛璐珞胶片等都是消耗品，而数字二维动画制作软件中提供了画板、调色板等工具来共同完成动画制作。

（5）在表现力方面，借助数字二维动画技术可以实现传统动画可望而不可即的更加丰富多彩的特技制作。

（6）数字动画完成之后，它的输出存储介质多样化，可以是磁带、硬盘、光盘、胶片等，并且在操作过程中可以实现管理网络计算机化。

(二) 数字二维动画的制作技术及流程

计算机动画与传统动画的主要区别是避免了在胶片上进行繁杂的手绘劳动，而是通过计算机对图像进行无实物胶片、颜料的数据操作，几百个镜头、上万张图像集中存放在一台计算机中，极大地节省了制作空间和查找时间。目前，二维动画的后期制作均在计算机上完成，即扫描输入、描线上色、镜头合成、总校输出。这里主要介绍二维数字动画后期制作阶段的技术。目前，随着动画制作规模化、产业化的发展，以及数字动画技术的应用，动画的制作普遍采用流水生产的方式。顾名思义，流水生产是对加工镜头依据生产流程进行专业化加工，每道工序由专人负责、熟练操作，以保证制作速度和制作质量。

1. 数字二维动画生产的硬件软件系统

数字二维动画生产需要有计算机硬件系统和动画制作软件的支持，要有由多台终端及输入/输出设备组成的局域网络。动画数据由各终端产生，通过网络达到数据传输、共享和加工的目的。

有了硬件构架之后，还要配备相应的动画制作软件。一个完整的二维动画制作系统至少应配备二维动画制作软件、用于背景绘制修改的绘图软件，以及用于镜头编辑输出的非线性编辑软件。

2. 数字二维动画的计算机制作阶段流水线

数字二维动画的计算机制作阶段大致有以下工作：画稿检验、扫描输入、颜色指定、描线上色、镜头合成、图像生成、总校输出。这些工作全部在计算机上完成，既各自独立、自成一体，又相互关联，自上而下缺一不可。

在动画的前期策划和中期绘制完成之后，二维数字动画进入计算机制作系统的制作阶段。当一个制作系统准备对某一系列片集进行加工时，系统的前期工作人员首先要做好充分的生产准备工作，如片集的难度等级判断，对故事台本的理解，片集总镜数、总张数、总时长的统计，彩色背景与背景设计稿的核查，具有特技特效镜头的标注，等等。在有关颜色模板的人物分类、道具统计之后，要依次检查各个镜头有无缺页、线条质量、线条的封闭，以及镜头卡中的背景设计稿、摄影表、规格框是否齐备等一系列计算机加工要求具备的条件。前期人员尽可能地将漏洞降至最低，以保证后期加工的顺畅。

随后，各分镜头按顺序送到生产线上等待加工。这些镜头画稿经扫描仪输入，转换成计算机可识别的图像文件,并且存放在计算机中。动画制作系统按照生产流程对镜头文件进行加工处理,在经过各道工序后最终完成二维动画的后期加工。

目前国内流行的二维动画制作软件既有各自的特性,又有相互的共性。总之,它们都是以传统手工动画制作流程为依据而设计的,可根据不同的制作软件和不同的系统配置适当调整制作流程,但主体流程结构基本一致。

(1) 原动画扫描输入

目前,数字动画的创作过程中有一部分是直接在计算机上进行画稿的绘制,用鼠标或者用手写板绘制;也有一部分是先用铅笔在画纸上进行绘制。画稿的扫描输入是由传统动画转向计算机制作的初始端口,只有经过这个步骤,才有可能在计算机上继续用动画软件对角色进行动作创作。这个过程主要是将铅笔画稿通过黑白扫描仪输入系统,使之转换为计算机可识别的图像数据文件。该工序的技术难点主要表现在铅笔条黑白参数的调整上,即对具有灰度等级的黑色像素的取值设定。用计算机代替手工来制作动画,在工序和制作工艺衔接上会遇到一些不可避免的技术问题,对它们的技术要求如下:

① 原动画的线条要匀、准、挺、活;线条粗细、深浅、宽窄保持一致,最好用2B 铅笔;线条与线条的接口必须严格封口,否则无法上色。

② 原动画的线条必须清晰统一,不能有彩线痕迹,纸面尽量减少摩擦,保持平整;对于各种有明暗的造型,阴影部分需分层处理,另绘一张;每张原动画纸上要编号,统一写在画框外右上角。

③ 同一镜头纸张大小规格要一致;同一镜头动画纸的定位孔位置要统一,在同一方向;移动两个规格以上的画面时,左右共用一个定位孔。

④ 摄制表要按已规定的统一的符号填写;符号必须按格填写;动画特技镜头要注明,推、拉、摇、移符号要明确。

(2) 彩色背景扫描

背景输入通常有两种方式,即镜头抓拍和扫描输入。目前动画行业流行扫描方式,因其分辨率可自由选择。一般经扫描后的图像,其颜色、饱和度、亮度与原图相比均会有一定程度的偏差,需操作人员进行调整,以接近原画风格,这个时候需要借助一些图像处理软件。要求完成这项工作的工作人员对颜色有很好的认识和感觉,并需要具备一定的绘画基础。

影响扫描图像质量的因素主要有两个:一是扫描参数值,即分辨率;二是扫描仪本身的色彩还原度。对于分辨率,当然是分辨率越大,图像越清晰,但同时图像的文件也会很大,导致计算机运算速度减慢,并且会对后续加工工序造成很大困难,尤其是对于镜头合成工序,严重时甚至会造成死机,而且具有大背景镜头的图像合成也会很慢，严重降低生产效率。有经验的制作人员会在保证制作正常进行的条件下尽可能获取高质量的图像。

(3) 线检

这个过程将扫描完成的动画画稿依据导演要求按动作规律排入摄影表中，为合成工序做准备。这个工作可以用来检查人物动作是否流畅、分层对位是否准确，将在前期动画及扫描过程中出现的问题尽早解决。该工序在系统生产中的流程顺序应视不同软件而定，这里是以软件为描述对象的。

(4) 颜色指定

为了保证动画中所有人物、道具等的颜色准确、前后一致，颜色指定这个过程必不可少。在线检之后，颜色指定人员要为动画中的所有人物作出颜色参考图像，供上色人员参照使用。颜色指定人员根据人物颜色参数为片中所有人物、道具作出标准色板，并将色板分配给每一个镜头。对于颜色指定工序来说，颜色指定不能出错，同时如何减少色板文件、避免重复劳动，也对操作人员提出了很高的要求。在准备工作中，颜色指定人员要熟悉分镜头本，了解出现的人物、剧情，以作出模板人物的最佳组合，避免出现张三和李四做一个模板，张三和王五又要做一个模板的类似的重复工作(因目前多数动画软件一个镜头只能使用一个模板)。另外，要考虑到软件色盘数量的限制，不能将太多的人物合放在一个色板中，以免出现颜色不够的情况。因此，颜色指定人员在工作中要做到通盘考虑、综合把握，以提高效率为本，方便上色人员操作。一个片集的色板数量不但由人物、道具数量决定，而且与影片风格有关。例如，片集的人物阴影若定为彩色，则色板的数量及工作量将增加近1倍。

(5) 上色

这个过程是对扫描处理后的线框图像文件进行逐一上色，完成片中动画人物的颜色填充，其填充颜色参照指定的特定参考模板。在整个计算机加工流程中，上色工序技术含量相对较低，但因为需逐张填色，所以占用工时最多。当然，随着动画软件的不断完善，自动上色功能日趋成熟，那时则不需逐张上色，工序配比可大幅度下降。

虽然目前计算机上色仍需逐张进行，但与传统动画相比，其自动化程度的确很高，并且颜色的产生不需用颜料调制，而是采用计算机可识别的R、G、B二进制参数配比完成。由于计算机参量的精确性，因此可保证颜色的一致性、准确性，并且便于修改。例如，当所有镜头的上色工作已经完成时，若发现某一造型的颜色指定错误，制作者只需改变相应的色板颜色，则所有镜头中的相关颜色会自动修改。

需要指出的是，由于计算机动画加工是将手绘的铅笔画稿直接扫描输入的，省去了传统动画用颜料在赛璐珞胶片勾勒轮廓的工序，对前期铅笔画稿的线条质量提出了很高的要求：线条要粗细一致、圆润光滑，要实而有力，不能虚实不定。否则，扫描处理出的线条会虚虚实实，断线层出不穷，极大地影响上色速度及图像质量。影响上色速度的因素除线条质量外，还有人物尺寸、阴影方式等诸多因素。

(6) 色检

目前，各类二维动画基本采用动画浏览（播放方式）对上色成品进行检验。根据经验，动画软件若只有单层浏览功能，那么只能对动画逐层检验，很难判断填色的准确性，特别对阴影层，如果软件具有多层动画叠加浏览功能，则能清晰、完整地看到动画全貌，全面地浏览各色块的连续变化，达到正确判断的目的，同时提高检验效率。合成该工序是将一个镜头中描线上色完成的各层图像及相应的背景由网络传输到装有合成模块的机位，由专门人员进行动画检查与镜头合成。

(7) 合成

顾名思义，将背景、前景、动画层依前后层次、动画规律顺序排放在镜头摄影表中，使不同层次的图像合并在同一镜头中，并根据时间变化产生动作。在二维动画后期加工中，合成工序最为关键，是计算机动画的精髓。通常在动画片集中，为烘托气氛、调动观众情绪，多采用光效、烟雾等特效镜头，镜头运动是表达人物心理、渲染影片气氛必不可少的手段之一。为了更好地表达导演意图，使故事情节跌宕起伏，要求合成人员不但具备基本的设定镜头技能和构图、镜头运动、特效等能力，更要深刻领会导演意图，了解分镜头间的衔接关系及故事情节，将感情融入制作中，如此才能把握好镜头的节奏，作出生动的动画。另外，合成人员应具备处理因动画前期不足造成的所有问题的能力。

计算机动画的优势不仅体现在上色方面，更体现在合成工序方面。其特点为自动化程度高、制作周期短、易于修改、工作效率高，尤为重要的是动画概念随处可见。大家知道，动画原理是将每秒格的动作画面连续播放，以产生动态效果。计算机动画利用此原理引入数学模型概念，令所有参数成为时间函数，使其随时间的变化而变化。除镜头运动、物体运动外，物体的比例、颜色、透明度、虚化值、亮度等效果均能以动画形式存在。更为方便的是，制作者可在计算机屏幕上直观地看到所需函数的动画曲线。这一曲线随时间和空间的变化而变化，根据需要可任意调整动画曲线，控制各种特技效果参数，得到所需的动画效果。此功能解决了许多传统手段无法解决的问题，可极为方便地制作出诸如淡入淡出、放大缩小、明暗变化、颜色变化及旋转、跳跃、振动、衰减、甩镜等难度极高的镜头，制造出大起大落、极具冲击力的视觉效果。

虽然计算机动画的合成功能非常强大，但仍需制作人员具备传统动画制作经验及基本动画理论知识，以便在特技、效果处理上有据可依。合成过程中需要注意以下三点：

① 烟雾虚化。对于计算机动画，固定的虚化参数针对大小不同的色块会产生不同的虚化效果，色块小虚化明显，反之则不明显。因此，在做某一内容的虚化特技效果时，要依据待虚化图形的大小选择虚化数值，以保证视觉虚化效果一致。

② 光效。在动画片中，光的运用是决定片集质量的重要因素之一。而计算机动画软件的特技效果功能强大，尤其是光效处理，它不但参数调整范围宽，而且实现手法多样、不受限制，甚至有时会达到意想不到的效果。但对于制作人员来说，充分利用这些效果参数，使各类光效（火光、灯光、闪光、爆炸、底光、轮廓光……）达到超真的、极具感染力的视觉效果，并不是容易做到的。其中影响因素很多，诸如背景亮度、原画针对计算机的特殊画法、色块颜色、形状及平日对自然环境的洞察能力、光效经验、个人感觉、对制作软件的掌握程度等。为了使镜头间的同类光效和谐一致，建议光效由专人调整，以提高特技整体水平。

③ 镜头运动。镜头运动是动画片中不可缺少的表现手法，也是合成中的难点。如何使运动的镜头既平稳流畅又与剧情同步，是业内人士一直关注和探讨的问题。

简而言之，二维动画中运动镜头的处理由于受到画法、平面、背景幅面及软件功能的限制，其制作难度并不比三维动画的镜头运动处理简单，有些甚至超过了三维动画的制作难度。因此，需要合成人员的不断努力和探索，以摸索出新的制作技巧。

(8) 图像生成

在上述工序完成之后，就到了镜头图像的生成阶段。这一工作首先由合成人员在每个镜头内设定待生成图像的存放路径、镜头图像名称、帧、场方式等，然后将之排队，等待网络空闲时系统自动启动合成队列。计算机对各镜头进行自动运算，产生相应的输出图像文件，这些图像就是将要录制到录像带上的最终图像。图像生成工作一般放在夜间进行，以避免网络传输的高峰时间，同时可以充分利用网络系统中的剩余资源分布运算，以达到提高整体运行效率的目的。

图像生成工作需要注意的一点，保证有足够的图像存储空间，这是在系统设计初期和以后的日常维护中需要注意的问题。对于月输出量为80—100分钟的动画系统，存放最终生成图像的磁盘矩阵容量一般为200 GB左右较为合适。

(9) 镜头检验（总校）

总校工作是将生成的图像文件通过专用软件转换成可连续播放的文件的工作。总校人员通过反复播放以查看每一动画镜头的正确性。该工作从表面上看并不需要复杂的软件操作，但由于二维动画生产中流程环节较多，各环节的问题将会集中反

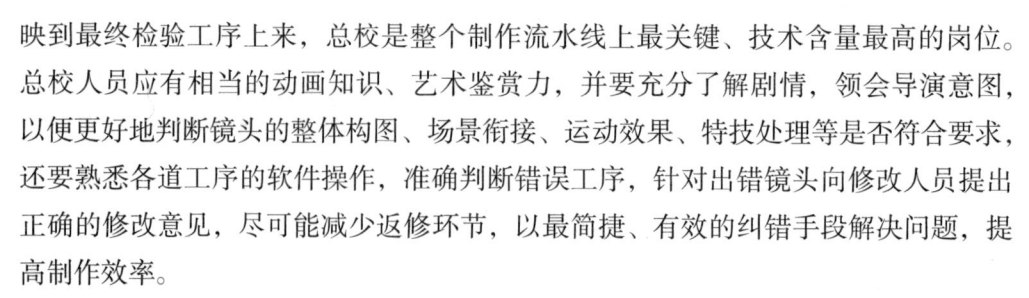

映到最终检验工序上来，总校是整个制作流水线上最关键、技术含量最高的岗位。总校人员应有相当的动画知识、艺术鉴赏力，并要充分了解剧情，领会导演意图，以便更好地判断镜头的整体构图、场景衔接、运动效果、特技处理等是否符合要求，还要熟悉各道工序的软件操作，准确判断错误工序，针对出错镜头向修改人员提出正确的修改意见，尽可能减少返修环节，以最简捷、有效的纠错手段解决问题，提高制作效率。

3. 数字二维动画生产中对中期画稿的要求

计算机动画后期加工的质量和速度，在很大程度上取决于动画中期的制作方法和质量。如果在中期预先考虑到后期软件的特点和优势，则会对中后期制作起到事半功倍的效果。特别是动画软件强大的镜头合成功能，可为中期制作提供相当大的帮助，减少大量的不必要的工作。同样，计算机制作对动画铅笔画稿的线条质量、阴影画法等也提出了要求，配合不好将给计算机制作带来很大不便，并且直接影响图像效果。

(1) 线条的质量问题

在计算机动画制作中，缺少传统的描线工序，其操作手段是直接扫描铅笔画稿，其线条的好坏势必影响片集的制作质量和制作速度，而且由于受到扫描输入设备的限制，经扫描输入的线条必然有一定的损失。前面流程介绍中提到，在扫描输入时要对拾取线条的黑白参数进行设定，其设定应尽可能考虑将线条全部拾取而又避免纸张脏点。因此，动画中期的线条质量至关重要，要求线条粗细均匀、实而有力，起笔落笔一致，线条圆润不虚，这样可减少脏点拾取，避免扫描断线，从而保证图像质量，提高生产效率。

(2) 阴影的处理方法

阴影的效果和处理方法不同，将在计算机后期过程中，产生很大的区别。动画中期在镜头的阴影绘制中，应将阴影的处理方法预先考虑进去，以适应不同的效果需要。对于单色平涂来说，阴影处理可分为单色半透明遮盖和不透明色块上色两种方式，这两种方式中又有虚化与不虚化之分。在计算机后期加工过程中，遮盖阴影是否虚化对中期制作并无要求，但要求动画阴影分层绘制，并注意阴影线条封闭，以适应不同软件的制作特性。而对于第二种方式，则要求中期制作特别注意，创作人员应事先考虑阴影的形式。例如，对于不虚化色块阴影，应直接将阴影线绘制在动画层上，以便直接在人物身上填充阴影；对于虚化阴影，则要根据不同的制作软件考虑绘画方式。常用的动画软件 US Animation、Animo 和 Pegs，可选阴影与人物同层，阴影边缘效果由虚化阴影轮廓线解决，而 Toonz、Axa 和"点睛"软件由于无线条虚化功能，需要将阴影分层绘制，并且阴影轮廓线要根据虚化程度做不同的收缩处理。

**二、数字三维动画技术**

数字三维动画借助计算机生成系列静态图像（又称"画面"），再将这些静态图像高速播放（PAL 制为 25 幅/秒），从而产生动态效果。数字三维动画是建立在数学、图形学、摄影、美学等多学科基础上不断发展的图形、图像技术，软硬件技术水平的飞速提高使数字三维动画为视觉内容的表达提供了更多可能性，数学及图形学的发展为设计数字三维动画软件提供了先进的算法，影视数码产品的制作实践为数字三维动画技术的发展开辟了市场。

数字三维动画主要用来表现两种截然不同的风格倾向，一种是以视觉奇观为目的的仿真性设计，另一种是以夸张想象为手段的艺术性设计。电影特技效果和仿真电子游戏都运用了三维动画的技术手段。同时，数字三维动画创作的大片更看重的是动画的本质特征，即夸张、变形和丰富的想象力。

（一）数字三维动画的基本技术

数字三维动画技术又称为"三维预渲染回放技术"，即先进行三维预渲染，得到完整的三维动画视频，然后利用播放器将三维动画视频播放出来。这种传统的计算机动画，是采用关键帧（对于在运动过程中出现的主要画面，称为"关键帧"）的方式制作的，也叫作"关键帧动画"或"帧动画"。帧动画由若干幅连续的画面组成图像或图形序列，而物体的运动路径则需人为指定。制作这一类动画常用的工具平台有 3DS Max、Autocat、Maya、Softimage 3D、Lightwave 3D、Renderman 和 Animator 等。

数字三维动画特技制作包含数字模型构建、动画生成、场景合成三大环节，而三维扫描、表演动画、虚拟演播室等新技术，恰恰给这三大环节带来了全新的技术突破。综合运用这些新技术，可望获得魔幻般的特技效果，彻底改变动画制作的面貌。可以想象，先用三维扫描技术对一个 80 岁的白发老太太进行扫描，形成一个数字化人物模型，然后将乔丹的动作捕捉下来，用于驱动老人模型的运动，观众将会看到 80 岁老人空中扣篮的场面，甚至还可以用演员的表演驱动动物的模型，拍摄真正的动物王国故事。利用表演动画技术还可以制作出网上或电视中的虚拟主持人。实际上，实现理想的三维动画特技需要非常强大的软件，以及能提供无比运算能力的硬件平台。这项工作可以说是在高科技电影中花费最大和最费时的，并且需要大量的专业高级技术人才。《泰坦尼克号》中，光是视频特技部分的花费就有 2500 万美元。

在计算机影视特技的领域中，SGI 可以说是无人不知的硬件平台，其所生产的

SGI超级图形工作站算是最好的三维与视觉特技的硬件平台,它提供给创作人员异常强大的图形工作能力。3DS Max和Maya等软件在SGI平台上可以发挥最好的性能。光有超强的硬件平台还不够,电影电视中那些逼真的形象还是要靠各种各样的超级三维图像软件来实现。各专业厂商都有自己特定的优势产品和用户群,形成了群雄争天下的局面。

(二)数字三维动画的制作步骤

简单地说,三维动画的制作就是要建立角色、实物、景物的三维数据,让这些角色在三维空间中活动起来,用虚拟的摄影机调整镜头,再打上灯光,贴上材质,就形成了一系列栩栩如生的三维画面。这个过程主要包含四个步骤:第一,确定动画片中的人物、动物、景物等造型,叫作造型建模。第二,完成造型建模,赋予其相应的材质,叫作材质贴图。第三,有了造型材质后再加上光线、机位、焦距,然后考虑灯光和相机的问题(当然是虚拟世界的)。第四,引入时间因素,不断地改变目标的动作、相机、灯光、伸长、挤压、夸张等因素,这样,画面就动起来了。

1. 造型建模

无论进行哪种类型的动画制作,都必须先创作动画片中的人物、动物、建筑、景物等造型,即设计物体的形状。造型(三维建模)就是利用三维造型软件在计算机上绘制二维物体。大多数三维软件提供了几种基本的建模方式,如多边形建模、放样曲线建模、细分建模,以及利用不同的几何形体进行"布林运算"的建模等。

最容易的方法是使用图形造型。这些图形都是简单的三维几何形体图像,附带在软件的命令面板中,如立方体、球体、圆柱体、圆锥体、金字塔形体等,它们能够结合在一起,在不同的修改命令下产生更为复杂的物体形状。这个过程就好像是使用砖块或积木搭建建筑物一样,不仅需要制作所使用的图形,而且需要把它们堆积在一起,通过组合图像创作一个物体的形状,并根据不同的需要,将它们联结起来。还有一种方法是先建立一个二元模型,三维动画制作软件都有这样的能力,即以各种不同线形或图形为基础来创作模型。在不同的软件程序里,线的种类各不相同,每一种都有它自己的特征。之后,根据不同需要,用一系列方法将它带入三维世界,使它获得立体造型。也可以用二维样条曲线作为造型的骨架,利用表面的修改编辑功能,将基本面片依附在造型骨架上,形成复杂的面片模型。

制作完各个三维物体后,还要将建立好的三维物体放置到合适的位置,最后组成一个完整的场景。

2. 材质贴图

物体的特征不仅在于其形状和体积,而且很大程度上取决于其表面的颜色和质感。造型确定了物体的形状，质地则确定了物体表面的形态。大多数三维动画制作软件程序拥有一系列材料，人们可以简单地从菜单中选择并将其应用于物体。其中有金属、石头、木材、皮革、玻璃和液体以供选择，当然也可以按照自己的需要，制造不同的材质。大部分材质可以用七个参数（颜色、反光程度、色调、投影、亮度、透明度和折射度）来编辑和控制。在软件中，这些参数可以单独编辑，可以混合编辑，也可以组合出无数种方式，产生任何想要的效果。

某些情况下，制作和编辑的材质看起来还是不够真实，这时候就可以使用材质贴图，即把二维平面的图像贴到三维模型表面。图像可以是拍摄、扫描的真实物体材质，可以是利用绘图软件制作的，也可以是从动画资源网站上下载的。

3. 光线设置

在建模初期不必考虑灯光问题，在造型问题解决之后，灯光就成为影片制作中非常重要的一部分。三维软件提供了方便的功能，但设置的合适与否将直接影响动画的最后效果。对于三维动画的最初制作者来说，照亮景物是整个三维动画创作中最具挑战性的工作之一。既要保持合适的景物基调，又要照亮景物，还要调整、渲染、营造动画气氛，这需要长时间的实践和不间断的试验。人们可以控制每种光的焦距、亮度和颜色，以便创作出合适的作品。

三维场景中布光的原理和原则与真人拍摄是一样的，最常用的是三点光源设置法，主光源提供最强的照明，补光用来减弱阴影的反差，背光在背景中突出主要物体。光线跟踪技术是具有高度真实感的着色技术，近似于自然界光照物理过程的逆向过程，即逆向跟踪从光源发出的光，经场景中物体之间的多次反射、折射后投射到物体表面，最终进入人们的视觉，具有非常真实的效果。

4. 动作设置

在制作角色和场景之后，最重要的任务是让角色活动起来。三维动画最大的特点是角色动作的全部过程由计算机来处理。根据动画生成的方法，动作设置可以分为四类，即关键帧动画、算法动画、关节动画和变形动画。

（1）关键帧动画。三维动画制作者按需要制作出关键的画面，即关键帧，通常动作的起始、转折和终结处都设定为关键帧，中间帧可以由三维动画软件自动生成。

（2）算法动画。动画的运动是用算法来描述的，应用物理规律对各种参数施加作用，通过运动学或力学的定律来控制。根据运动期间参数改变的设定来实现画面平移、旋转等动作。

（3）关节动画。关节运动适用于对一些具有关节的物体的运动描述，也属于算法动画的一种。以一个关节为例，一个关节点有六个自由度，分别是三个方向的移动和绕三个轴（X、Y、Z）的转动。不同的人物和动物有不同的动作规律和特征，对其运用不同类型的算法，可以实现角色的动作。为了角色动作的真实性，可能需要设置十几个甚至上百个关节点。

（4）变形动画。变形动画适用于物体从一种状态变成另一种状态，实际上是一种形状对应的插值动画。

5. 虚拟摄影机运动

三维动画中除了角色运动之外，摄影机的运动也非常重要。三维动画软件可以添加和设定自己的虚拟摄影机。虚拟摄影机可以模仿真实摄影机的感觉，也可以进行镜头的推拉摇移。使用运动镜头效果需要预先设置一个镜头移动的路径，然后将路径关联到摄影机就可以了。三维动画软件还有一个很大的优点，可以同时在不同位置和角度设定多部摄影机，并可以进行不同镜头的切换。

此外，还有一种使镜头显得更加真实的做法，即添加镜头光斑或光晕效果。这些效果是模仿光学技术中的一些缺陷，有时候镜头中的画面过于干净和完美反而没有了真实感。

6. 渲染输出

渲染是动画制作中最耗时和乏味的一步，三维动画必须经过渲染才能得到最终的效果。一般可以使用三维动画制作软件自带的集成渲染器，也可以使用第三方的专用渲染器，其中最著名的是 Mental Ray。

个人在制作三维动画作品时为了减少渲染负荷，可以使用预先渲染过的图片做背景，在物体上尽量开启"隐面消除"功能。在正式渲染前，最好先渲染一个低品质、低分辨率的检测版本，用来检查运动和效果是否理想。

（三）数字三维动画技术的特点

现阶段，三维动画技术具有以下五个特点：

（1）适于表现真实物体的纯技巧的拟人手法，从而表现出趣味性和诱惑力。

（2）材质更加真实、生动逼真，可以构造自然界中很难创造的光线条件，任意地设计理想光源。例如，带有网格或图案型的光源，可以赋予材质更为生动的属性。有些动画软件就有很好的材质结构，可以人为地建立物体之间的反射、透明、折射关系，从而夸大真实感中赏心悦目的成分。例如，汽车广告中常出现的挡风玻璃高度反光的效果、汽车造型轮廓边缘上高光点等，这些都得力于计算机图形学中真实感图形、图像技术的发展。

（3）更加有效地利用现有的图像，达到编辑机、特技机所无法达到的视觉效果。例如，利用贴图效果可以使图像贴在翻动的书页中固定的某个地方，同时书中图像也在连续地变化。又如，许多分形图像具有较高的艺术效果、复杂精美的自相似结构,这些只能由三维动画软件产生。这些图像经过动画系统的充分加工,可以以更具感官效果的形式表现在电视中,非普通特技所能为之。

(4)充分与其他学科相结合,并为电视画面提供更加丰富的内容。例如,激光技术的发展、医学中的CT扫描技术等,有效地为图形输入提供了新途径。图形学的最高会议——SIGGRAPH会议的演示带中,就有一些采用CT扫描技术,把人物模型录入计算机中,实现三维动画的效果。

(5)实现真人与真景的结合,可以有效地增强动画结构的真实感和可信感,没有脱离现实的虚拟印象。为此,许多创作者力求将真人、真景与动画效果完美结合,使动画中的造型与真人的环境相互依存、相互帮衬,增强广告的真实感和可信感。这种技术手段正悄悄地在世界范围内广泛传播。

## 第二节 虚拟现实的交互艺术

以计算机、网络为特征的数字新媒体出现并且正在改变着我们的生活方式,引领时代潮流的展示设计。在这种新时代特征的召唤下,作为展示设计的最新产物——虚拟互动展示方式诞生了。该方式的运作原理,首先是通过捕捉设备(感应器)对目标影像(如参与者)进行捕捉拍摄,其次由影像分析系统分析,从而产生被捕捉物体的动作,该动作数据结合实时影像互动系统,使参与者与屏幕之间产生紧密结合的互动效果。该方式的特点是混合现实,实现实时互动。在虚拟互动系统中,所有的虚拟环境均是人工构造的,存在于计算机内部的环境,但人们能够以自然的方式与这个环境交互(包括感知环境并干预环境)。这种展示方式最大的魅力在于仿真性、互动性、趣味性,能够给参观者留下深刻的印象。

### 一、虚拟现实技术的概念

虚拟现实技术包括三维计算机图形学技术、采用多功能传感器的交互式接口技术和高清晰度显示技术。这也是迄今为止,学术界普遍接受的定义方式。

虚拟现实技术正是综合利用以上三种技术来创造"虚拟世界",人在现实世界中所能感受到的一切(包括视觉、听觉、味觉、触觉等)在这个虚拟世界中都能感受到,人们想象的超越当前现实的虚幻世界同样也能在这个虚拟世界中感受到。

## 二、虚拟互动展示设计的魅力

虚拟互动展示具有传统展示无可比拟的诸多优点。

### (一) 身临其境

在传统的展示中,受众处于真实的时空中,以人体各种感官在正常状态下来接收信息,虽然有最佳可信度的体验,但是难于满足受众那种追求刺激、震撼的心理要求,受众的想象力也必然受到环境的制约。

在虚拟展示的艺术世界中,整个世界都在数码化,一切可被模拟。展示设计的表现形式使传统展示和虚拟展示都具备了感官性、全息性。显然,虚拟展示具有出众的模拟仿真特点。

一个受众置身其中,不仅能全方位地眼观六路、耳听八方,而且能有触摸感,能有受力的感觉,还能闻到气味。用户所作出的探询,在仿真情况中,与现实环境中一样,能得到回应。敲门有敲门的声音;驰马土坡,必将尘土飞扬;扣动扳机,会发出啸声和火花。在广州的一次观赏鱼展览会上,一家参展企业的展台造型设计非常简洁,但展示方式非常独特,吸引了大量的观众参与和围观。吊在展台天花板上的投影机在空地上洒下一片水波,地面旋即变成一个虚幻鱼池。参观者走入其中,就能看见脚下泛起点点涟漪,鱼儿随着活动者的脚步在虚拟水池里欢快地四处游散或游聚一起,仿佛在捉迷藏。在这个人工构造出来的虚拟世界中,时时事事如此"真实",综合刺激全身的感受,让人印象深刻。

### (二) 互动作用

由于虚拟互动系统强调参与者置身于虚拟影像世界中,并与虚拟世界有直接体验的互动,打破了以往单向接收信息的方式,虚拟互动展示设计不但是实时性的,而且是交互性的。它的交互能力主要体现在全方位的、个性化的行为方式上,参与者可以选择自己的方式去参与展示活动。在虚拟环境中,可以充分发挥自身的想象力,根据自己的意愿行事而不会影响他人。这一点符合时代的个性化特征,将给人们带来更新的视角去观察自己的环境和生活,并帮助人们创造绚丽多彩的虚拟的环境。

在北京市规划展览馆中,有一组叫作"虚拟翻书"的互动展示装置。虚拟翻书又叫作感应翻书、电子翻书、互动翻书、魔幻书等。虚拟电子书犹如一本打开的书籍,里面有丰富的资料(包括动画、视频、图片等)。参观者可以挥动手臂"翻阅"书籍,自左向右或自右向左,还可以选择章节,快速找到想翻阅的内容,就像翻阅一本普通的杂志一样。这种虚拟翻书形式新颖，视觉冲击力强，给人以神奇感，而且可以展示的信息量非常大。

（三）趣味性

虚拟展示设计可以达到带动观者情感的目的。它更自由、更丰富，能限制它的只有观者的想象力。虚拟展示设计使人与虚拟世界同步互动，分享互动科技的快乐。广州的动漫新城在节假日为吸引青少年，往往设计一些虚拟游戏互动展示装置。例如，踏入一块虚拟的足球场，用脚将虚拟足球踢进球门后，音响传来鼓掌声和呐喊助威声。同时，球场将显示奖杯，作为对参与者的奖励，参与者从中能够得到无比的快乐，这就是互动投影系统的魅力，传统的展示器材根本无法与其媲美。虚拟的展示手段正是抓住了这一点，使内容更丰富和吸引人。因为突破了纯理性的物质世界的束缚，虚拟的生命体更富于情感的感性特征，带有人的感性的内容更加丰富，更加贴切地表达真实情绪的波动。人们完全可以在虚拟世界中寻找属于自己的乐园。

（四）虚拟互动展示设计具有未来社会先进的设计特征

设计的目的在于满足人自身的生理和心理需求，需要成为人类设计的原动力。数字时代的生活方式又给展示设计提出了更高的要求——包含除实用之外的更多审美、时代科技精神的需求。那么，虚拟展示设计能否顺应这个数字时代的发展呢？

（1）虚拟展示迎合了数字时代人的审美观。在21世纪的数码时代，大量数码产品渗透人们生活的每个角落。这种虚拟的生存让人的认知开始转变，传统的美学规范已经不再适合现代人的眼光。而展示艺术的新美学逻辑，在新媒体的推波助澜下，也早已悄悄地渗入了现代人的意识形态。在传统展示中，"你来演，我来看"，这种被动接收信息的意识早已被互动的虚拟展示冲刷得干干净净。毕竟，现代人在展示活动中寻求的是交流、对话和劝服，而不是训诫和灌输。

"你来演，我来唱"，这种参与互动的情绪与状态才是人的审美趋向。美的标准，从来就不是一件永恒的事。每一个时代特有的美学，都是顺应当代的生活特质自然形成的。

（2）科学与艺术的结合使虚拟展示作品永葆青春。艺术与科学是人类获取认识和创造世界的手段。所不同的是，艺术用形象思维的语言来描绘这个世界，多的是情感；科学用逻辑思维的语言来描绘这个世界，多的是理性。理解科学需要艺术，而理解艺术也需要科学。科学是生活的理智，艺术是生活的欢乐，艺术与科学缺一不可。缺少艺术，科学就会枯燥；缺少科学，艺术也会苍白。人类正是因为不想做科学的奴隶，才努力从科学中寻找艺术；人类不想让艺术孤独，就不断地给艺术注入科学的动力。虚拟展示设计使艺术与科学得到了完美的结合，使世界变得更加光彩照人，其数字虚拟展示作品也可以永葆青春。

随着计算机技术、通信技术、信息技术的迅猛发展，虚拟展示设计在数字化社会中具有自身的特点，同时它还体现了数码时代先进的设计特征，符合未来社会展示艺术的发展趋势，具有强大的生命力，它必将成为未来展示艺术设计的主流。这不能不承认是对传统展示的一场变革。在国内，此技术逐渐受到人们的关注。在未来几年内，虚拟互动展示设计完全有可能成长为一种新的主流展示设计方式，在广告、传媒、会展、商业娱乐等行业有广阔的应用前景。虚拟互动新技术的运用正在解放工业化时代对展示设计形式的束缚，展示设计师可以拥有以前任何一个时代都无法比拟的创造性和想象力。

### 三、虚拟现实技术的交叉应用

随着互联网在全球的快速普及，以及依托于互联网的网络服务业的发展，在线游戏等新兴应用日益成长，而无线通信用户群的迅猛增长又催生出了手机短信和移动媒体的巨大市场。全球数字媒体艺术产业的一个显著特征是其产业内涵不断丰富，新兴的应用不断涌现。在虚拟现实技术迅速发展过程中，观众的新体验在原本的感官体验模式上重新组合，成为单一感官体验的新形式。在数字媒体艺术中，人们看到的是动态的影像，同时还可以通过感应装置用肢体动作甚至是眼睛的转动去影响图像。在这个过程中，观者打破了以往的视觉经验，获得了全新体验。如果再加入声音与图像产生互动以及触觉的感应装置，就会形成综合的感知体验，制造出一种情境而获得沉浸感，让观者经历新的体验。

（一）大型影像回廊

在世博园大阪案例馆，有一条仿大型防水设施——"浪花地下大溢洪道"而建成的樱花隧道，呼应了"环境先进城市·水都大阪"的主题。穿过隧道，展现在人们眼前的是一个水与光、声、影像交织的梦幻世界。小桥旁，随着水雾上下摇摆而翩翩起舞的喷泉幕帘，用水制成的音响装置"水音响"在水上回廊演绎着无限旖旎风光。在喷泉幕帘的另一面，一个明亮而澄净的时空映像厅若隐若现。通过"浪花时空映像厅"，人们可以身临其境地体验从1400年前到今天绵延而漫长的水都大阪的历史。光影交错的影像诉说着凭借水上运输而创建繁荣商业之都的古大阪历史，展示着从经济高度成长时期到跻身现代先进环保都市的浮光掠影。

(二)综合场景/情景体验空间

世博园里沙特馆的珍宝剧院是馆内的核心。珍宝剧院不规则弧形屏幕由25个流明投影仪共同投射,呈现的图像大约是3200万像素,是馆内最大的亮点。置身于1600平方米的巨幕影院中,我们可以亲自飞越沙特阿拉伯,尽赏沙特的辉煌之美,目睹它的自然和文化之瑰宝。从永不落幕的网上世博会中观看沙特馆,剧院的整个屏幕犹如一只巨大的碗,把在过道上的参观者揽在怀中。我们的视野顿时便没了死角。顺着方向前行,当我们的"脚步"移动的时候,环形巨幕上发生了神奇的变化,从美丽的几何图案到斑斓的深海奇景,各种景象接踵而来,让人目不暇接。想象一下,如果我们正在实体沙特馆里,看着朵朵白云朝身边涌来,似乎触手可及,忽而我们又跃入深海,飞越沙漠,俯瞰城市,那是一种什么感觉?在虚拟珍宝剧院里,虽然感觉没有那么震撼,但是这里同样充盈着沙特充满挑战的自然环境及其独特的文化魅力,更上演着现代社会的城市发展及经济的繁荣昌盛场景,也不失为一次奇妙的体验。

沙特馆是世博会的大型场馆之一。其场馆外观看起来像一艘驶自中东具有伊斯兰文化特色的"月亮船",承载着中沙两国深厚的友谊。在网上沙特馆中,我们可以在虚拟体验旅程导游海宝的带领下,开始一次充满惊喜的奇妙旅程。

**四、三维全景虚拟展示应用**

网络空间即赛博空间,担负着传输"场"与"场"之间的视频画面和音响的任务。在网络空间里,人们利用网络资源去从事社会、教育、科学、军事、工农业生产等所有领域中的一切活动,其中包括公共艺术欣赏和娱乐活动。虽然网络空间是一个摸不着的世界,但人们通过视频所呈现出的图像、音响,却能够感知到镜像反射般的虚拟现实视像。

现代博物馆逐步进入数字化时代,因为传统文字表述并不能直观地表现博物馆内部的场景。运用三维数字实景技术,能够把博物馆内的文物信息转化为数字模型,以博物馆建筑的平面或三维地图导航,结合全景的导览应用,使观众可以自由穿梭于每个场馆之中,只需轻轻点击鼠标即可全方位参观浏览,配以音乐和解说,使观众和博物馆进行更好的交互体验。观众可以选择自己感兴趣的作品欣赏,结合文字会有更好的体验。

随着科学技术的不断进步,数字媒体艺术风格更加多元化,并且不断渗透到人类生产和生活的各个领域。技术和艺术更加多元化的创新与应用,想象力的不断丰富与技术视觉特效的不断成熟,反过来又会促进人们思想的更新。可以预知,今后大众将更加热衷与虚拟世界的交互行为。

## 第三节　网络游戏的交互艺术

### 一、数字游戏的概念

数字游戏（Digial Game），即以数字技术为手段设计开发，并以数字化设备为平台实施的各种游戏。

数字游戏作为一个专有名词，正在被广泛认可。数字游戏这一措辞相较于计算机游戏、视频游戏或交互游戏而言，更具有延展性和本质性。

#### （一）延展性

"数字游戏"一词具备一定的延展性，即尤尔所称的历史发展性。也就是说，无论游戏发展到何种境地，只要继续采用数字化的手段，就可称为"数字游戏"。

视频游戏的界定则指通过终端屏幕呈现出文字或图像画面的游戏方式，将游戏限定于凭借视频画面进行展示的类别。随着技术的发展，数字化的游戏逐渐超越视频的范畴，朝向更为广阔的现实物理空间和赛伯空间发展。

同样，"计算机游戏"一词也将概念限定到一个较小的范畴，单指计算机平台上的游戏，而其他诸如基于手机、PS2、Xbox、PSP、街机等平台的游戏均具有类似的设计特性和技术手段，却被画出圈外。

数字游戏作为通俗的称谓在国内普遍流传。由于历史的机缘，数字游戏引入我国之时正值20世纪80年代中期，正是电子技术方兴未艾、数字概念尚未萌动的年代。因此，数字游戏便一直沿用至今。时至今日，数字游戏更倾向于指代基于传统电子技术下的老式游戏，而较少用来指代网络游戏、虚拟现实游戏等较新型的游戏。

#### （二）本质性

数字游戏一词可以涵盖计算机游戏、网络游戏、电视游戏、街机游戏、手机游戏等各种基于数字平台的游戏，从本质层面概括出了该类游戏的共性。这些游戏虽然面目迥异，却有着类似的原理，即在基本层面均采用以信息运算为基础的数字化技术。

以电视游戏为例，这一类型的游戏虽然以电视为屏幕，但其主机仍然可被看作是某种计算机。

因此，这些基于数字技术的游戏可以从一个平台移植到另一平台，并维持原作的基本风格和面貌。而且，同一款游戏也往往同时推出适用于不同平台的版本。

尽管数字游戏出现在很多平台上，但其基本的开发、传播和展示都使用数字化技术，即数字式表达。因此，使用"数字游戏"更能有效地概括基于数字技术的各种新型游戏。

**二、数字游戏的特征**

数字游戏也叫作"第九艺术"。"第九艺术"是随着数字游戏的内涵不断加深、表现力不断增强而兴起的一个概念。作为"虚拟的真实"，数字游戏不仅丰富了人类娱乐与交往的方式，更将人类想象中的世界转化为视觉与听觉的形象，展现出了强大的艺术表现力。通过研究，我们不难发现数字游戏具有艺术作品的基本特征。

(一) 数字游戏的形象性

数字游戏的优势在于对虚拟世界的构建。通过最新的建模技术和渲染技术，数字游戏不仅可以真实地还原物质世界中的人文自然风景，而且能将人类想象中的世界转化为虚拟的形象，玩家通过听觉、视觉、触觉与计算机呈现出的虚拟世界进行互动。而数字游戏所构建的虚拟形象也是客观与主观的统一、内容与形式的统一。开发者进行游戏开发的过程就是将想法转化为虚拟现实的过程：一方面，必须参考现实世界中的经验进行虚拟世界的构建，以保证虚拟世界在呈现时不会太过虚假；另一方面，开发者在进行游戏设定时难免会将自己的审美与思想贯彻到游戏形象中去。数字游戏作品同样充满着游戏开发者的独特气质。

(二) 数字游戏的主体性

尽管数字游戏的产生与发展都伴随着技术的进步而呈现出鲜明的技术特征，然而技术仅仅是作为创作的工具存在的，就像画家手中的笔和导演手中的摄影机，数字游戏在本质上也属于精神的创造。数字游戏的开发工作包括剧情策划、美工制作、音频设计、程序编写等基本流程。无论是其前期的立项、中期的制作，还是后期的处理，都离不开游戏开发者的努力，这就是游戏开发过程中的主体性。不同的游戏开发者主导的游戏表现出的是鲜明的个人特质，因为无论是场景还是角色，都必须经过设计师之手进行前期的设定，则其呈现出的特质必然被打上设计师的烙印。这就是数字游戏作品的主体性。数字游戏的审美是通过互动来完成的，而玩家作为互动的主体，因其行为方式、个性气质不同，导致游戏截然不同的选择，从而获取不同的叙事体验。同时，在游戏的过程中，玩家也会基于自身的思维方式对虚拟世界中的事件与人物作出自己的评价。

### (三) 数字游戏的审美性

数字游戏作为游戏的本质，决定其最重要的诉求是游戏过程中的竞争性与娱乐性，这并不影响数字游戏中的审美性。通过虚拟现实技术，数字游戏为玩家提供了源自现实又高于现实的虚拟空间，而空间中的一切凝聚了游戏的开发者对"美"的理解与追求。这种"美"可以表现为壮观的虚拟景观、个性的人物角色、动人的背景音乐及深刻的故事内涵。虚拟世界中的一切可视、可听、可感，使玩家在游戏中能够获取超越现实的审美体验。更重要的是，游戏的互动性决定了玩家的选择成为审美的前提，让玩家能够以更加直接的方式进入游戏的叙事之中，这是数字游戏独特的亲历感受，从而更容易引起玩家内心的共鸣，获得审美体验。

同时，我们必须注意到，并非所有的游戏作品都具有审美性。与其他艺术作品一样，只有能够引起人类内心共鸣、给人以精神的愉悦或引发人深邃的思考的数字游戏，才具有审美性。很多劣质的游戏虽然象征性地具备简单的剧情，但不能承载开发者对生活的思考进而引发玩家的心理共鸣。不同类别的游戏在审美性方面也有较大的差别，如大多数射击类游戏中的人物已经被渲染得非常真实，然而仅仅是真实而已，并没有经过艺术的加工与提炼，更不能将开发者对"美"的态度与追求传达给玩家，这类游戏也不具备审美性。通过以上分析可以得出，部分数字游戏已经具备了艺术作品的基本特征，同时数字游戏的互动性、技术性又赋予数字游戏区别于传统艺术形式的沉浸方式、交互审美与开放性叙事结构。

传统意义上的艺术形式包括绘画、雕塑、建筑、音乐、文学、舞蹈、戏剧、电影八种。随着技术的提高，数字游戏强大的互动性及叙事性使数字游戏的表现力大幅提高，内涵日益深刻，便被人们称为"第九艺术"。然而，关于数字游戏是否能够称为"艺术"仍有待商榷。无疑，数字游戏已经具备了艺术的基本特征，如多重互动、交互审美以及开放性叙事结构，"数字游戏是一种艺术形式"这一提法也有着深厚的理论知识基础。

然而，任何艺术作品的特定内容都必须借助一定的艺术语言才能表现出来，成为可供人们欣赏的对象。是否具有自身独特的艺术语言也成为判断一种艺术形式能否称为"艺术"的核心标准。艺术形式在长期的发展过程中，发展出其自身独特的艺术语言，如绘画的艺术语言是线条、形状、明暗、色彩等，音乐的艺术语言是旋律、节奏等。而数字游戏作为一种综合性的、具有艺术特征的、人类精神的产物，在呈现方式上仍旧以电影、绘画、音乐等方式为主，并未形成自身独特的艺术语言，这也是"数字游戏艺术"这一提法的困境之一。

随着人们游戏开发观念的转变和相关技术的提升，我们有理由相信，数字游戏的内涵与表现形式必将得到极大的丰富，数字游戏与艺术的关系也将得到全新的界定。

### 三、数字游戏的互动性

数字游戏虽然在诞生之初并未引起世界的瞩目，其成长速度却超过以往的任何娱乐方式，快速发展的背后是数字游戏天然的互动属性，玩家不再是坐在银幕前被动地接受创作者给定的剧情，而是亲身参与到叙事中去。随着虚拟现实技术、人工智能技术，以及 UI 技术的提升，游戏的互动性进一步加强，几乎汇集了所有人类可以想象到的互动方式。从体感控制到脑电波控制，从 2D 渲染技术到虚拟现实技术，数字游戏成为网络时代最具互动性的媒介形式。而这一特性也对数字游戏的叙事造成了深刻的影响。数字游戏中的互动分为三种，即玩家与计算机的互动、玩家与玩家的互动、玩家与游戏的互动。

（一）玩家与计算机的互动

玩家在虚拟世界中的游戏行为包括移动、战斗、对话、接交任务等，几乎所有的游戏行为都建立在计算机的基础之上。玩家的游戏行为在不同的游戏类型中会呈现不同的特点，如在单机游戏中，玩家的目标多在于取得成就、获得武器、加快游戏进度、探索游戏地图等，更倾向于与游戏进行互动；在网络游戏中则更倾向于与其他玩家进行互动，如切磋、仇杀、完成任务、创建帮会等。但所有这些互动行为的必要前提是顺利地完成与计算机的信息交换，顺利地将指令传达给游戏系统。玩家与计算机的互动是指玩家通过各种方式与数字游戏以及运行数字游戏的设备进行的信息交互活动。玩家通过键盘与鼠标输入操控命令，经过软件的计算，游戏以图形和声音的形式为玩家提供反馈，其实质在于作为个体的玩家与作为系统的游戏之间进行的双向信息交互。

这种互动大致分为两种。第一种是硬件层面的互动，即与游戏设备的互动。随着电子科技的发展，玩家不再仅仅通过键盘、鼠标或手柄进行命令的输入，更自然、更舒适的输入设备层出不穷，如 3D 眼镜为玩家沉浸游戏的方式提供了更多的可能。第二种是软件层面的互动，即玩家与游戏的功能系统进行数据与信息的交流。例如，通过游戏内的交易行在虚拟世界中发布信息，与其他玩家进行交易，向 NPC 接交任务等。作为个体的人，与计算机硬件或软件的交互行为都属于人机互动的范畴。随着计算机技术的发展，相关的理论研究早已形成了完备的体系，其中包括"启发式评估"理论、"认知练习"理论等。尽管数字游戏作为软件出现，但也不能忽视其核心目的仍是对游戏性的追求。从这一点来看，数字游戏中的人机互动行为比其他软件的人机互动更为特殊。游戏性是指游戏的可玩性，即玩家在游戏过程中所获得的全部感受。这一词汇在当今的游戏界被广泛采用，并作为衡量一款游戏质量的标准之一，玩家通过对游戏性的评价来表达自己从游戏中获取乐趣的多少。对于游戏开发者而言，游戏性是其重要的指标。然而，游戏性在其他软件的开发中则完全不在考量的范畴，如播放器、聊天软件等更强调其易用性。

数字游戏的人机互动相较于其他形式的人机互动有着很大的区别。

（1）数字游戏中的人机互动更强调使用游戏软件的过程，而并非游戏的结果。玩家沉迷于游戏更多是被游戏中绚丽的环境、动听的音乐、紧张刺激的战斗场面和催人泪下的剧情吸引，精神的高度紧张带来的亢奋感是游戏玩家享受的一个重要部分，而当游戏戛然而止时，玩家并不会从中得出对现实有任何意义的信息。这一点与其他类型的软件恰恰相反。

（2）数字游戏中的人机互动所要达到的目标是由游戏决定的。玩家在使用游戏软件的过程中，实质上受控于游戏预先设定的规则，为了达到游戏内部提出的目标而废寝忘食。其他类型的软件更强调完成使用者所下达的任务，使用者将此作为衡量一款软件是否易用的标准。

（3）数字游戏中的人机互动更强调使用者能够从中获取的游戏体验，而其他应用型软件更侧重于完成任务的便利性。例如，游戏内部的系统设定了诸多规则对玩家进行限制，以使玩家不但获得完成任务的成就感，而且能获取任务失败的挫败感，体验就是一切。其他类型的人机互动则强调易用性，使用者无须任何操控而自动完成所有任务是其一贯追求的目标。

（4）游戏软件在内容的定制和规则的设置上远远超越其他类型的软件。相较于其他软件，游戏所追求的体验特性使得开发者必须创造庞大的内容，即使这些内容仅仅是玩家"有可能"经历的内容。为了使玩家获取全面的游戏体验，相关的规则设置也是必需的。而对于其他软件而言，太过庞大的软件与太过复杂的规则是开发中的大忌，因为这些会严重影软件的易用性和稳定性。

随着游戏设计理念的发展，游戏开始越来越强调媒介属性，即数字游戏作为一种媒介与其他玩家进行交流的特性。当今越来越多的单机游戏开始推出连线功能。数字游戏的功能不仅表现在其娱乐性方面，更成了玩家与亲友进行交流与沟通的平台。在这些游戏中，玩家与计算机的互动，其本质在于用人机互动来模拟人人互动。这一点也间接印证了玩家与计算机的互动是另外两种互动（玩家与玩家的互动、玩家与游戏之间的互动）的基础。

随着人工智能技术和虚拟现实技术的跨越式发展，游戏的虚拟世界已经非常接近于现实世界，而游戏的交互方式与交互界面也更加快捷自然。例如，在游戏初期的MUD游戏时代，游戏界面的人性化非常不足，玩家与游戏进行的互动仅仅是在输入框中输入单调的文字并得到一系列描述性的语句。而当下的数字游戏不但在游戏的交互界面上取得了长足的进步，而且提供了多种多样的交互方式，甚至让玩家摆脱了手中的鼠标与键盘，以更加真实的方式进行游戏的体验。

(二) 玩家与玩家的互动

在早期的数字游戏内部，并不存在玩家与玩家的互动，如早期的家用游戏机，玩家仅能在自己的客厅中进行单人游戏，并不能与其他玩家在游戏内部进行任何形式的交流与协作。尽管玩家可以在相关的游戏刊物上共享游戏攻略，讨论通关技巧，但这仅仅是一种交流的形式，并非游戏内的互动。20世纪80年代末，互联网技术的发展使数字游戏产生了革命性的创新，线上模式的出现使玩家与玩家之间真正的互动成为现实。

随着游戏开发理念的变化，网络游戏和单机游戏的界限开始相互重叠。例如，很多单机游戏都内置了线上游戏系统，并为玩家提供了种类多样的互动渠道，如聊天、交易、组队、任务、切磋、仇杀以及帮会阵营系统等，丰富的互动渠道使玩家的互动不仅仅局限于文字信息的交流，而是相互影响碰撞，每个人单独的行动都直接影响着其他游戏玩家对游戏世界的感知，甚至能够通过玩家之间的共同行为对游戏的基础设定产生巨大的改变。同其他新兴媒介一样，全新形式的互动也使每个人都能以自己单独的游戏行为产生自己的游戏叙事，而游戏开发者仅仅为玩家提供了一个可供选择的框架，游戏的叙事最终都要靠玩家的选择来完成，甚至可以说每一个玩家都是游戏的开发者。

1. 互动的主体网络游戏中的玩家类型

电子科学的跨越式发展与数字游戏的发展相伴相随。例如，最新的CPU和最新的GPU技术往往首先应用于游戏领域，而游戏领域对画质的要求不断提高，也反过来推动着硬件制造技术和软件开发领域的进步。在双方这种相互的推动过程中，数字游戏的类型不断丰富，加之人工智能技术的发展，玩家在游戏中的游戏行为越来越丰富多样，玩家在现实世界中的活动几乎可以全部映射到游戏中去。例如，移动、收集、探索、对战等，甚至在游戏中的价值观与真实的人生并无二致。根据玩家在游戏中的行为，以及这些行为作用的对象，玩家可以分为成就型、探索型、交往型及攻击型四种类型。

(1) 成就型玩家

成就型玩家的游戏动机表现为达成游戏目标、获取称号或获取装备。各类具有竞争性的游戏是成就型玩家关注的对象，获取最佳成绩、超越其他玩家成为其游戏

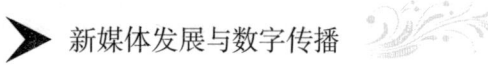

行为的核心目标。然而，这一类型的玩家对于玩家之间的互动表现出的兴趣是最小的，因为游戏内的人工智能完全满足其获取成就的需要。

（2）探索型玩家

探索型玩家可以分为两种类型：第一种是在开发者创建的游戏世界中探索未知的地图、彩蛋等；第二种则是从游戏内部的设定中跳脱出来，专心寻找游戏设计产生的漏洞，并以此提出自己在游戏中的表现。探索型游戏的玩家主要集中出现于大型 RPG 游戏当中，如《上古卷轴》《辐射》《侠盗猎车手》等。这些游戏一方面提供了广阔的地图，为玩家的探索提供了充足的空间；另一方面设定了丰富的剧情任务，使玩家在游戏中专注于对答案的寻找，并在此过程中获取游戏乐趣。

（3）交往型玩家

交往型玩家在游戏中的主要乐趣源自与其他玩家的交流与互动，实质上他们更在意的是游戏的互动功能，游戏性反而成为第二考虑的问题。随着人们交流场所从面对面转移到互联网，交往型玩家的数量大规模增长，甚至很多非游戏网站也推出了相关的游戏，以使得用户间的交流更具趣味性，如人人网的《你画我猜》、腾讯网的《玫瑰花园》都是很好的范例。这种游戏虽然在游戏性方面有一定的弱势，但其特长在于玩家可以完全将现实世界的关系呈现在游戏之中，并在游戏的基础上实现更具娱乐性的交流互动。

（4）攻击型玩家

攻击型玩家的游戏行为与成就型的玩家存在一定的共性，其游戏目的均是在竞争中获取胜利的满足感。然而，攻击型玩家对游戏中人工智能表现出的兴趣不大，他们更集中于对游戏中的真实玩家提出挑战、发动攻击，将现实世界中的掠夺性行为呈现在游戏之中，在此基础上获取游戏带来的快感。实质上，这种类型的玩家与现实中的攻击者并无二致，只不过在现实中他们攻击的是真实的个体，而在游戏中攻击的是代表玩家个体的游戏角色而已。攻击型玩家更注重游戏动作因素，而所有的动作都作用于其他玩家。成就型玩家同样注重动作，但他的动作作用于游戏世界。交往型玩家更注重游戏互动元素，并且更倾向于玩家互动；而探索型玩家的互动仅集中在与游戏世界的互动。

以上的分类方式并不绝对，玩家在游戏中的行为普遍呈现出多样化的特点，同一个玩家的游戏行为往往具有多种类型的玩家特质，而且在游戏过程中，玩家会根据自己的状态在这四种游戏类型中不断转换。

2. 玩家之间的互动途径

在数字游戏内部，玩家与玩家之间的互动很大程度上取决于游戏内部的系统设定，如聊天、组队、共同的帮会，以及阵营间的切磋与战争等。以玩家互动性最强的多人线上游戏来说，这些系统的存在很大程度上加快了玩家完成任务或者获取装备的速度，同时也将不同玩家集中到一起组成团队或帮会，从而为单一玩家提供了认同感和归属感。现今网络游戏为了提高用户黏性，往往采取以下方式为玩家之间的互动提供必要的技术条件：

(1) 文字聊天系统

当今网络游戏已经发展出了一整套使用简单而又功能强大的聊天系统。在该聊天系统中，玩家不仅可以发布文字信息，而且可以发布动画表情、动作表情、物品信息等，大大丰富了玩家之间的互动方式。聊天系统的存在使游戏的工具属性得到了极大的强化，游戏不仅成为玩家寻求娱乐的工具，更是成为玩家与其他个体进行社交的平台，使玩家在游戏中体验近乎现实世界的人际往来。

(2) 团队系统

在数字游戏发展的初期，团队系统就已经初现端倪，尤其在角色扮演类游戏当中最为普遍，只是当时的数字游戏并不支持玩家之间的互动行为，仅支持玩家与游戏 NPC 的协同合作。而随着互联网技术的发展，网络游戏内部的团队系统已经非常成熟，如协同任务、通关副本或者仅仅是朋友之间在游戏内的相聚，无疑这是游戏内部最基础的互动渠道之一。组队的玩家不但可以获悉同一队伍中玩家的位置信息，为队友提供帮助、共同完成游戏目标，而且能享受组队条件下的属性加成，提高自己在游戏中的表现。

一般而言，组队系统的上限是 5 人小队，而更高级别的组队方式是由几个小队共同组成团队系统，玩家上限多为 25 人。随着玩家游戏互动行为的不断丰富，游戏的难度也不断加大，这时候小队形式的组队已经不能满足游戏的需要，于是几个小队组成一个团队。由玩家控制的不同角色在团队中各司其职，共同完成游戏目标。

无论是 5 人的小队，还是 25 人的团队，团队成员间不具备长期的稳定性，仅仅为了完成临时性的目标而存在，游戏目标达成，团队就没有了存在的意义。这时候更高级的玩家互动社区出现了，这就是帮会或势力系统。

(3) 帮会系统

帮会系统是随着大型多人在线游戏的发展而出现的，有着相同游戏倾向的玩家组成一个相对固定的玩家群体，并逐步产生了"帮主""势力主""帮会统筹"等管理层和严密的管理制度。管理层除了对帮会内部的玩家进行奖惩、对帮会外部的威胁进行清除外，也定期组织帮会活动，提升帮众的归属感，扩大帮会的影响力。帮会系统不仅拓展了玩家之间互动的渠道，更是将现实中的组织机构搬到了游戏世界，使部分管理层玩家更容易获取超越现实的满足感。网络游戏内部的互动系统在 MUD 时代仅限于文字聊天，互动渠道十分单一。但今天已经发展出了一整套的游戏内互动体系，如共同任务、团队副本、PK体系等，使玩家之间的互动无限接近于面对面地交流，从而创造了一个虚拟与现实相互掺杂的游戏世界。游戏对玩家与玩家之间的互动提供了诸多支持，包括文字聊天系统、团队协作系统、帮会系统以及阵营系统等。在这种互动途径的支持下，玩家可以在游戏中获得如同真实世界的人际交互体验。

（三）玩家与游戏之间的互动

玩家与游戏之间的互动，即玩家与游戏之间进行信息交换的过程，这一过程大致可以分为两种。一是玩家通过游戏行为从游戏中提取信息，享受游戏开发者提供的音乐、景观、道具、故事文本等，全身心地沉浸在游戏之中，获得游戏体验。二是玩家对游戏内容的二度创作。玩家通过与游戏互动，将自己的意图、行为、目的、动作反映到游戏角色身上，并经游戏的运算获得视觉和听觉上的反馈，这种双向的信息处理过程就是玩家与游戏之间的互动。

**四、数字游戏的艺术特征**

尽管"数字游戏艺术"是近年来才被提出的名词，但早在数字游戏诞生之初就已经有人将其与艺术联系起来。技术的发展使游戏的内涵不断丰富，世界观不断完善，游戏情节不断丰富，数字游戏的艺术表现力已经达到了惊人的地步。

（一）数字游戏的多重沉浸

数字游戏不仅可以实现对现实世界的复制与再现，更能将幻想的场景添加到现实世界中，为玩家提供一个无关现实纷扰与局限的虚拟世界，并以此唤起玩家的共鸣，使玩家在游戏中获取与现实世界相媲美的游戏体验。玩家享受游戏的过程也是审美的过程，只不过与传统艺术形式的审美有所不同。在传统艺术形式的审美过程中，虚构的想象只存在于受众的脑海，不能通过人的感觉直接体验，而数字游戏则将受众的想象转化为可供玩家栖身其中的虚拟现实，玩家能依靠视觉、听觉、触觉甚至嗅觉充分感受虚拟世界。从这个角度而言，数字游戏以其特有的亲历感更易引起玩家的精神共鸣，从而使玩家获取超越现实的审美体验。

审美的前提是对艺术作品的感知与沉浸，"沉浸"指人们在进行某些活动时过滤所有不相关的人和事，自觉并全身心投入情境之中的一种心理状态。早期的沉浸理论揭示了挑战与能力之间的关系。游戏的难度、玩家的能力与沉浸之间并不总是呈现正相关的状态，游戏并非难度越高就越容易使人沉浸其中，无论难度过高还是过低，都会使玩家产生负面的情绪而放弃游戏。因此，必须保持玩家的能力与游戏的难度之间的动态平衡，为每一个玩家提供与其能力相对应的挑战。关于数字游戏沉浸理论的研究并非止步于此，欧内斯特亚当斯将游戏的沉浸体验分为战术型沉浸、战略型沉浸与叙事型沉浸三种。战术型沉浸强调数字游戏的操作性，玩家要具备与游戏难度相对应的游戏熟练度以达成任务目标。战略型沉浸更加强调玩家在智力与统筹方面的能力。叙事型沉浸则更加强调玩家对游戏剧情的体验，这种沉浸与文学、影视作品中读者或观众的沉浸十分接近。

数字游戏的沉浸体验是其审美过程的前提，没有沉浸体验，玩家就不能身临其境地沉醉其中，进而获得情感体验和美的感受。在数字游戏中，多媒体技术赋予其超越以往任何艺术形式的审美方式，充分调动了玩家的感官，并使其不由自主地陶醉其中，缩短了数字游戏作品与玩家之间的心理距离，从而更易调动玩家的联想与想象。

### (二) 数字游戏的交互审美

审美体验是指审美者在感知艺术作品的过程中，通过充分调动联想、想象与情感，从而与艺术作品产生共鸣，进而获取的精神超越与生命感悟，是关于人格、心灵的强烈的高峰体验。毋庸置疑，数字游戏能够激发人们情感上的共鸣。然而，数字游戏的互动性的存在也使其审美过程与传统的艺术形式有较大的不同。

数字游戏的审美过程相较于以往的艺术形式呈现出强烈的交互性。对于传统的艺术形式而言，艺术作品一旦完成就失去了修改的空间，其题材、主题以及想要传达的情感就成了既定的存在，这在根本上决定了受众只能被动地接受艺术家想要传达的思维与情感，艺术家与受众的交流也由于时空的限制而显得不切实际。因此，传统艺术形式的审美呈现出单向性的特点，这也决定了传统艺术作品审美过程中存在着高的误读，从而影响其艺术价值的实现。对于数字游戏而言，开发者仅仅提供了一个供玩家进行选择的框架，玩家就是游戏内容与意义的创造者，享受游戏的过程就是创造审美对象的过程。拥有不同特质的玩家会得到完全不同的游戏体验。从这个角度来说，数字游戏将艺术创作的过程与审美的过程合二为一，实现了以欣赏者为主导的审美模式。

尽管数字游戏互动审美有其优势所在，但其在审美方式上有很大的局限性，即审美过程中对技术的依赖。传统艺术形式的审美过程大多诉诸感官，如视觉、听觉及触觉等，而这种交互方式的自然性正是数字游戏的弱势所在。例如，在真实的生活中，人们欣赏四周的美景是通过移动视线来完成的，在数字游戏中却需要移动鼠标才能看到有限的画面，数字游戏的视野相比现实要小得多。人机交互技术力图使人们摆脱键盘与鼠标烦琐的操作，为人们提供更加自然的交互方式，取得的成果已经广泛地应用于各种游戏之中。从这个角度来说，尽管与生俱来的技术特征是数字游戏审美过程中的弱势，却也推动着技术的进步，并为人们获得更加新颖的审美方式提供了可能。

（三）数字游戏的开放性叙事结构

在游戏艺术的沉浸体验中，叙事性沉浸与传统艺术媒介的沉浸十分相似，玩家通过与游戏互动，从游戏中提取故事文本，激发情感的共鸣，并获取丰富多样的游戏体验。但是，数字游戏的互动性使游戏的叙事更具开放性，这种开放性主要表现在两个方面。

1. 游戏内叙事文本的开放性

叙事的达成完全基于玩家的选择，玩家在游戏中产生的叙事有强烈的个人色彩。

传统的艺术形式在内容上往往呈现出固定性和封闭性，如小说和电影的情节并不随着玩家的感受而发生任何改变，作品一旦完成就不存在修改的余地。而数字游戏为玩家提供了一个游戏框架，叙事的达成完全基于玩家在游戏中作出的选择。即使不同的玩家在某一叙事节点上作出了相同的选择，也会因为自身角色种族、职业、属性的不同而产生不同的后续情节，导致结局不同，产生迥异的游戏体验。需要注意的是，游戏的开放性并非没有一个固定的结局，而是游戏提供了众多的选择让玩家决定故事情节的走向与结局。

2. 游戏软件本身的开放性

游戏允许玩家对游戏的内容进行拓展与改造。

数字游戏叙事的开放性还体现在游戏作品允许玩家对游戏的核心系统进行修改上，如游戏编辑器与 MOD 的存在使玩家可以根据自己的意愿为游戏增加或删除内容。官方也鼓励广大的游戏玩家充分发挥自己的主动性与创造性，为游戏添加新的地图、关卡、人物、剧情等。这种开放的游戏开发模式为游戏提供了无限的可能性，玩家不再拘泥于游戏预先的设定，完全基于自己的愿望开创不同的情节与结局。

目前，走在数字艺术最前沿的是影视艺术。从电影诞生的那一刻起，技术与艺术就一直相辅相成、相互融合，并共同发展。从视觉暂留现象的发现到活动影像的产生，再到真正意义上的电影，从黑白电影到彩色电影，从无声电影到有声电影，再到现在的数字电影，技术始终在电影这一艺术形式中占据极为重要的地位。作为电影诞生和发展的催化剂——现代技术，特别是数字技术，一直在为电影艺术的发展与进步提供机遇与支持。

# 参考文献

[1] 王京山. 数字传播进展 [M]. 北京：知识产权出版社，2022.

[2] 夏彦升. 新媒体背景下市场营销模式研究 [M]. 哈尔滨：东北林业大学出版社，2022.

[3] 程明. 数字营销传播导论 [M]. 武汉：武汉大学出版社，2022.

[4] 詹新惠. 网络与新媒体概论 [M]. 北京：中国人民大学出版社，2022.

[5] 刘仕杰. 流量密码新媒体内容创作技巧 [M]. 武汉：华中科学技术大学出版社，2022.

[6] 陈小娟. 移动新媒体视域下文物影像叙事研究 [M]. 北京：中国社会科学出版社，2022.

[7] 程粟. 数字交互媒介设计 [M]. 苏州：苏州大学出版社，2022.

[8] 安琪，刘庆振，许志强. 智能媒体导论 [M]. 北京：中国传媒大学出版社，2022.

[9] 田智辉. 对话与变革智能媒体技术驱动下的国际传播 [M]. 北京：知识产权出版社，2022.

[10] 杜志红. 短视频艺术传播通论 [M]. 苏州：苏州大学出版社，2022.

[11] 吴炜华. 新媒体传播导论 [M]. 北京：中国传媒大学出版社，2021.

[12] 张敬平. 演艺新媒体交互设计 [M]. 上海：复旦大学出版社，2021.

[13] 张皓. 艺术与传播新媒体时代下的中国当代艺术 [M]. 杭州：中国美术学院出版社，2021.

[14] 张咏华. 新媒体语境下传播伦理的演变从职业伦理到公民伦理 [M]. 上海：复旦大学出版社，2021.

[15] 戴砚亮. 融合与建构文化遗产在数字时代的创新设计与传播研究 [M]. 北京：中国纺织出版社，2021.

[16] 许志强，王雪梅. 媒体融合转型新阶段与应用型传媒人才培养新逻辑 [M]. 成都：四川大学出版社，2021.

[17] 喻国明，曲慧. 网络新媒体导论微课版 [M]. 北京：人民邮电出版社，2021.

[18] 宋红梅. 新媒体文案创作及传播：微课版 [M]. 北京：人民邮电出版社，2021.

[19] 贾祥敏,李新祥.新媒体舆情论理论与方法[M].北京:科学出版社,2021.

[20] 牛旻.新媒体时代的动漫与文化形象建构传播[M].北京:化学工业出版社,2021.

[21] 李占乐.新媒体环境下公民有效参与公共决策研究[M].北京:中国社会科学出版社,2021.

[22] 黄桓.新媒体运营与推广从入门到精通[M].北京:清华大学出版社,2021.

[23] 陈龙.数字媒体艺术丛书融媒体传播概论[M].苏州:苏州大学出版社,2021.

[24] 谷征.媒体融合理论与实践探索[M].北京:知识产权出版社,2021.

[25] 陈媛媛.公共空间的新媒体艺术[M].上海:同济大学出版社,2020.

[26] 李小莹.新媒体音乐传播理论与实践[M].北京:中国传媒大学出版社,2020.

[27] 林波.数字新媒体营销[M].北京:中国人民大学出版社,2020.

[28] 杨冬梅.新媒体文化传播研究[M].延吉:延边大学出版社,2020.

[29] 徐键.新媒体条件下的竞选广告研究[M].北京:社会科学文献出版社,2020.

[30] 苏芯.进击的文案:新媒体写作完全指南[M].北京:电子工业出版社,2020.

[31] 惠世军,吴航行.新媒体技术与应用视频指导版[M].北京:人民邮电出版社,2020.

[32] 滕锐.消失的边界:新媒体艺术亚审美性研究[M].北京:人民出版社,2020.

[33] 方伟.新媒体与社会发展[M].北京:文化发展出版社,2019.

[34] 王茜.新媒体概论[M].北京:中国传媒大学出版社,2019.

[35] 董鳖靓,杜翼.新媒体广告[M].成都:电子科技大学出版社,2019.

[36] 陈琰.新媒体环境下观看范式的重构[M].北京:中国传媒大学出版社,2019.

[37] 耿英华.新媒体动画用户体验研究[M].武汉:武汉大学出版社,2019.

[38] 韩晓燕.新媒体环境下优秀传统文化传播机制研究[M].北京:经济日报出版社,2019.

[39] 田园.互联网背景下新媒体动画艺术的创新形式与发展趋势[M].北京:九州出版社,2019.